职业教育汽车类专业理实一体化教材
职业教育改革创新教材

汽车销售实务

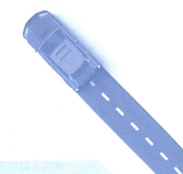

主　编　王丽霞
副主编　常兴华　周建勋　韩艳君
参　编　毕　然　陈　霞　崔　宁　唐　芳　姬东霞　陈　燕
　　　　侯　海　于天宝　杨　娜　韩　洁　李银英　陈　勇
主　审　张志强

机械工业出版社

本书以汽车营销与服务专业人才培养方案为依据，紧扣汽车销售实务课程标准，以汽车销售为主线，编写了汽车销售准备、汽车销售流程、汽车销售衍生服务三部分内容，选取了汽车销售环境分析、汽车销售购买行为分析、汽车销售职业认知、获取客户、到店接待、需求分析、车辆展示、试乘试驾、提供方案、后续跟进、洽谈成交、新车交付、客户维系、汽车金融服务、汽车销售其他服务共计15个任务。每个任务包括知识目标、能力目标、任务引入、任务资料、任务分解、知识解读、任务专项实训等环节。本书通过15个任务，将整车销售的发展趋势、汽车销售应具备的知识能力、汽车销售的具体流程和技巧以及汽车销售中为企业创造更多价值和利益的方法紧密结合起来，培养学生的职业技能、职业素养和学习能力。

本书可作为职业院校汽车营销与服务专业的教学用书，也可以作为广大汽车销售从业人员的参考用书。

图书在版编目（CIP）数据

汽车销售实务/王丽霞主编．—北京：机械工业出版社，2018.12（2023.1重印）

职业教育汽车类专业理实一体化教材　职业教育改革创新教材

ISBN 978-7-111-61651-1

Ⅰ.①汽… Ⅱ.①王… Ⅲ.①汽车－销售－职业教育－教材 Ⅳ.①F766

中国版本图书馆CIP数据核字（2018）第299664号

机械工业出版社（北京市百万庄大街22号　邮政编码100037）
策划编辑：于志伟　　　　　责任编辑：于志伟　王　慧
责任校对：梁　倩　佟瑞鑫　封面设计：鞠　杨
责任印制：郜　敏
中煤（北京）印务有限公司印刷
2023年1月第1版第4次印刷
184mm×260mm·13.75印张·335千字
标准书号：ISBN 978-7-111-61651-1
定价：42.00元

电话服务　　　　　　　　　　网络服务
客服电话：010-88361066　　　机　工　官　网：www.cmpbook.com
　　　　　010-88379833　　　机　工　官　博：weibo.com/cmp1952
　　　　　010-68326294　　　金　书　网：www.golden-book.com
封底无防伪标均为盗版　　　　机工教育服务网：www.cmpedu.com

前言

本书结合我国汽车营销与服务领域技能型人才紧缺的实际情况，借鉴国内外先进的职业教育理念、模式和方法，采用基于工作过程的项目式教学的编写体例，对汽车营销与服务专业的教学内容和教学方法进行了大胆的改革，由从事多年企业培训专家、高职学院教学工作的一线骨干教师和学科带头人通过企业调研，对汽车营销与服务岗位群职业能力进行分析，研究总结汽车营销与服务专业人才培养方案，并在企业、行业专家参与指导下编写而成，目的是更好地培养、训练和提升汽车销售人员的销售素养及综合销售技能。

本书坚持"以服务为宗旨，以就业为导向"的办学思想，突出了职业技能教育的特色。本书的主要特点如下：

1. 在编写理念上，根据职业院校学生的培养目标及认知特点，采用了理论认知—实践锻炼—岗位对接的认知规律，突出"做中学，学中做"的新教育理念。

2. 在编写内容的安排上，以任务导入为引领，以任务资料为载体，循序渐进。本书所选用的图例直观形象，内容紧扣主题，定位准确；案例及行动规范的选用为学后考核提供了范例及标准。

3. 在教学思想上，坚持理论与实践、知识学习与技能训练一体化，贯彻"做中学，学中做"的职教理念，强调实践与理论的有机统一，技能上力求满足企业用工需要，理论上做到适度、够用。

全书共计三部分15个任务，以完成任务资料为工作步骤主线，便于调动学生自主学习和实践的积极性。每个任务包括知识目标、能力目标、任务导入、任务资料、任务分解、知识解读、任务专项实训等环节。

本书由长春职业技术学院王丽霞任主编（编写任务一至任务八以及全书的统稿），常兴华、周建勋、韩艳君任副主编，毕然、陈霞、崔宁、唐芳、姬东霞、侯海、陈燕、于天宝、杨娜、韩洁、李银英、陈勇参加编写，张志强（重庆市九龙坡职业教育中心）担任主审。在编写过程中参考了大量国内外相关著作和文献资料，在此一并向有关作者表示真诚的感谢。

由于编者水平有限，书中难免有错漏之处，敬请读者批评指正。

编　者

目 录

前 言

第一部分　汽车销售准备 ································· 1
    任务一　汽车销售环境分析 ································· 1
    任务二　汽车销售购买行为分析 ····························· 22
    任务三　汽车销售职业认知 ································· 37

第二部分　汽车销售流程 ································· 67
    任务四　获取客户 ··· 67
    任务五　到店接待 ··· 78
    任务六　需求分析 ··· 92
    任务七　车辆展示 ··· 106
    任务八　试乘试驾 ··· 116
    任务九　提供方案 ··· 128
    任务十　后续跟进 ··· 142
    任务十一　洽谈成交 ······································· 151
    任务十二　新车交付 ······································· 164
    任务十三　客户维系 ······································· 174

第三部分　汽车销售衍生服务 ····························· 185
    任务十四　汽车金融服务 ··································· 185
    任务十五　汽车销售其他服务 ······························· 205

参考文献 ··· 214

第一部分 汽车销售准备

任务一 汽车销售环境分析

任务一知识框架展示

知识目标

1. 认识汽车销售环境构成要素
2. 掌握汽车销售环境分析方法
3. 掌握汽车销售环境对企业营销的影响

能力目标

1. 能够为企业分析汽车市场营销环境,并根据企业状况进行营销策略调整
2. 学会分析汽车销售环境给企业营销带来的影响

任务导入

请结合下面资料,分析汽车销售环境构成要素及对企业营销产生的影响。

奥迪 A4L 营销环境分析

汽车市场营销活动是在不断发展变化的环境条件下进行的，它既对汽车市场产生影响，又对汽车营销造成制约。这来自市场影响和营销制约的两种力量，就是汽车市场的营销环境，它包括宏观环境和微观环境。

一、奥迪 A4L 宏观环境分析

为引导汽车产业实现快速、协调发展，解决汽车与能源、汽车与环境等日益突出的矛盾，国家相继出台了《汽车产业发展政策》《缺陷汽车产品召回管理规定》《中华人民共和国道路交通安全法》《汽车贷款管理办法》《乘用车燃料消耗限值》等政策法规，并发布了《汽车品牌销售管理办法》《二手车流通管理办法》《汽车贸易政策》等。我国对公务用车制度的改革一经启动，就对公务车市场产生不小的影响。1988 年，首先受其影响的是作为传统公务车的桑塔纳轿车，需求比例下降。而二手车市场的出现、一些大城市放宽或取消对私人购车的限制以及 1998 年银行开始介入汽车消费贷款，都为奥迪 A4L 的营销创造了良好的政策环境。2008 年 8 月 13 日，财政部、国家税务总局发出通知，决定从 2008 年 9 月 1 日起调整只针对厂家征收的汽车消费税政策，包括提高大排量乘用车的消费税税率，以及降低小排量乘用车的消费税税率。此次汽车消费税的调整：一是提高大排量乘用车的消费税税率，排量在 3.0 升以上至 4.0 升（含 4.0 升）的乘用车，税率由 15% 上调至 25%，排量在 4.0 升以上的乘用车，税率由 20% 上调至 40%；二是降低小排量乘用车的消费税税率，排量在 1.0 升（含 1.0 升）以下的乘用车，税率由 3% 下调至 1%。同时对部分乘用车进口环节消费税进行调整，调整幅度与国内汽车消费税相同。此次消费税调整，对奥迪 A4L 的销量产生很大的促进作用，奥迪 A4L 1.8 车型是奥迪 A4L 的主力车型，销量占到 A4L 整体销量的 80%，早在消费税调整前 4 个月，奥迪就做好了产品结构的调整，并顺利抓住市场机会。另外，国民经济的持续健康发展会为汽车产业发展提供良好的发展条件和基础。从国际经验来看，人均 GDP 达到 1000 美元是汽车进入普通家庭的标志，人均 GDP 达到 3000 美元，汽车就会大规模进入普通家庭。汽车市场消费水平的提高促使一汽奥迪公司推出新品奥迪 A4L，以满足不断增长的市场需求。在技术方面，我国汽车工业起步较晚，走的是通过引进外资、以市场换技术的技术发展道路，在高关税的保护下，通过与国外先进汽车主要厂家合作，采取 CKD 的生产模式，发展我国的汽车工业。在技术上，我国汽车生产企业在加大引进生产技术的同时，增强企业自主开发能力是我国汽车工业生存和发展的基础。奥迪 A4L 的技术无论是从驾驶的操控性能、车辆安全方面看还是从节能、环保等方面看都为奥迪品牌提高中国市场占有率增加了筹码。

社会文化对市场营销具有重要的影响作用，它影响人们的行为，使人们对不同的营销活动具有不同的接受程度。例如，某些性能先进、国际流行款式、深受外国人喜欢的两厢轿车，在推向中国市场时却遇到了销售不畅的麻烦，其原因就在于中国的集团消费者认为它不气派，生意人认为它有头无尾。总之，这种车型被认为不符合国情，致使汽车厂商不得不花费大量广告促销费用来改变人们的文化观念。由此可见，社会文化对市场营销的重要影响。总之，社会文化环境影响着企业的营销活动，同时，营销活动对社会文化环境也有一定的能动作用。奥迪在中国的成功，归根于奥迪先驱 A6 的形象、品牌内涵与中国人稳重、内敛、不张扬的传统文化相吻合。改革开放四十年来，与众不同、标新立异、个性化时代已经到来，奥迪 A4L 契合了中国人对车独有的审美观及价值观，成功进入国内市场。

二、奥迪 A4L 微观环境分析

汽车企业不仅要掌握汽车市场营销宏观环境的变化，还要了解汽车市场营销活动的所有微观因素，这些因素影响汽车市场营销目标的实现。因此，开展营销活动，不仅取决于能否适应宏观环境的变化，而且还取决于能否适应微观环境的变化。汽车市场营销的微观环境包括制造商、供应商、经销商、消费者、竞争者、公众六个因素。

1. 制造商

汽车市场营销微观环境的第一个重要因素是汽车制造企业内部的环境力量，一汽奥迪的市场营销不是孤立的，整个市场营销包括三个层面的力量——奥迪市场部、奥迪销售部、六大区域。这些部门分工协作，目标一致，每个部门都相互独立又相互协作，每个部门发现市场机会或认为有必要开展某项市场营销活动时，都要做 EM 单，各相关部门领导都能第一时间得知这一信息并给予支持。2007 年一汽奥迪根据未来 20 万辆目标规划的需要，成立奥迪销售事业部，将奥迪北京办归到奥迪事业部，采取一系列改革措施，并邀请美世咨询公司对现有岗位进行评估，重新进行人岗匹配。经过改进后的奥迪事业部，能够对市场的变化及时给予应变，做出正确的决策，奥迪 A4L 的营销组合策略更能贴近市场，实现销量的突破，当年奥迪销售突破 10 万辆大关。

2. 供应商

一汽奥迪是由一汽集团和德国奥迪合资组建的股份公司，一汽奥迪的供应商主要是德国奥迪，德国奥迪能够将其产品及时地投入中国，实现"同一星球、同一奥迪、同一品质"。现在奥迪 A4L 的主要竞争对手是宝马 3 系，奥迪比宝马要逊色一些，因此在竞争时奥迪的最主要卖点就是性能价格比。在产品价格定位上，宝马原来的定价方法为奥迪同车型上浮 15%～20%，那时奥迪可以采取一种主动的定价方式，随着竞争形势的加剧，现在宝马采取主动的定价方式，奥迪 A4L 的性能价格比优势不再，这就要求一汽奥迪在价格上进行让步。一汽奥迪的价格受到德国奥迪的零部件价格的限制，奥迪 A4L 要想在中国继续统领高档 B 级车，要求一汽奥迪的供应商在价格上给以让步，如何根据市场的变化，积极影响上游产品的价格是奥迪 A4L 面临的长期问题。

3. 经销商

汽车市场营销微观环境中的第三个因素是将汽车销售给最终客户的经销商，一汽奥迪的销售由一汽-大众销售有限责任公司奥迪销售事业部负责，奥迪 A4L 由分布到全国 80 多个城市的 120 多家奥迪特许经销商经销。大多数奥迪营销活动都需要他们的努力，一汽奥迪对经销商的市场营销活动进行考核，每家经销商的市场营销活动都是在奥迪的指导下进行的，经销商是品牌面对客户的第一个环节，2007 年奥迪采取标准化管理项目加大对经销商的硬件和软件的管理监督力度，确保"同一星球、同一奥迪、同一品质"的品牌承诺。

4. 消费者

奥迪 A4L 的市场营销微观环境中的第四个因素是消费者，即目标市场。这是奥迪 A4L

的最终销售对象，奥迪特别重视对目标市场的研究，并根据不同的市场消费者的不同需求提供相应的产品和服务。例如，根据广东市场天气炎热的特点，对广东市场投放量身定做太阳能天窗的产品，即便在烈日炎炎的夏天，也能保持车内温度适宜，这一举措带动了销量的提升；而在北方，由于冬季天气寒冷，用户在进入车内后，车内的气温与车外基本一样寒冷，奥迪A4L发挥它的技术领先的优势，加装驻车加热功能，即使在驻车的情况下，也可通过高科技产品使车内保持非常舒适的温度，客户进入车内，坐在加热的座椅上，像回到家里一样舒服。奥迪能够及时根据客户的需求调整自己的产品和服务，满足客户的需求，最终赢得市场。

5. 竞争者

汽车市场营销微观环境中的第五个因素是竞争者，奥迪A4L的竞争者有宝马3系、奔驰C CLASS、沃尔沃S40，从目前市场销量情况看，宝马3系是奥迪A4L的主要竞争对手。

6. 公众

汽车市场营销微观环境中的第六个因素，是指所有实际或潜在关注、影响着汽车市场营销能力的公众。这样的公众包括金融领域、营销服务公司、政府、公益组织、媒介机构等。奥迪销售事业部设立公关部，专门处理企业与公众的关系。奥迪公关部每年投入很多人力、物力、财力，投入社会福利事业，履行企业的社会责任，在处理公众与厂家的关系上发挥着很大的作用。

在上述材料中，我们分析了奥迪A4L的市场营销环境，总结了汽车市场环境影响奥迪A4L汽车营销的主要因素以及其变化趋势。那么，你能分析出一个企业为实现营销目标，如何在环境中把握住有利机会，避免可能出现的威胁，发挥优势克服劣势，制造有效的汽车市场营销战略和策略吗？这就需要掌握汽车销售环境中的构成要素及环境分析的方法。

1. 汽车销售宏观环境分析
2. 汽车销售微观环境分析
3. 汽车销售环境分析方法

一、汽车销售宏观环境分析

汽车市场需求和发展前景是汽车企业赖以生存的基础，汽车市场营销环境则是汽车企业需要在发展中利用和适应的重要因素。在汽车产业飞速发展的今天，竞争日趋激烈，使得汽车企业面临更多的机遇和风险，如何结合自身情况抓住机遇规避市场风险，是所有汽车企业都必须面对的问题。

所谓的汽车销售环境也就是汽车市场营销环境，是企业赖以生存和发展的条件，是影响企业营销活动和营销目标实现并与企业营销活动有关系的各种因素和条件的总和。菲利普·科特勒认为"企业的营销环境是由企业营销管理职能外部的因素和力量组成的,这些因素和力量影响营销管理者成功地保持和发展其目标市场客户交换的能力"。也就是说市场营销环境是指与企业有潜在关系的所有外部力量与机构的体系,包括影响汽车企业经营销售的所有内、外部因素。现代营销学认为,企业经营成败的关键,就在于企业能否适应不断变化着的市场营销环境,"适者生存"。

汽车市场营销环境主要分为两大方面,一方面是宏观环境(macro-environment)即企业外部因素,也称宏观因素;另一方面为微观环境(micro-environment),既包括企业外部环境也包括企业内部因素,也称微观因素。具体要素构成如图1-1所示。

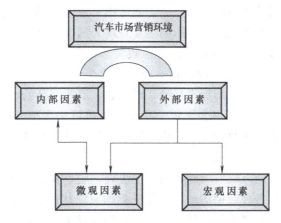

图1-1 汽车市场营销环境内、外部因素与宏、微观因素的关系

确切地说,汽车市场营销宏观环境是指那些对企业营销活动产生重要影响而又不为企业的营销职能所控制的全部因素。宏观因素主要包括(图1-2中最外层因素)政治法律环境、人口环境、社会文化环境、经济环境、汽车使用环境、自然地理环境等方面,它们客观存在,企业无力改变,只能适应或者顺从,具有不可控性,所以我们分析宏观环境也主要从上述几个方面着手。

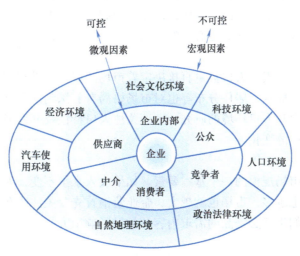

图1-2 宏、微观环境构成要素及特点

（一）政治法律环境

政治法律环境是影响企业营销的重要宏观环境因素，包括政治环境和法律环境。政治环境引导着企业营销活动的方向，法律环境则为企业规定经营活动的行为准则。政治与法律相互联系，共同对企业的市场营销活动产生影响和发挥作用。

1. 政治环境分析

政治环境是指企业市场营销活动的外部政治形势。一个国家的政局稳定与否，会给企业的营销活动带来重大的影响。如果政局稳定，人民安居乐业，就会为企业营销提供良好的环境。相反，政局不稳，社会矛盾尖锐，秩序混乱，就会影响经济发展和市场的稳定。企业在市场营销中，特别是在对外贸易活动中，一定要考虑东道国政局变动和社会稳定情况可能造成的影响。政治环境对企业营销活动的影响主要表现为国家政府所制定的方针政策，如人口政策、能源政策、物价政策、财政政策、货币政策等，都会对企业营销活动带来影响。例如，国家通过降低利率来刺激消费的增长；通过征收个人收入所得税调节消费者收入的差异，从而影响人们的购买；通过增加产品税，对香烟、酒等商品的增税来抑制人们的消费需求。在国际贸易中，不同的国家也会制定一些相应的政策来干预外国企业在本国的营销活动，主要措施有进口限制、税收政策、价格管制、外汇管制等政策。

2. 法律环境分析

法律环境是指国家或地方政府所颁布的各项法规、法令和条例等，它是企业营销活动的准则，企业只有依法进行各种营销活动，才能受到国家法律的有效保护。伴随着改革开放，我国陆续制定和颁布了一系列法律法规，如《产品质量法》《企业法》《经济合同法》《涉外经济合同法》《商标法》《专利法》《广告法》《食品卫生法》《环境保护法》《反不正当竞争法》《消费者权益保护法》《进出口商品检验条例》等。企业的营销管理者必须熟知有关的法律条文，才能保证企业经营的合法性，运用法律武器来保护企业与消费者的合法权益。对从事国际营销活动的企业来说，不仅要遵守本国的法律制度，还要了解和遵守国外的法律制度和有关的国际法规、惯例和准则。例如，欧洲国家曾规定禁止销售不带安全保护装置的打火机，无疑限制了中国低价打火机的出口。日本政府也曾规定，任何外国公司进入日本市场，必须要找一个日本公司同它合伙，以此来限制外国资本的进入。只有了解、掌握了这些国家的有关贸易政策，才能制定有效的营销对策，在国际营销中争取主动。

（二）人口环境

人口是市场的第一要素。人口数量直接决定着市场的规模和潜在容量，人口的性别、年龄、民族、婚姻状况、职业、居住分布等也对市场格局有着深刻的影响，从而影响着企业的营销活动。企业应重视对人口环境的研究，密切关注人口特性及其发展动向，及时地调整营销策略以适应人口环境的变化。

1. 人口数量分析

人口数量是决定市场规模的一个基本要素。如果收入水平不变，人口越多，对食物、衣着、日用品的需要量也越多，市场也就越大。企业营销首先要关注所在国家或地区的人口数量及其变化，其对人们生活必需品的需求内容和数量影响很大。

2. 人口结构分析

（1）年龄结构

不同年龄的消费者对商品和服务的需求是不一样的。不同年龄结构会形成具有不同年龄特色的市场。企业了解不同年龄人群所具有的需求特点，就可以决定企业产品的投向，寻找目标市场。例如，传统观念里人们把汽车看成是中青年的大玩具，因此中青年人市场就很活跃，如此定位，汽车市场的容量就非常有限，为了扩大市场容量，汽车生产厂家必须将目标市场向前或者向后延伸。

向前延伸意味着占领少年汽车市场，生产出适合少年消费者需求的汽车来。德国宝马汽车公司就曾经为1~3岁的小孩设计生产"婴儿赛车"。该车全身为白色，点缀黑色斑点，状如小狗，可爱至极。

向后延伸意味着占领老年人汽车市场，生产出适合老年消费者需求的汽车。美国福特汽车公司就率先生产出"福特老人"系列轿车。该类车专门为60岁以上老年人生产设计，门槛较低，配备了助动型驾驶座及放大的仪表盘和后视镜等方便老年人用车的装备。

（2）性别结构

现代社会，随着职业女性的增加和经济地位的提高以及独立自主意识的增强，已经有越来越多的女性成为现实和潜在的汽车消费者，改变了原来汽车驾驶员是男性专利的观念。汽车厂家和商家越来越重视女性消费者，生产设计出颜色、款式各异的适合女性消费者的车。

（3）家庭结构

家庭是汽车商品购买和消费的基本单位。一个国家或地区的家庭单位的多少以及家庭平均人员的多少，会直接影响到汽车消费品的需求样式和种类。同时，不同类型的家庭往往有不同的消费需求。例如，一位客户，带着7岁的女儿进店购买奥迪车，分别试驾了奥迪Q7和奥迪A6，女儿坐在后排，试驾后因女儿不喜欢，离店而去。过了一周，销售人员进行邀约，该客户到店试驾了奥迪A8，女儿同样坐在后排，试驾后女儿说喜欢，就购买了该车。这充分说明家庭成员对购车有很大影响。这个小女孩之所以喜欢奥迪A8，是因为该车后排车窗能降到底，小女孩儿坐在后排手放在上面看窗外舒服。

3. 人口分布分析

人口有地理分布上的区别，人口在不同地区密集程度是不同的。各地人口的密度不同，则市场大小不同、消费需求特性不同。企业营销应关注消费需求的变化，应该提供更多适销对路产品满足消费者的需求。

（三）社会文化环境

社会文化环境是指在一种社会形态下已经形成价值观念、宗教信仰、风俗习惯、道德规范等的总和，它包括核心文化和亚文化。核心文化是指人们持久不变的核心信仰和价值观，它可以世代相传。亚文化是指按照民族、经济、年龄、职业、性别及受教育程度等因素划分的特定群体所具有的文化现象，它植根于核心文化。任何企业都处于一定的社会文化环境中，企业营销活动必然受到所在社会文化环境的影响和制约。为此，企业应了解和分析社会文化环境，针对不同的文化环境制定不同的营销策略，组织不同的营销活动。

1. 社会文化的研究

企业营销对社会文化环境的研究一般从以下几个方面入手：

（1）教育状况分析

受教育程度的高低，会影响到消费者对产品性能、款式和服务要求的差异性。通常文化教育水平高的国家或地区的消费者要求产品外观看起来典雅华贵、对附加功能也有一定的要求。因此，企业营销开展的市场开发、产品定价和促销等活动都要考虑到消费者所受教育程度的高低,从而采取不同的策略。

(2) 宗教信仰分析

宗教是构成社会文化的重要因素,宗教对人们消费需求和购买行为的影响很大。不同的宗教有自己独特的对节日礼仪、产品使用的要求和禁忌。某些宗教组织甚至对教徒的购买决策有决定性的影响。为此,企业可以把影响大的宗教组织作为自己的重要公共关系对象,在营销活动中也要注意对拥有不同宗教信仰的人群进行区别对待,以避免由于矛盾和冲突给企业营销活动带来损失。

(3) 价值观念分析

价值观念是指人们对社会生活中各种事物的态度和看法。在不同文化背景下,人们的价值观念往往有着很大的差异,消费者对产品的色彩、式样以及促销方式都有自己褒贬不同的意见和态度。企业营销必须根据消费者不同的价值观念设计产品,提供服务。

(4) 消费习俗分析

消费习俗是指人们在长期经济与社会活动中所形成的一种消费方式与习惯。研究消费习俗,不但有利于组织好消费产品的生产与销售,而且有利于正确、主动地引导健康的消费。了解目标市场消费者的禁忌、习惯、避讳等是企业进行市场营销的重要前提。

2. 社会文化环境的影响

文化环境对汽车市场营销会产生一定影响,主要体现在以下几方面:

(1) 文化环境影响人们对汽车的态度

人们对待汽车的态度无疑与经济条件相关,但不是绝对的,很多时候还会受到文化环境的影响。如美国人豪迈奔放,对于他们来说,驾车兜风带来的畅快感觉是其他任何物质或精神的东西都不能替代的,他们把汽车当成浪漫的伴侣。而在我国,随着汽车文化的兴起,很多人都拥有了自己的私家车。没有私家车的也会选择替代性的汽车消费,如打车上班、租车旅游、婚丧嫁娶摆车队等已经成为时尚。

(2) 文化环境影响人们对汽车的选择

处在不同文化环境中的人们对汽车的理解是不一样的。西方发达国家把车看成代步工具,但是在过去中国人的眼里,车就是"轿子",就是身份和地位的象征。这种文化传统严重影响了人们的购车倾向。例如,2000年年初,我国大多数消费者在购车的时候考虑的是三厢车,觉得三厢车才有面子、够气派,所以两厢车在中国市场销路不是很好。但是现在随着国际化观念的不断深入,国人的购车观念也有所改变,觉得两厢车经济实用、方便停靠,开始更多根据个人实际用车需要选择车型和款式。

另外,文化环境也影响人们对汽车产地的选择。在韩国,我们会发现大街上车流涌动,但无论汽车还是货车,都是清一色的韩国本土产的现代、起亚和大宇等车。不仅车是这样,我们还会发现他们用的手机也都是本国生产的三星,这就和韩国人的民族意识息息相关,他们的爱国意识告诉他们必须支持民族企业,购买本土生产的产品。

(3) 文化环境影响人们对汽车的消费方式

消费方式是消费者价值观念的直接反映。例如,西方发达国家流行消费者"共享汽车",汽车共用、费用共担。

此外,文化环境还影响汽车消费时尚。例如,德国推出的"甲壳虫"这款车,就是受"复古风"影响而研发出的具有代表性的"复古车",它将现代高科技装进传统的"甲壳虫"里，上市后在欧美形成了"甲壳虫"热。

还有就是亚文化群体对汽车市场营销也会产生重要影响。不同国家和地区，因为民族、种族、宗教、职业、经济地位及受教育程度不同等因素，人们的消费观念和方式也不同。具有共同特征的群体，即一个亚文化群。他们的生活方式、消费习惯以及爱好等与其他亚文化群不同，因此就有不同的购车理念。例如，城市里收入较高或者以富二代为代表的青年人，现在购车多选择SUV，而经济收入相对低一些的人群，可能就考虑买辆经济型轿车或者A、B级轿车，作为代步工具。这两类人就是两个亚文化群，他们的购买类型就存在差别。

（四）经济环境

经济环境是影响汽车企业营销活动的主要环境因素，它包括收入因素、消费结构、产业结构、经济增长率、货币供应量、银行利率、政府支出等因素，其中收入因素、消费结构对汽车企业营销活动影响较大。

1. 消费者收入分析

收入因素是构成市场的重要因素，因为市场规模的大小，归根结底取决于消费者的购买力大小，而消费者的购买力取决于他们收入的多少。汽车企业必须从市场营销的角度来研究消费者收入，通常从以下五个方面进行分析：

1）国民生产总值。它是衡量一个国家经济实力与购买力的重要指标。国民生产总值增长越快，对商品的需求和购买力就越大，反之，就越小。汽车市场需求同样适用。

2）人均国民收入。它是用国民收入总量除以总人口的比值。这个指标大体反映了一个国家人民生活水平的高低，也在一定程度上决定着商品需求的构成。一般来说，人均收入增长，对商品的需求和购买力就大，反之就小。

3）个人可支配收入。它是指个人收入扣除消费者个人缴纳的各种税款和交给政府的非商业性开支后，可用于消费或储蓄的那部分个人收入，它构成实际购买力。个人可支配收入是影响消费者购买生活必需品的决定性因素。

4）个人可任意支配收入。它是指个人可支配收入减去消费者用于购买生活必需品的费用支出（如房租、水电、食物、衣着等项开支）后剩余的部分。这部分收入是消费需求变化中最活跃的因素，也是企业开展营销活动时所要考虑的主要对象。这部分收入一般用于购买高档耐用消费品、娱乐、教育、旅游等。

5）家庭收入。家庭收入的高低会影响很多产品的市场需求。一般来讲，家庭收入高，对消费品需求大，购买力也大；反之，需求小，购买力也小。

综上所述，经济收入会对汽车市场营销产生重要影响：

（1）经济收入决定汽车的拥有程度

汽车拥有程度可以分为两个方面：一方面是千人汽车拥有量，另一方面是每平方千米汽车拥有量。韩国汽车工业协会提供了一份资料足以说明该问题。该协会于1997年发表了一个《关于世界上有关国家"千人汽车拥有量"和"每平方千米汽车密度"的统计报告》。报告显示，"千人汽车拥有量"大小与该国国民收入有关。其中，美国的汽车千人拥有量为750/1000人，加拿大为649/1000人，意大利为570/1000人，英国为478/1000人；在亚洲，日本为520/1000人，韩国为210/1000人，新加坡为161/1000人，泰国为54/1000人，中国为6/1000人。

每平方千米汽车密度与人口密度和国土面积都有关系，新加坡最高，为每平方千米772

辆，日本为 172 辆，德国为 120 辆，英国为 113 辆，韩国为 95.5 辆，美国为 19.9 辆，泰国为 5.9 辆，中国为 0.7 辆。当然了，随着经济的发展，目前的数据一定会发生很大的变化，这就更说明，经济收入会影响汽车的拥有程度。

（2）经济收入决定汽车的更新速度

西方发达国家消费者汽车更新频繁，如在德国，部分消费者两个月的工资就能购买一辆汽车。而在我国则不然，尽管现在很多家庭都能够购车，但是还有一些家庭因为经济能力有限，还是潜在消费者，因此各个国家汽车生产企业都把我国看成很有发展前景的汽车市场。就我国一些富裕家庭而言，经济收入不断提高，不喜欢旧车了就可以更换新车。而一些工薪阶层由于薪酬每月固定，可能一辈子也就买一次汽车，所以更新速度慢或者为零。

（3）经济收入决定车型选择

市场营销学家们在谈到大众轿车的定位时，曾经提出了一个为社会公认的"购买能力系数"分析理论。该理论认为，只有当轿车的销售价格与人均国民收入之比为 1.4 左右时，相应型号的轿车才能进入家庭。例如，假若你想买 9 万元的车，你的月收入必须在 5800 元以上；假若你想买 16 万元的轿车，你的月收入就必须近万元，以此类推。这样买车者可以找到适合自己的车型，卖车者，特别是汽车生产厂家，也可以找到自己的消费者群，从而进行很好的定位。

（4）经济收入决定汽车的付款方式

在购车付款方面，发达国家习惯了信用消费，而发展中国家还是更习惯现金消费。但现在随着人们观念的更新和改变，我国消费者信用消费和分期付款的次数都在逐渐增多，企业也推出各种优惠政策，鼓励消费者进行信贷消费。另外，在同一国度里，经济发达地区和经济不发达地区，付款方式也不同。

2. 消费者支出分析

随着消费者收入的变化，消费者支出会发生相应变化，继而使一个国家或地区的消费结构随之发生变化。德国统计学家恩斯特·恩格尔于 1857 年发现了消费者收入变化与支出模式，即消费结构变化的规律性。恩格尔所揭示的这种消费结构的变化通常用恩格尔系数来表示，即：恩格尔系数＝食品支出金额/家庭消费支出总金额，恩格尔系数越小，食品支出所占比重越小，表明生活越富裕，生活质量越高；恩格尔系数越大，食品支出所占比重越高，表明生活越贫困，生活质量越低。恩格尔系数是衡量一个国家、地区、城市、家庭生活水平高低的重要参数。企业可以通过恩格尔系数了解当前市场的消费水平，也可以推知今后消费变化的趋势及对企业营销活动的影响。

3. 消费者储蓄分析

消费者的储蓄行为直接制约着市场购买量的大小。当收入一定时，如果储蓄增多，现实购买量就会减少；反之，如果用于储蓄的收入减少，现实购买量就会增加。居民储蓄倾向会受到利率、物价等因素影响。另外，人们储蓄的目的也是不同的，有的是为了养老，有的是为未来的购买而积累，当然储蓄的最终目的主要也是为了消费。企业应关注消费者储蓄的增减变化，了解他们储蓄的不同动机，制定相应的营销策略，从而获取更多的汽车销售机会。

4. 消费者信贷分析

消费者信贷，也称信用消费，是指消费者凭信用先取得商品的使用权，然后按期归还贷款，完成商品购买的一种方式。信用消费允许人们购买超过自己现实购买力的商品，创造了更多的消费需求。随着我国商品经济的日益发达，人们的消费观念大为改变，信贷消费方式在我国逐步流行起来，目前分期付款、信用卡信贷这两种方式为人们所普遍使用。与西方发达国家相比，不同的是西方还比较盛行短期赊销和分期贷款购买昂贵的消费品两种方式。以上这几种信贷方式，都可以刺激需求，给消费者提供更多的购买机会。

（五）汽车使用环境

1. 公路交通

公路交通是指一个国家或地区的公路运输能力、各级公路的里程及比例、公路质量、公路交通量及公路网布局，还包括公路的附属设施如停车场、加油站及公路沿线设施等。公路交通对汽车市场营销具有重要影响。良好的公路交通条件有利于提高汽车运输在交通运输体系中的地位及工作效率，提高汽车使用的经济性，同时也有利于汽车的普及。另外，汽车的普及反过来还可以促进公路交通条件的改善，从而促进汽车销售量的提升。

2. 城市道路交通

城市道路交通包括道路占城市面积的比例、城市交通体系结构、道路质量、立体交通及车道密度等。城市道路交通对汽车市场营销的影响如公路交通一致。但就中国目前的城市道路交通状况看，由于人们对汽车交通工具的选择急剧上升，使得城市道路交通建设面临较大的压力，从而制约了汽车市场营销的发展。

3. 车用燃油

车用燃油包括汽油和柴油，由于二者皆为不可再生资源，因此对汽车市场营销活动产生很大影响，具体表现如下：

1）由于世界石油资源不断减少，因此对传统燃油汽车的发展产生制约作用。

2）车用燃油中汽油和柴油的供给比例，影响了汽车产品的结构。柴油短缺也就对柴油车的发展起到了限制和约束作用。

3）燃油品质提升，会提高汽车产品的燃油经济性，因此会对汽车企业的产品决策产生影响。

车用燃油的短缺，是汽车企业早应该洞察的一个要素，为此汽车企业应该及早进行营销策略的改变。例如，20世纪70年代，日本汽车企业在应对石油危机中屹立而生并取得主动权，生产小型、轻型及经济型轿车，奠定了其成为世界汽车工业强国的根基。

4. 气候和地理环境

有些国家地域跨度大，气候多变；国家与国家之间，气候不同。因此，在同一国家或者不同国家对汽车的需求种类有所不同。这就要求汽车性能要与本地域气候相适应。例如，寒冷的环境和炎热的环境对汽车的使用性能便有不同的要求。

另外，一个国家的地容地貌也会对汽车市场营销活动产生影响。山区和平原，汽车的销售类型有着明显的区别，至少在山区应该销售离地间隙比较大的汽车，保证其通过性；而平原的汽车销售种类相对来说要多。因此，企业应该根据实际情况调整营销组合策略。

（六）自然环境

自然环境是指自然界提供给人类的各种形式的物质资料，如阳光、空气、水、森林、土地等。随着人类社会进步和科学技术发展，世界各国都加速了工业化进程，这一方面创造了丰富的物质财富，满足了人们日益增长的需求；另一方面，面临着资源短缺、环境污染等问题。从 20 世纪 60 年代起，世界各国开始关注经济发展对自然环境的影响，成立了许多环境保护组织，促使国家政府加强环境保护的立法。这对企业营销提出了挑战。营销管理者应该关注自然环境变化的趋势，并从中分析企业营销的机会和威胁，制定相应的对策。

1. 自然资源

自然资源可分为两类，一类为可再生资源，如森林、农作物等，这类资源是无限的，可以被再次生产出来，但必须防止过度采伐森林和侵占耕地；另一类资源是不可再生资源，如石油、煤炭、银、锡、铀等，这种资源蕴藏量有限，随着人类的大量开采，有的矿产已处于枯竭的边缘。自然资源短缺，使许多企业将面临原材料价格大涨、生产成本大幅度上升的威胁，但另一方面又迫使企业研究更合理地利用资源的方法，开发新的资源和替代品，这些又为企业提供了新的资源和营销机会。

2. 环境污染

工业化、城镇化的发展对自然环境造成了很大的影响，尤其是环境污染问题日趋严重，许多地区的污染已经严重影响到人们的身体健康和自然生态平衡。环境污染问题已引起各国政府和公众的密切关注，这对企业的发展是一种压力和约束，要求企业为治理环境污染付出一定的代价，但同时也为企业提供了新的营销机会，促使企业研究控制污染技术，兴建绿色工程，生产绿色产品，开发环保包装。

3. 政府干预

自然资源短缺和环境污染加重的问题，使各国政府加强了对环境保护的干预，颁布了一系列有关环保的政策法规，这将制约一些企业的营销活动。有些企业由于治理污染需要投资从而影响扩大再生产，但企业必须以大局为重，要对社会负责，对子孙后代负责，增强环保意识，在营销过程中自觉遵守环保法令，担负起环境保护的社会责任。同时，企业也要制定有效的营销策略，既要平衡环境保护所支付的必要成本，还要在营销活动中挖掘潜力，保证营销目标的实现。

对于汽车企业来说，采取何种方法应对上述自然环境因素至关重要。企业应该发展新材料，提高原材料的综合利用率；开发汽车新产品，加强对汽车节能、排放技术的研究；开发新型动力和能源车辆。

（七）科技环境

科学技术是社会生产力中最活跃的因素，它影响着人类社会的历史进程和社会生活的方方面面，对企业营销活动的影响更是显而易见。现代科学技术突飞猛进，特别是对汽车企业来说，每一款产品的更新换代都是科技进步的一种体现。科技发展对汽车企业营销活动的影响作用表现在以下几个方面：

1. 科技发展促进产品结构的调整

每一种新技术的发现、推广都会给企业带来新的市场机会，导致新产品的出现。例如，近几年来，伴随新能源技术在汽车生产中的应用，出现了新能源车和电动车等，未来新能源汽车将会成为汽车产品的主流之一。

2. 科技发展促使消费者购买行为的改变

随着多媒体和网络技术的发展，出现了"电视购物""网上购物"等新型购买方式。人们还可以在家中通过网络系统进行购车活动。随着新技术革命的进展，"在家便捷购买、享受服务"的方式还会继续发展。

3. 科技发展影响企业营销组合策略的创新

科技发展使新产品不断涌现，产品寿命周期明显缩短，这就要求企业必须关注新产品的开发，加速产品的更新换代。科技手段的运用使产品成本降低，产品价格下降，且使消费者能快速掌握价格信息，这就要求企业及时做好价格调整工作。例如，手工打造汽车的价格和实现流水线生产后单车的价格，就会形成鲜明对比。科技发展使广告媒体多样化，信息传播快速化，并增强了市场范围的广阔性和促销方式的灵活性。为此，要求企业不断分析科技新发展，创新营销组合策略，适应市场营销的新变化。

4. 科技发展促进企业营销管理的现代化

科技发展为企业营销管理现代化提供了必要的装备，如计算机、传真机、电子扫描装置、光纤通信等设备的广泛运用，对改善企业营销管理、实现现代化发挥着重要作用。同时，科技发展对企业营销管理人员也提出了更高要求。

二、汽车销售微观环境

汽车销售微观环境即为汽车市场营销微观因素，如图 1-2 中间层所示。它影响着企业的营销决策活动，且能够直接影响企业为目标市场提供服务的能力，通常指企业内部环境因素和企业外部环境即企业外部活动者等因素的总和。企业内部环境因素又包括企业组织机构、财政、人力资源等，企业外部活动者主要包括供应商、中介、用户、竞争者及公众，这些因素企业通过一定手段能改变和影响，具有可控特征。所以，分析微观因素给企业发展带来的影响就要从上述所提及的方面入手。

（一）汽车企业内部环境因素

任何企业在自身的发展过程中都存在着积极和消极的因素，而且也只能在某些职能领域具有优势和劣势。所以内部环境因素分析的目的就是要找出这些优势与劣势，而战略管理的目的就是要利用和提升优势，克服和解决劣势。

企业战略目标的制定及选择不但要知彼，即客观地分析企业的外部环境，而且要知己，即对企业内部资源、能力及核心竞争力进行正确评估。企业内部环境因素是企业经营的基础，制定战略的出发点、依据和条件，是竞争取胜的根本，进而创造超额利润。为了实现经营目标，企业会通过设立组织机构（见图 1-3）的方式和手段对资源（人力、财力、物力、技术、市场、环境等）、管理（计划、组织、控制、人事、激励和企业文化等）、能力（财务能力、生产能力、营销能力、科研开发能力等）进行整合利用，协调发展，保证企业正常运行，提高企业的经济实力、经营能力、竞争能力和市场营销的效果。企业内部各职能部门的工作及其相互之间的协调关系，直接影响着企业的整个营销活动。营销部门与企业其他部门之间既有多方面的合作，也经常与生产、技术、财务等部门发生矛盾。由于各部门各自的工作重点不同，有些矛盾往往难以协调。如生产部门关注的是长期生产的定型产品，要求品种规格少、批量大、订单标准、质量管理较稳定，而营销部门注重的是能适应市场变化、满足目标消费者需求的"短、平、快"产品，则要求多品种、少批量、个性化订单及特殊的质量管理。所以，企业在制订营销计划、开展营销活动时，必须协调和处理好各部门之间的矛盾和关系。这就要求进行有效沟通，协调发展，营造良好的企业环境，更好地实现营销目标。

为了塑造良好的企业形象，高层管理者（董事会、总裁等）更应该关注的是以人为本

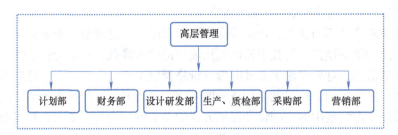

图 1-3　汽车企业组织机构

的精神文化、以制度为载体的制度文化和以企业生产资料及各种硬件设施等为载体的物质文化，这是企业文化建设的三种形态。各企业应通过企业文化建设，提升企业精神风貌，树立企业在消费者心目中的良好口碑。

（二）汽车企业外部环境因素

汽车企业外部环境因素如图 1-4 所示，企业与外部环境之间的联系是广泛而复杂的。

1. 客户

客户就是公司服务的对象，是公司的目标市场。客户是公司直接营销环境中最重要的因素，是企业赖以生存和发展的根本。企业市场营销的起点和终点都是满足客户的需要，汽车企业必须充分研究各种汽车用户的需要及其变化。客户是公司产品的直接购买者，客户的变化意味着公司市场的获得或丧失。客户市场可划分为消费者市场、企业市场、经销商市场、政府市场、国际市场这五种客户市场。消费者市场由个人和家庭组成，他们仅为自身消费而购买商品和服

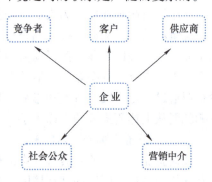

图 1-4　汽车企业外部环境因素

务。企业市场购买产品和服务是为了进一步深加工，或在生产过程中使用。经销商市场购买产品和服务是为了再次销售，以获取利润。政府市场由政府机构构成，购买产品和服务用以服务公众，或作为救济转移支付。国际市场则是由其他国家的购买者构成，包括消费者、生产商、经销商和政府。

2. 竞争者

企业在经营过程中会面对许多竞争者。任何企业要想成功，就必须充分了解自己的竞争者，努力做到较其竞争者更好地满足市场的需要。从购买者的角度来观察，每个企业在其营销活动中，都面临如下几种类型的竞争者：

（1）愿望竞争者

愿望竞争者是指满足购买者当前存在的各种愿望的竞争者。

（2）平行竞争者

平行竞争者是指能满足同一需要的各种产品的竞争，如满足交通工具的需要可买汽车、两轮摩托车、三轮摩托车等，它们之间是平行的竞争者。

（3）产品形式竞争者

产品形式竞争者是指满足同一需要的同类产品不同形式间的竞争，如汽车有各种型号、式样，其功能各有特点。

（4）品牌竞争者

品牌竞争者是指满足同一需要的同种形式产品的各种品牌之间的竞争，如汽车有"奔驰""丰田""福特"等品牌，这种品牌之间的竞争，即同行业者之间的竞争是要着重研究的。

每个企业都应当充分了解：目标市场上谁是自己的竞争者；竞争者的策略是什么；自己同竞争者的力量对比如何，以及它们在市场上的竞争地位和反应类型等。在竞争中取胜的关键在于知己知彼，扬长避短，发挥优势。但是，一个企业如果仅仅注意品牌竞争，仅仅致力于在一定的市场上争夺较大的占有率，而忽略了抓住有利时机开辟新的市场或防止其产品的衰退，那就犯了"营销近视症"。

企业在目标市场进行营销活动时，不可避免地会遇到竞争对手的挑战。竞争对手的营销战略及营销活动的变化会直接影响到企业的营销，比如最为明显的是竞争对手的价格、广告宣传、促销手段的变化、新产品的开发。此外，售前售后服务的加强等都将直接对企业造成威胁，企业必须密切注视竞争者的任何细微的变化，并制定相应的对策与措施。

3. 供应商

供应商是指向企业及其竞争者提供生产上所需要的资源的企业和个人，包括提供原材料、设备、能源、劳务和资金等。企业要选择在质量、价格以及在运输、信贷、承担风险等方面条件最好的供应商。供应商这一环境因素对企业营销的影响很大，所提供资源的价格和数量，直接影响企业产品的价格、销量和利润。供应短缺、工人罢工或其他事故，都可影响企业按期完成交货任务。从短期来看，这些事件会导致销售额的损失；从长期来看，则会损害企业在客户那里的信誉。如果企业过分倚重单一的供应者，往往容易受其控制。并且若单一供应者遇到意外情况而致使其供应能力受到影响，也会直接波及企业的生产和销售。因此，企业应尽量从多方面获得供应，以降低供应风险。

4. 营销中介

营销中介是指在促销、分销以及把产品送到最终购买者方面给企业以帮助的那些机构，包括中间商、实体分配机构、营销服务机构（调研公司、广告公司、咨询公司等）、金融中间人（银行、信托公司、保险公司等）。这些都是市场营销不可缺少的中间环节，大多数企业的营销活动，都需要有它们的协助才能顺利进行。例如，生产集中和消费分散的矛盾，必须通过中间商的分销来解决；资金周转不灵，则须求助于银行或信托公司。商品经济越发达，社会分工越细，这些中介机构的作用越大。企业在营销过程中，必须处理好同这些中介机构的合作关系。

5. 社会公众

企业的营销环境还包括各种公众。社会公众是指对一个组织实现其目标的能力，具有实际或潜在利害关系和影响力的一切团体和个人。企业面临如下几种公众类型：

1）金融公众：是指关心并可能影响企业获得资金的能力的团体，如银行、投资公司、证券交易所和保险公司等。

2）媒体公众：主要是指报社、杂志社、广播电台和电视台等大众传播媒体。这些组织对企业的声誉具有举足轻重的作用。

3）政府公众：是指有关的政府部门。营销管理者在制订营销计划时必须充分考虑政府的政策。企业必须向律师咨询有关产品安全卫生、广告真实性、商人权利等方面可能出现的问题，以便同有关政府部门搞好关系。

4）群众团体：是指消费者组织、环境保护组织及其他群众团体，如玩具公司可能遇到关心子女安全的家长对产品安全性的质询。20世纪60年代以来国际上日益盛行的消费者保护运动，是不可忽视的力量。

5）当地公众：是指企业所在地附近的居民和社区组织。企业在其营销活动中，要避免与周围公众利益发生冲突，应指派专人负责处理这方面的问题，同时还应努力对公益事业做出贡献。

6）一般公众：是指社会上的一般公众。企业需要了解一般公众对其产品和活动的态度。企业形象，即在一般公众心目中的形象的好坏，对企业的经营和发展有重要意义，要力争在一般公众心目中建立良好的企业形象。

7）内部公众：是指企业内部的公众，包括董事会、经理、"白领"员工、"蓝领"员工等。

近几年，许多公司提出了"内部营销"这一新概念，这是营销理论在企业内部的运用。内部营销观念强调企业内每一名员工都有其内部供应者和内部客户，每一名员工都要通过自身的努力与内部供应者搞好关系，协调运作；同时尽力满足内部客户的各种需要，共同实现企业的战略目标。大企业通常发行内部通信，对员工起沟通和激励作用，以加强内部交流，提高工作效率。内部公众的态度还会影响企业与外部公众的关系。所有以上这些公众，都与企业的营销活动有直接或间接的关系。现代企业是一个开放的系统，在经营活动中必然与各方面发生联系，处理好与各方面公众的关系，是企业管理中一项极其重要的任务。因此，当代许多公司都设有"公共关系部门"，专门负责处理与公众的关系，这也是现代商品经济高度发展的一个产物。

企业必须注意公众的舆论导向，树立和维护企业良好的公众形象，从而为企业的营销活动营造宽松的社会空间。

三、汽车销售环境分析方法及应对策略

（一）汽车市场营销环境特点

对于任何事物的发展变化，我们都要了解其所处环境，对于汽车市场营销宏微观因素进行分析，可以增强企业适应市场的能力。企业发展有其特定环境，也有适合其发展的特点，汽车市场营销环境也不例外，具有其独有的特征，如图1-5所示。

1. 关联性

构成汽车市场营销环境的各种因素和力量是相互联系、相互依赖的。如经济因素不能脱离政治因素而单独存在；同样，政治因素也要通过经济因素来体现。

2. 层次性

从空间上看，汽车市场营销环境因素是个多层次的集合。第一层次是企业所在的地区环境，如当地的市场条件和地理位置；第二层次是整个国家的政策法规、社会经济因素，包括国情特

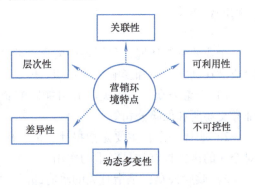

图1-5 汽车市场营销环境特点

点、全国性市场条件等；第三层次是国际环境因素。这几个层次的外界环境因素与企业发生联系的紧密程度是不相同的。

3. 差异性

汽车市场营销环境的差异主要是因为企业所处的地理环境、生产经营的性质、政府管理制度等方面存在差异，不仅表现在不同企业受不同环境的影响，而且同样一种环境对不同企业的影响也不尽相同。

4. 动态多变性

外界环境随着时间的推移经常处于变化之中。例如，外界环境利益主体的行为变化和人均收入的提高均会引起购买行为的变化，影响企业营销活动的内容；外部环境各种因素结合方式的不同也会影响和制约企业营销活动的内容和形式。因此，企业必须用动态的观点去研究市场营销环境的影响，把握其变化趋势，从中发现和挖掘有利的市场机会。

5. 不可控性

影响汽车市场营销环境的因素是多方面的，也是复杂的，并表现出企业不可控性。例如，一个国家的政治法律制度、人口增长及一些社会文化习俗等，企业不可能随意改变。企业管理者的主要任务就是要以企业可控制的营销组合因素去适应不可控的外部环境，满足目标客户的需要，实现企业目标。

6. 可利用性

企业可以根据环境因素的变化来主动调整市场营销战略，或料事于未萌，或避危于未发，甚至可以通过众多的联合力量去冲破环境制约。

（二）研究汽车市场营销环境的意义

环境对企业的影响可以是积极的，即有利于汽车市场营销，我们称之为机遇；也有可能是消极的，即不利于汽车市场营销，我们称之为风险。分析环境就是要抓住机遇和避免风险，这对企业的营销活动有极大帮助：

1）汽车市场营销环境分析为汽车企业进行营销决策和管理提供科学依据。

汽车企业的营销受到很多因素的制约，准确把握市场信息和科学决策对于一个企业进行营销活动是至关重要的。企业要充分了解自己的优势与缺陷、市场环境的有利因素和不利因素，以便于企业从营销活动中取得较好的经济效益。

2）汽车市场营销环境分析有利于汽车企业及时把握市场机会。社会在不断发展，汽车市场变化莫测。较好的营销环境分析可以使企业迅速地发现市场上潜在的机会，并进行及时的营销策划。

3）汽车市场营销环境分析，有助于企业准备进行市场定位，满足不同消费群的差异化需求。在买方市场的今天，个性化产品已经成为社会的主流趋势。因此，汽车企业需要对市场环境的变化进行详细分析，进行正确的市场定位。在营销理念上要敢于创新，奉行与用户在心灵上沟通的差异化服务，即针对不同消费者的不同需求，提供不同的服务，这样才会收到更好的效果。

（三）汽车市场营销环境分析方法及应对策略

在对企业的宏观、微观环境进行研究与分析的基础上，还应对企业市场营销环境进行综合分析，以便对营销环境做出总体评价，为营销战略的制定提供可靠的依据。市场营销环境的综合分析也称为机会和威胁分析。

1. 汽车企业分析机会和威胁的目的

汽车企业研究市场营销环境的目的在于分清营销机会和环境威胁，积极主动地趋利避害，以保证企业各项目标的顺利实现。所谓营销机会则是企业能取得竞争优势和差别利益的市场机会，也被称为"市场上未满足的需求"。而环境威胁，就是营销环境中对企业营销不利的趋势，对此如无适当应变措施，则可能导致某个品牌、某种产品甚至整个企业的衰退或被淘汰。在现实生活中，机会和威胁往往并存。营销管理者的任务就在于，善于抓住机会，战胜威胁，以有力措施迎接市场上的挑战。营销环境的变化不断造成新的机会和新的威胁，这种变化有些是缓慢的，可预测的；有些则是急剧的，难以预测的。

现代营销学认为，企业营销活动成败的关键，就在于企业能否适应不断变化着的市场营销环境。因为，现代企业是社会的经济细胞，是个开放的系统，它在营销活动过程中必然与社会的其他系统、与它所处的市场环境的各个方面，发生千丝万缕的联系，环境因素必然对营销活动有重大影响。这些营销环境对企业的营销管理来说都是不可控制的因素，营销管理者的任务就在于适当安排营销组合（可控因素），使之与不断变化着的营销环境（不可控因素）相适应。市场营销的实践证明：适者生存。许多公司的发展壮大，就是因为善于适应环境；而另有许多公司，则往往对环境变动的预测不及时，结果造成极大的被动，甚至破产倒闭。例如，在 20 世纪 70 年代以前美国没有一家石油公司曾料想到油价会猛涨，也没有多少有关公司的管理人员预见到婴儿出生率会大幅度下降，而恰恰是这些变化对企业的经营活动产生了巨大影响和冲击。当年，美国的汽车公司正是由于对环境预测不及时、应变不力，致使日本小型轿车大量打入美国市场，占有了将近一半的市场份额。因此，企业必须时时注意对营销环境进行调查、预测和分析，然后据以确定营销战略和策略，并相应地调整企业的组织结构和管理体制，使之与变化了的环境相适应。

2. 汽车企业分析机会和威胁的方法和步骤

汽车市场营销环境变化给汽车企业营销带来的影响，集中地表现为机会和威胁两种情况。机遇会给企业营销带来有利的条件和新的机会，发生积极影响；威胁会给企业带来不利的局面和压力，造成消极影响。机会和威胁是同时存在的，企业不仅要看到市场营销环境变化带给企业营销威胁的一面，还要发掘它所给予企业营销机遇的一面。要具体分析环境威胁是什么，有哪些表现；环境机遇是什么，有哪些表现；哪个是主要的，哪个是次要的；是威胁大于机遇还是机遇大于威胁，或是机遇与威胁等同。只有全面分析市场营销环境因素，才能对企业营销所处的市场营销环境做出准确的判断。那么，汽车企业应如何进行机会与威胁的分析呢？

首先要进行环境扫描。所谓环境扫描就是从汽车市场环境中辨别出对企业经营有影响的、反映环境因素变化的某些事件。汽车市场环境是动态变化的，每时每刻都在出现不同的事件，但并不是所有事件的发生都会对企业产生影响，即使对企业产生影响的事件也会由于本身性质而对企业产生影响的程度或迫切性有所不同，需要通过环境扫描对其进行识别。因此，环境扫描是汽车企业进行环境分析的第一步。环境扫描工作通常由企业的高层领导召集和聘请企业内外熟悉市场环境的管理人员和专家组成分析小组，通过科学系统的调查研究、预测分析，将所有可能影响企业经营的环境因素变化引发的事件——罗列，然后加以讨论，逐一评审所有列为有关的环境事件的依据是否充分，从中筛选出分析小组一致认定的对企业经营将有不同程度影响的事件。

第一部分 汽车销售准备

其次要进行环境评价。经过环境扫描,甄别出环境中对汽车企业产生影响的各种市场因素后,需要对这些影响因素的影响程度与影响方式进行评价。常用的评价方法有列表评价法、SWOT分析法、劣势或优势分析法等三种,我们主要介绍SWOT分析法。

SWOT分别是:优势—Strengths、弱势—Weaknesses、机会—Opportunities、威胁—Threats四个英文单词的第一个字母的缩写。SWOT分析法又被称为"态势分析法",也称波士顿矩阵。它是由旧金山大学的管理学教授于20世纪80年代初提出来的,是一种能够客观而准确地分析和研究一个单位现实情况的方法。通过SWOT分析,可以结合环境对企业的内部能力和素质进行评价,弄清楚企业相对于其他竞争者来说的相对优势和劣势,帮助企业制定竞争战略。

(1) 企业优势和劣势

汽车企业优势和劣势分析实质上就是汽车企业内部经营条件分析,或称企业实力分析。优势是指汽车企业相对于竞争对手而言所具有的优势人力资源、技术、产品以及其他特殊实力。充足的资金来源、高超的经营技巧、良好的企业形象、完善的服务体系、先进的工艺设备、与买方和供应商长期稳定的合作关系、融洽的雇员关系、成本优势等,都可以形成企业优势。劣势是指影响汽车企业经营效率和效果的不利因素和特征,它们使汽车企业在竞争中处于劣势地位。一个汽车企业的弱势主要表现在以下几方面:缺乏明确的战略导向、设备陈旧、盈利较少甚至亏损、缺乏管理经验和知识、缺少某些关键的技能、内部管理混乱、研究和开发工作落后、企业形象较差、销售渠道不畅、营销工作不得力、产品质量不高、成本过高等。

(2) 环境机会和威胁

汽车企业的机会与威胁均存在于市场环境中,因此,机会与威胁分析实质上就是对汽车企业外部环境因素变化的分析。市场环境的变化或给企业带来机会或给企业造成威胁。环境因素的变化对某一企业是不可多得的机会,但对另外一家企业则可能意味着灭顶之灾。环境提供的机会能否被企业利用,同时,环境变化造成的威胁能否有效化解,取决于企业对市场变化反应的灵敏程度和实力。市场机会为企业带来收益的多寡,不利因素给企业造成的负面影响的程度,一方面取决于这一环境因素本身的性质,另一方面取决于企业优势与劣势的结合状况。最理想的市场机会是那些与企业优势达到高度匹配的机会,而恰好与企业弱点结合的不利因素将不可避免地消耗企业大量资源。在对企业环境因素进行评价时,一个有意义的方法便是将企业的优势、劣势和市场机会、威胁相结合进行分析。

一般来说,运用SWOT分析法研究企业营销决策时,可根据优势和劣势、机会和威胁,强调寻找四个方面中与企业营销决策密切相关的主要因素,见表1-1。

表1-1 SWOT分析矩阵

内部环境 外部环境	优势 S	劣势 W
机会 O	SO 战略	WO 战略
威胁 T	ST 战略	WT 战略

SO战略(优势机会战略)——将组织内部的优势和外部环境的机会相匹配,通过发挥组织内部优势与利用外部环境机会达到战略目标。

WO 战略（劣势机会战略）——利用外部环境的机会来弥补组织内部劣势，通过对外部环境机会的利用来实现组织内部的更新和发展。

ST 战略（优势威胁战略）——利用组织内部的优势来减轻外部环境威胁的影响，通过发挥组织内部的优势以达到克服或减少外部环境不利影响的目的。

WT 战略（劣势威胁战略）——主要是在减少组织内部劣势的同时设法回避外部环境威胁并通过这种方法达到扭转不利局面的效果。

利用上述方法分析、评价营销环境，根据机会与威胁程度的高低，我们可以把企业划分为四种类型，如图 1-6 所示。

1）困难型企业。这类企业面临较大的环境威胁，营销机会也很少，它们如果不能减少环境威胁将陷入经营困难的境地。譬如说在绿色经济的呼声中，新能源车将立于不败之地，而不符合环保要求的汽车企业就很可能成为困难企业。

图 1-6　机会-威胁环境分析划分企业类型图

2）成熟型企业。这类企业机会和威胁水平均低，说明企业发展的机会已经很少，自身发展潜力也很小，企业应该研究环境营造的新机会，进一步开拓，否则，将影响企业的生存。很多大型企业属于此类企业，比如我国的一汽集团、上汽集团等，都已经形成了比较完备的格局了，一般情况下，不会面临很大的威胁和机会。

3）理想型企业。这类企业机会水平高，威胁水平低，企业有非常好的发展前景，不过这类企业很少。

4）冒险型企业。这类企业机会水平高，威胁水平也高。也就是说，在环境中机会与挑战并存，成功和风险同在。因此，这类企业应抓住机会充分利用，同时制定避免风险的对策。

最后，汽车企业要采取营销对策。汽车市场营销环境变化给汽车企业营销带来的影响是多样、复杂的。汽车企业应持全面、具体的评价原则，运用环境扫描法、SWOT"威胁—机会"矩阵图法，对影响企业营销的相关环境因素及其权重做出准确评估，并在环境分析与评价的基础上，对威胁与机会水平不等的各种营销业务，分别采取不同的对策：

对困难业务，要么努力改变环境，走出困境或减轻威胁；要么立即转移，摆脱无法扭转的困境。

对成熟业务，机会与威胁均处于最低水平，可作为企业的常规业务，以维持企业的正常运转，并为开展理想业务和冒险业务准备必要的条件。

对理想业务，应看到机会难得，甚至转瞬即逝，必须抓住机遇，迅速行动；否则，丧失机会，将后悔莫及。

对冒险业务，面对高利润与高风险，既不宜盲目冒进，也不应迟疑不决、坐失良机，应全面分析自身的优势与劣势，扬长避短，创造条件，争取突破性的发展。

（3）制定应变对策

分析评价市场营销环境，目的是为了制定应变对策。由于各个企业的具体情况不同，在同样的市场营销环境变化中，应变对策也不能一样，因此很难确定一种固定模式。这里仅根据威胁与机遇两种情况,为企业适应环境变化、选择合理的对策提供几种思路,供参考。

1)把握市场机会的对策:

① 准确把握时机。如果看准了市场环境趋势,就应当机立断,尽早做出决策。

② 慎重行事、等待时机。小心地评价市场营销机会,必须准确地预测市场需要和评估企业的能力,不然,从表象出发,难免导致决策失误。

③ 逐步到位。实施决策应分步骤,边试验、边总结,以进一步摸清市场环境,然后全面实施。

④ 果断放弃。当和企业目标资源背离的状况出现,尽管市场很有吸引力,但是不能加以利用的话,要果断放弃,寻找新的机会。

2)应付环境威胁的对策:

① 对抗策略。对抗策略也被称为抗争策略或者促变策略。对抗策略是指企业采取措施抑制或扭转不利因素的发展。一般采用这种策略的企业,都是比较有规模的,能够和国家或者整个行业抗衡的汽车企业。例如:大型汽车企业可以通过各种方式阻止政府通过某种法令或有关权威组织达成某种协议,努力促使某项政策或协议的形成来抵消不利因素的影响。

② 减轻策略。减轻策略也被称为削弱策略。减轻策略是指企业主动调整营销计划,改变经营战略,去适应市场环境变化,减轻环境威胁对企业造成负面影响的严重程度。例如,日系车曾经在美国有过很难销售历史,但是日本汽车企业为了减轻这种负面影响,在广告宣传方面,只谈日系车"节能、环保、舒适、经济"符合美国人的购车需求,而闭口不提"节能、环保、舒适、经济"是日本的造车理念,这样就弱化了美国人对日系车的不良印象。

③ 转移策略。转移策略也被称为转变策略或回避策略。转移策略是指企业通过改变自己被威胁的产品的现有市场,或收缩目标市场,或变成几个甚至一个目标市场进行原产品的销售,再或者进行转向经营,如原来从事汽车行业,现转为房地产业,以此手段来避免环境变化给自己带来的威胁。

任务专项实训

实训任务

分析某车型或者某品牌市场营销环境。

实训目的

学生选定某车型或者某品牌,从营销环境的宏微观因素着手,利用所学分析环境的方法,通过实践调研或者网上资料查询,分析某车型或者某品牌所处的市场营销环境,进行SWOT比对,从而为企业做出准确的营销决策,促进企业的顺利发展。

实训内容

选择某品牌或某车型,通过调研、查阅资料,分析其所面临的机会和威胁,结合企业内部优势和劣势,进行SWOT分析,从而为企业做出准确的营销决策。

实训步骤

◎ 将学生进行分组,4~5人一组,选定品牌或车型。

◎ 小组进行资料查阅、分析与竞品车型优劣势，分析机会、威胁、优势、劣势，得出企业目前处于哪个阶段，是困难型企业还是风险型企业，是成熟型企业还是理想型企业，从而为企业进行营销决策。

◎ 各组成员派代表展示方案（PPT 形式）。

实训评价

◎ 以组为单位进行方案汇报。

营销小策略

销售是一种服务性职业，要想做好必须了解市场，懂市场策略，让自己更有信心做好自己的本职工作，这样不仅可以给客户带来方便，同时也可以获得客户的认可和信赖。

任务二 汽车销售购买行为分析

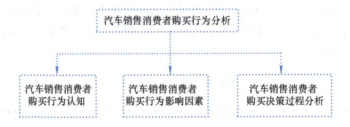

1. 掌握汽车销售消费者购买行为心理特点
2. 认识汽车销售消费者购买行为影响因素
3. 掌握汽车销售消费者购买行为决策过程

能力目标

1. 能够识别汽车销售消费者购买行为特点
2. 能够依据汽车销售消费者购买行为影响因素合理分析客户需求
3. 能够结合汽车消费者购买决策过程分析客户购买所处阶段并采用合理销售策略

第一部分 汽车销售准备

请结合下面资料，分析张艳作为汽车消费者在选车过程中受到哪些因素影响，她的购买决策过程分为哪些阶段。汽车销售人员应如何根据张艳的购买状态，实施合理的销售策略。

张艳选车的故事

济南客户——张艳，年龄31岁，已婚，夫妻二人都是济南市一家商业银行的职员，家距上班地点七八公里。看到这些年身边许多亲朋好友纷纷跻身有车一族，他们购车的愿望也越来越强烈。2016年，国家对部分小排量车实施补贴政策，夫妻二人考虑到孩子也渐渐长大，想要攒钱买一辆汽车，以方便孩子上学和家庭出行。于是，利用春节放假的机会，张艳夫妻二人一早从家里来到位于离家不远的大众4S店看车。一见到有客户，销售人员马上迎上来，热情主动地询问了二位的兴趣、爱好、职业、购车用途等信息，并向他们介绍适合的车型。张艳则认认真真地询问大众车型的状况，从色彩、价格、燃油情况、安全性、舒适性一直问到车辆的内饰以及美观度。由于对汽车的专业知识不懂，害怕被欺骗，于是二人又去了其他几家中意的汽车品牌4S店，货比三家，想好好研究一下，适合工薪阶层的车型有哪些，对比一下价格、优惠力度等，再做购买决定。经过两个月的研究，朋友、父母、同事等都给了意见和建议，夫妻二人也亲自试驾了不同品牌的车型，最后定下了一款非常满意的车型。

上述材料呈现了消费者购买汽车的全过程，有购买心理活动，也有购买结果等。销售人员要分析消费者的购买心理特征，判断消费者处于购车的哪个阶段，还需要掌握和了解消费者对汽车相关知识的掌握情况，只有这样才能有效应对客户，促进汽车销售成功。

1. 汽车销售消费者购买行为认知
2. 汽车销售消费者购买行为影响因素
3. 汽车销售消费者购买行为决策过程

一、汽车市场消费者购买行为认知

汽车作为结实耐用的昂贵奢侈品，具有消费品和生产品的双重特性。因此，汽车市场上的消费者既可以是以消费为目的的个人、家庭或组织集团，也可以是以生产为目的购买原材料的企业或其他经济组织。在本书中，我们主要研究以消费为目的的汽车市场消费者。

（一）消费者购买行为含义

消费者购买行为是指消费者为满足其个人或家庭生活而发生的购买商品的决策过程。消费者购买行为是复杂的，其购买行为的产生是受到其内在因素和外在因素的相互促进交互影响的。企业营销通过对消费者购买行为的研究，来掌握其购买行为的规律，从而制定有效的市场营销策略，实现企业营销目标。

（二）消费者购买行为研究意义

在目前家用汽车日趋成为消费热点的大背景下，对我国汽车消费者行为进行研究分析显得十分重要和必要，无论是对我国制定产业政策、发展国民经济还是对人民群众的日常生活都有深远的意义。

1. 研究分析汽车消费者购买行为可指导设计新产品和改进现有产品

从营销角度看，市场机会就是未被满足的消费者需要。要了解汽车消费者哪些需要没有满足或没有完全满足，就需要对汽车消费者的相关情况进行研究分析。比如，通过分析消费者的生活方式或消费者收入水平的变化，可以揭示消费者有哪些新的需要和愿望未被满足。在此基础上，汽车生产厂家，可以针对消费者的需要开发新产品或改进现有产品。这样，无论消费者什么时候买车，在哪里买车，都能够买到自己喜欢的汽车。

2. 研究分析汽车消费者购买行为可有效地指导汽车经销商制定营销策略

汽车企业要了解消费者哪些需要没有满足或没有完全满足，通常涉及对市场条件和市场趋势的分析，其目的是为了找到适合自己进入的目标市场，并根据目标市场的需求特点，制定有针对性的营销方案，使目标市场的消费者的独特需要得到更充分的满足。从目前市场情况来看，随着消费者收入的不断提高以及企业逐渐减少对雇员交通工具的提供，私家车市场规模仍将扩大并且对整个汽车市场产生强劲的推动作用。汽车经销商们需要更多关注潜在购买私家车的消费者，他们的购买行为已经成为汽车经销及生产厂家关注的焦点。只有针对这一消费群的需要制定市场策略，才能更好地了解市场走势。

3. 研究分析汽车消费者购买行为可为政府部门制定保护消费者利益的政策和法律提供科学依据

随着经济的发展和各种损害消费者权益的商业行为不断增多，消费者权益保护已成为全社会关注的话题。汽车消费者作为社会的一员，拥有自由选择产品与服务，获得安全的产品、获得正确的信息等一系列权利。汽车消费者的这些权利，也是构成市场经济的基础。政府有责任和义务来禁止欺诈、垄断、不守信用等损害消费者权益的行为发生，也有责任通过宣传、教育等手段提高消费者自我保护的意识和能力。在私人购买家用汽车方面，消费者所关注的停车空间问题、道路建设问题以及贷款申请问题等，政府应当制定什么样的法律，采取何种手段保护消费者权益，政府的保护措施在实施过程中能否达到预期的目的，在很大程度上也需要借助于对汽车消费者行为研究所得到的信息来决定。

4. 研究分析汽车消费者购买行为有助于消费者识别一些上当受骗销售手段

汽车的销售和购买对一般的居民来说是件大事，涉及的相关知识较多。对自身需求和一般性消费群体行为的了解，有助于提高购买家用汽车的满意度。

（三）汽车消费者购买行为模式

汽车消费者购买行为模式如图 1-7 所示，消费者首先受到两方面刺激，一是来自于大气候也就是宏观环境的刺激，如政治的稳定、经济的发展可以刺激消费者产生正常消费需求，社会文化、人口环境等可以限制和刺激消费者产生与之相吻合的消费需求；二是来自小环境的影响，如产品层次、产品定价、产品销售渠道等的变动都可以对消费者产生不同程度的刺激。二者结合起来，对消费者产生的购买影响结果或者是现在购买或者是将来购买，总之会产生购买意向。但是消费者关注哪些因素、产生购买决定与否，销售人员不得而知。因此我们称消费者为"神秘使者"，需要销售人员通过观察、体验和交流来揭开其神秘面纱，增强消费者的购买动机，动机越强烈，购买的可能性就越大，从而产生购买行为。

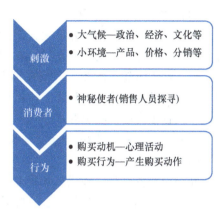

图 1-7　汽车消费者购买行为模式

（四）消费者购买行为类型

消费者购买行为的类型，有多种多样的划分方法，其中最具有典型意义的有两种：

一是根据消费者的购买行为的复杂程度和所购产品品牌的差异程度加以区分；二是根据消费者的性格进行划分。

1. 根据消费者购买行为的复杂程度和所购产品品牌的差异程度划分（见图1-8）

（1）复杂型购买行为

这是消费者在购买差异性很大、价格昂贵、介入程度高的商品时所发生的购买行为。

购买这类商品时，通常要经过一个较长的考虑过程。购买者首先要广泛搜集各种相关信息，对可供选择的产品进行全面评估，在此基础上建立起自己对该品牌的信念，形成自己对各个品牌的态度，最后慎重地做出购买决策。如购买汽车，由于汽车价值较大所以大部分消费者购买汽车的时候都会花

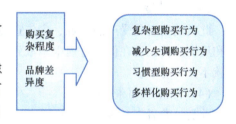

图 1-8　根据消费者购买行为的复杂程度和品牌差异度划分消费者购买行为类型

很多时间和精力，对多个品牌进行分析评价，最后才能做购买决定。所以，销售人员要了解消费者需求，有针对性地进行推介，最终赢得消费者的信赖。

（2）减少失调购买行为

这是消费者购买产品时，品牌差异性不大、介入程度高时所发生的一种购买行为。

各个品牌之间没有显著差异，但是产品价格较高，消费者一般会花很多心思在上面，即使这样也不一定能分清各个品牌之间的优劣，所以购买了之后心里感觉也不是十分踏实。例如购买房子的消费者，不懂建筑材料的好坏，看不出房子质量优劣，所以就会出现买了房子也不知道到底好不好，只有居住较长一段时间后才能感受到。所以，置业顾问就应该对客户负责任，尽量避免其后悔。

（3）习惯型购买行为

所谓习惯型购买决策，是指消费者对所选购的产品和品牌比较了解，品牌差异也不大，介入程度低，已经有了相应的选择标准，主要依据过去的知识和经验习惯性地做出购买决定。所以，销售人员就应该积极进行推销和宣传，引起消费者的注意，从而增加改变购买行为的可能性。

（4）多样化购买行为

消费者购买的产品差异度大，但是价格不是很高，因此介入程度低。一般消费者了解现有各品牌和品种之间的明显差异，在购买产品时并不深入收集信息和评估比较就决定购买某一品牌，购买时随意性较大，只在消费时才加以评估，但是在下次购买时又会转换其他品牌。例如洗发水的购买，只要有价格促销，消费者可能就会改变购买习惯。所以，销售人员应该加大宣传力度，吸引客户眼球。

2. 根据消费者购买态度与要求划分（见图1-9）

（1）习惯型

此类消费者是某一种或某几种品牌的忠诚客户，消费习惯和偏好相对固定，购买时心中有数，目标明确。

（2）慎重型

此类消费者在做出购买决策前对不同品牌加以仔细比较和考虑，相信自己的判断，不容易被他人打动，不轻易做出决定，决定后也不轻易反悔。

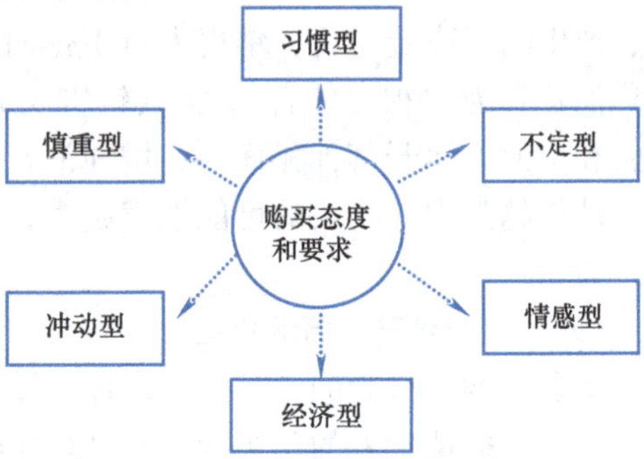

图1-9 根据消费者购买态度与要求划分消费者购买行为类型

（3）冲动型

此类消费者易受产品外观、广告宣传或相关群体的影响，决定轻率，缺乏主见，易于动摇和反悔。营销者在促销过程中争取到这类消费者并不困难，但要想使他们转变为忠诚的客户就不太容易了。

（4）经济型/价格型

此类消费者对价格特别敏感，一心寻求经济合算的商品，对产品是否物美价廉特别看重。

（5）情感型

此类消费者对产品的象征意义特别重视，联想力较丰富，如有些客户在选购汽车号牌时，喜欢选含数字"8"的。

（6）不定型

此类消费者往往比较年轻，独立购物的经历不多，消费习惯和消费心理尚不稳定，没有固定偏好，易于接受新事物。

3. 根据消费者购买目标选定程度划分（见图1-10）

（1）全确定型

这类消费者在进入商店、发生购买行为之前已有明确的购买目标，对所要购买商品的种类、品牌、价格、性能、规格、数量等均有具体的要求，一旦商品合意，便会果断购买。

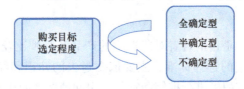

图1-10 根据购买目标选定程度划分消费者购买行为类型

(2) 半确定型

这类消费者在进入商店购买之前，已有大致的购买意向和目标。

(3) 不确定型

这类消费者无论是进店前还是进店后，都没有任何明确的购买目标，他们只是由于顺路、散步，或是饭后茶余信步进入商店，漫无目的地观察、浏览商品。

二、汽车市场消费者购买因素分析

（一）汽车市场消费者需求特点

前面我们谈过，本书主要研究的是以消费为目的的以个人或家庭为单位的消费者购买行为，由于这些消费者类型多样，所以构成的汽车消费者市场需求具有如下特点：

1. 汽车市场消费者需求具有多样性

众多的汽车消费者，其收入水平、文化素质、兴趣爱好、生活习惯、年龄性别、职业特点、地理位置甚至民族传统、宗教信仰等方面存在着不同程度的差异，因而在消费需求上也表现出不同的需求特性。比如说，年轻人喜爱运动型的车辆，而老年人喜爱舒适型的车辆。再比如说，经常在道路条件较差的地域活动的人，所选择的车辆主要是要求通过性要好（如越野车）；而主要是在城市范围道路条件较好地区活动的人，所选择的车辆主要是要求舒适性要好（如轿车等）。总之，人们对汽车的需求是多种多样的，从而表现出多样性特点。

2. 汽车市场消费者需求具有层次性

汽车市场上消费者的需求受其货币支付能力和其他条件制约，在各类条件一定的情况下，对各类消费资料的需求有急有缓，有弱有强，有高有低，呈现出层次性。消费者由于在社会上所处地位的不同，对汽车所需求的层次也就不同。一般的普通老百姓购买汽车的目的主要是作为代步工具，所选购的汽车大多为经济型的，而某些私企老板或其他社会地位较高的人购买的汽车必须体现其身份和地位，所选购的车型大多为豪华型的，社会阶层的存在使得汽车的消费需求表现出层次性。

3. 汽车市场消费者需求具有伸缩性

汽车消费者市场的需求量，是由多种因素决定的。从外因来说，包括商品供应数量的多少、价格的高低、广告宣传的力度、销售服务的优劣等；内因则包括消费者取得该商品或服务的迫切性和自己的货币支付能力。因此，只要上述因素发生了变化，就会引起消费者市场需求的相应改变。这种改变既可能是变多，也可能是变少，从而表现出市场需求的伸缩性。这种伸缩性可主要从两个方面来考虑：一方面，汽车作为一种高档耐用商品具有较强的价格弹性，即汽车的定价对汽车的个人需求有较大的影响；另一方面，这种需求的结构是可变的。当客观条件限制了这种需求时，它可以被抑制，或转化为其他需求，或最终被抛弃；反过来，当条件允许时，个人消费需求不仅会得以实现，甚至会发展成为流行消费。

4. 汽车市场消费者需求具有可诱导性

对于大多数私人消费者而言，由于他们缺乏足够的汽车知识，在购买时要经历一个了解情况的过程，只要某种产品宣传得多，知名度高，即使质量与其他商品相同也会有人争相购买。这就决定了消费者市场需求的可诱导性，消费者往往会受到周围环境、消费风尚、人际关系、宣传报道等因素的影响，对某种车型产生较为强烈的需求。例如，某学校的教师，由于最初有人购买了某款轿车，使用后感到该款轿车价格合理、油耗低、质量好、方便灵活，是很实用的代步工具，受其影响，后来这个学校的教师，先后有10多人购买了该款轿车。

5. 汽车市场消费者需求具有可替代性

私人购买汽车在面临多种选择时一般都要进行反复的比较、鉴别，也就是俗语所说的"货比三家"，只有那些对私人消费者吸引力强、各种服务较好的商家的汽车产品才会吸引消费者最终购买。也就是说，同时能够满足消费者需要的不同品牌或不同商家之间存在竞争关系，消费者需求表现出可替代性。

6. 汽车市场消费者需求具有发展性

消费者的市场需求不会停留在一个水平上，随着经济的发展和时代的进步，人们的生活水平不断提高，消费者对市场商品和服务的需求也不断发展变化，在原有的需求满足以后，又会产生新的消费者市场需求。总的说来，人们的需求是由简单到复杂、由低级到高级、由数量的满足到要求高质量的方向前进的。因此，汽车私人消费需求也是永无止境的，在不过分增加购买负担的前提下，消费者对汽车的安全、节能、舒适、功能以及豪华程度等方面的要求总是越来越高。

7. 汽车市场消费者需求具有集中性和广泛性

由于汽车消费与个人经济条件息息相关，所以经济比较发达的地区，比如一线城市，消费者经济实力强的人就多，自然购车量或购买高档车的人数就多，体现出集中性。另外，随着经济的发展，二线和三线城市及城镇和农村经济实力强的人也会出现，他们也会购买相当数量不同价位的车，包括高档豪华车的购买。因此，汽车消费需求在地域上体现了广泛性。

（二）汽车消费者购买行为影响因素

由于汽车购买行为属于复杂性购买，所以会受到诸多因素影响，具体见图1-11。

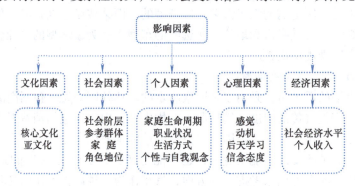

图1-11 影响消费者购买行为的影响因素

1. 文化因素

文化因素对个人需求和购买行为的影响较为广阔，其中最主要的是核心文化和亚文化。

（1）核心文化

核心文化也可称为社会文化。不同民族、不同社会，其文化内涵的差别很大。如美国人希望得到最大限度的个人自由，追求超前享受，人们在购买住房、汽车等时，既可分期付款，也可向银行贷款支付。而在我国，人们则习惯攒钱买东西，人们购买商品往往局限于货币支付能力的范围内。再有在国人眼里，传统节日或者喜庆的日子里，红颜色比较吉利，所以购买商品会受到传统文化的影响,喜欢买红颜色的物品,如有人买婚车就买红颜色。

(2)亚文化

亚文化又被视作"文化中的文化",亚文化群体的成员不仅具有与主流文化共同的价值观念,还具有自己独特的生活方式和行为规范。就汽车消费者购买行为而言,亚文化的影响更为直接和重要,有时甚至是根深蒂固的。如美国人的奔放、日本人的精细、德国人的严谨、英国人的贵族遗风,这些亚文化直接影响不同国家汽车的设计风格和消费者的购车偏好。

2. 社会因素

消费者的购买行为还会受到社会因素的影响,这些社会因素主要有社会阶层、参考群体、家庭、角色地位。

(1)社会阶层

一个人的社会地位不同,其价值取向、行为、举止也是不同的。同一阶层的成员,行为举止大体一样,社会阶层不单一由某一因素所决定,而是由职业、收入、教育、价值观念等综合因素决定;人作为个体,可能晋升到更高阶层,也可能下降到较低阶层,不同阶层的人在购买行为和购买种类上具有明显的差异性。因此,汽车生产者会依据上述因素进行市场细分,找准所生产产品的市场定位。

(2)参考群体

参考群体是指能够影响一个人的态度、意见和价值观念的一群人。它是参照对象的群体的简称,也叫标准群体或榜样群体。这种群体的标准、目标和规范可以成为人们行动的指南,成为人们努力要达到的标准。个人会把自己的行为与这种群体的标准进行对照,如果不符合这些标准,就会改正自己的行为。参考群体可分为仰慕群体和背离群体。

仰慕群体又分为三类:亲密群体、松散群体和渴望群体。亲密群体指和消费者本人关系比较亲密的一部分人,如父母、亲戚、同学、挚友等;松散群体指和消费者本人关系一般,限于认识,能够交流,谈不上交往亲密的一部分人;渴望群体指明星等群体,他们的购买行为会影响消费者,但是消费者是从观察的角度模仿明星的购买行为或者购买明星同款的产品,两者之间没有语言交流。这三类群体会不同程度地影响消费者的购买行为,令其或从众购买,或听从建议购买,或模仿购买。

背离群体是指被消费者讨厌、憎恶的一群人,这些人会影响消费者的购买行为,消费者会让自己的购买行为与之大相径庭。

(3)家庭

家庭成员是对消费者购买行为影响最大的主要参考群体,如父母、配偶、子女等,这些人对消费者潜意识的行为有明显的影响,配偶或者子女是其购买的直接参与者。在家庭的购买活动中,除了丈夫与妻子的购买参与程度因所购汽车的车型及品牌不同而不同,子女的影响力也不容忽视。

(4)角色地位

每个人在社会上都会参加各种群体,一个人在群体中的角色可由身份和地位来确定,消费者往往会考虑自己的身份和社会地位做出购买选择,对于汽车的购买,更是一个人身体和地位的象征,如高层领导的座驾和普通员工的座驾可能会有所不同。

3. 个人因素

个人因素主要包括家庭生命周期、职业状况、生活方式、个性及自我观念等。

(1) 家庭生命周期

消费者的需求和购买能力会随着年龄的增长而发生变化,人们对汽车产品的喜好也会随年龄增大而发生改变。家庭生命周期是指一个以家长为代表的家庭生命的全过程,从青年的独立生活开始,到年老后并入子女的家庭或者死亡时为止,它分为形成、扩展、稳定、收缩、空巢与解体六个阶段。显然,在不同阶段同一消费者及家庭的购买力、兴趣和对商品的偏好会有较大差别。

(2) 职业状况

不同职业的消费者对汽车的购买目标是不一样的,同时也会影响其消费模式。

(3) 生活方式

生活方式是一个人在生活中所表现出来的活动、兴趣和看法的整个模式。不同人追求不同的生活方式,所以人们对产品的喜好和追求也就不同。从经济学的角度看,一个人的生活方式决定着其对收入的分配方式以及对闲暇时间的安排,而购买行为是与收入的分配方式和安排闲暇时间活动相匹配的。

(4) 个性及自我观念

个性不同会导致消费者购买行为的差异,进而影响消费者对汽车产品的品牌和款式的选择。如追求时尚和个性化的消费者,对 SUV 概念车或者越野车比较感兴趣,因为它可以更好地展示自我,满足了以休闲旅游为生活方式的消费者的需求。又如,80 后有一定的消费能力,而且多数都能得到父母的资金支持。不想向父母伸手的,一般会选择贷款购车。他们喜欢运动时尚、造型个性的车型,对品牌有一定的忠诚度,更乐于从直观的广告和杂志等途径获取较为直接的车型信息等。

在现实社会中,每个人都在追求自我形象塑造,这样无形当中就会使消费者有意无意地寻求与其自我形象观念相一致的产品、品牌,采取与自我形象相一致的消费行为。

4. 心理因素

(1) 感觉

所谓感觉,就是人们通过感官对外界的刺激物或情境的反应或印象。随着感觉的深入,各种感觉到的信息在头脑中被联系起来进行初步的分析综合,形成对刺激物或情境的整体反映,就是知觉。知觉对消费者的购买决策、购买行为影响较大。在刺激物或情境相同的情况下,消费者有不同的知觉,他们的购买决策、购买行为就截然不同。因为消费者知觉是一个有选择性的心理过程,即选择性注意、选择性曲解、选择性记忆。

1) 选择性注意。选择性注意又叫选择性接触,是指人们尽量接触与自己观点相吻合的信息,同时竭力避开与自己观点相抵触的信息的一种本能倾向。如在汽车市场营销领域中,外观、价格、广告、品牌、性能等都是潜在消费者接受与否的信息。即俗话说的,"萝卜白菜各有所爱"。

2) 选择性曲解。选择性曲解又叫选择性理解,是指受众总要根据自己的价值观念及思维方式而对接触到的信息做出独特的个人解释,使之同受众固有的认识相互协调而不是相互冲突。

3) 选择性记忆。选择性记忆,就是指人们根据各自的需求,在已被接受和理解的信息中挑选出对自己有用、有利、有价值的信息，然后储存在大脑之中。如果说选择性接触和选择性理解都是有意识的行为的话，那么选择性记忆往往属于无意识的行为。一般来说，人们并非由于某类信息合乎自己的口味，因而将它存入记忆中，而是人们记住某类信息正表明它能投其所好。

分析感觉对消费者的购买影响的目的是要求企业营销工作者掌握这一规律，充分利用企业营销策略，引起消费者的注意，加深消费者的记忆，使其正确理解广告，从而影响其购买行为。

（2）动机

需要引起动机，需要是人们对于某种事物的要求或欲望。就消费者而言，需要表现为获取各种物质需要和精神需要。马斯洛的"需要五层次"理论，即生理需要、安全需要、社会需要、尊重需要和自我实现的需要。需要产生动机，消费者购买动机是消费者内在需要与外界刺激相结合使主体产生一种动力而形成的，具有复杂多样的特点。从大的方面来看，有生理性购买动机和心理性购买动机；生理性购买动机是由先天的、生理的因素所引起的，为满足、维持、保持、延续和发展生命等需要而产生的各种购买动机；心理性购买动机主要是由后天的社会性或精神需要所引起的为满足维持社会生活，进行社会生产和社会交际，在社会实践中实现自身价值等需要而产生的各种购买动机。但是可以说，在人的购买行为中，往往既有生理性购买动机又有心理性购买动机，二者相互交织在一起，并不好区分。此外，不同的人购买动机也不一样。出于经济实惠的考虑，如果消费者平时的活动范围通常在市区或近郊区，那些外形尺寸小、排量小的经济小型车将会是消费者首先考虑的购买对象。但是对于那些需要经常在高速公路上行驶的消费者，中级轿车可能会是主要的考虑对象。而那些喜欢跋山涉水或驾车郊游的消费者，吉普车等越野车可能是主要的选择目标。因此消费者选择什么车型品牌，常常会多从使用角度考虑，包括是否节省燃油、售后网点、配件是否容易购买等，以便于使用、维修、保养等。

消费者的购买动机主要有如下几种：

1）求实动机。这是以注重商品或劳务的实际使用价值为主要目的的购买动机。消费者在购买商品或劳务时，特别重视商品的实际效用、功能质量，讲求经济实惠、经久耐用，而对商品的外观造型、色彩、商标、包装装潢等不大重视。在购买时大都比较认真仔细地挑选，也不太受广告宣传的影响。一般而言，消费者在购买基本生活资料、日用品的时候，求实动机比较突出，而在购买享受资料、较高档次的、价值大的消费品时，求实动机不太突出。此外也要看消费者的消费支出能力和消费的价值观念。

2）求新动机。这是以注重商品的新颖、奇特和时尚为主要目的的购买动机。消费者在购买商品时，特别重视商品的外观、造型、色彩和包装装潢等，追求新奇、时髦和与众不同，而对陈旧、落伍的东西不屑一顾。这类消费者在购买时受广告宣传、社会环境和潮流导向影响很大。一般来说，具有这种购买动机的消费者观念更新较快，容易接受新思想、新观念，生活也较为富裕，追求新的生活方式。

3）求美动机。这是以注重商品的欣赏价值和艺术价值为主要目的的购买动机。消费者购买商品时特别重视商品对人体的美化作用、对环境的装饰作用、对其身体的表现作用和对人的精神生活的陶冶作用，追求商品的美感带来的心理享受。这类消费者在购买时受商品的造型、色彩、款式和艺术欣赏价值的影响较大。他们强调感受，而对商品本身的实用性要求不高。这样的消费者往往文化素质较高,生活品位也较高。但从现在的情况看,也有这样两个趋势:其一是随着人们生活水平的提高、收入的增加和用于非食物方面开支比重的增大,求美动机越来越强烈了;其二是随着时间的推移、人们休闲时间的增加,越来越多的人注重求美的动机了。

4) 求廉动机。这是以注重商品价格低廉,希望付出较少的货币而获得较多的物质利益为主要特征的购买动机。价格敏感是这类消费者的最大特点。这类消费者在购买时不大看重商品的外观造型等,受处理价、优惠价、大特价、清仓价、"跳楼价"等的影响较大。一般而言,这类消费者收入较低或者经济负担较重。有时,他们也受对商品的认识和价值观的影响。近年来还有一种趋势,就是在目标市场营销中,收入水平较低的消费者对于较高档次的消费品,往往是求廉购买。比如广州不少的时装专卖店,本来是面向高收入者的,他们讲究时装的质地、款式、服务、购物环境等,普通大众一般的时候是不会光顾的,但在换季时大减价清仓处理,普通的消费者此时前来抢购,就是受求廉动机的激发。

5) 求名动机。这是一种以追求名牌商品或仰慕某种传统的名望为主要特征的购买动机。消费者对商品的商标、商店的牌号等特别重视,喜欢购买名牌产品。这类消费者在购买时受商品的知名度和广告宣传等影响较大。一般而言,青年人、收入水平较高的人常常具有这种购买动机。

6) 好胜动机。这是一种以争强好胜或为了与他人攀比并胜过他人为目的的购买动机。消费者购买商品主要不是为了实用而是为了表现比别人强。这类消费者在购买时主要受广告宣传、他人的购买行为所影响,他们对高档、新潮的商品特别感兴趣。

7) 显耀动机。这是一种以显示地位、身份和财富为主要目的的购买动机。消费者在购买商品或从事消费活动时,不太重视消费支出的实际效用而格外重视由此表现出来的社会象征意义,希望通过购买或消费行为体现有身份、权威或名流的形象。具有显耀动机的人与具有好胜动机的人相比,通常所处的社会阶层高,而又经常与下一阶层的人在一起,为了与众不同,他们常常购买具有社会象征意义的商品。

8) 求同动机。这是一种以求得大众认可为目的的购买动机。消费者在购买商品时主要以大众化为主,跟上潮流即可,人有我有,不求创新,也不要落后,这种动机有时也称为从众动机。在购买时受购买环境和别人的经验、介绍推荐影响较大。

9) 便利动机。这是一种以方便购买、便于使用维护为主的购买动机。在购买价值不高的日用品时,消费者常常具有这种购买动机。对于这类日用消费品,消费者经常购买、经常使用,购买时也不太认真挑选,讲求便利是其主要特征,此外,他们对服务也有一定的要求。

10) 偏爱动机。这是一种以某种商品、某个商标和某个企业为主的购买动机。消费者由于经常地使用某类商品的某一种,渐渐产生了感情,对这种商品、这个商标的商品或这个企业的商品产生了偏爱,经常指名购买。因此有时这种动机也称为惠顾动机。再广泛一点说,有人喜欢购买日本货,有人喜欢购买国产货等都属于偏爱动机。企业注重服务,善于树立产品形象和企业形象往往有助于培养、建立消费者的偏爱动机。

(3) 后天学习

学习是指由于经验引起的个人行为的改变。即消费者在购买和使用商品的实践中,逐步获得和积累经验,并根据经验调整自己购买行为的过程。学习是通过驱策力、刺激物、提示物、反应和强化的相互影响、相互作用而进行的。

驱策力是诱发人们行动的内在刺激力量。例如，某消费者重视身份地位、尊重需要就是一种驱策力。这种驱策力被引向某种刺激物——高级名牌西服时，驱策力就变为动机。在动机支配下，消费者会做出购买名牌西服的反应。但购买行为发生往往取决于周围的提示物的刺激。

企业营销要注重消费者购买行为中学习这一因素的作用，通过各种途径给消费者提供信息，目的是达到加强诱因，激发驱策力，将人们的驱策力激发到马上行动的地步。同时，企业商品和服务要始终保持优质，消费者才有可能通过学习建立起对企业品牌的偏爱，形成其购买本企业商品的习惯。

（4）态度

态度通常指个人对事物所持有的喜欢与否的评价、情感上的感受和行动倾向。态度对消费者的购买行为有着很大的影响。

消费者态度来源于：与商品的直接接触，受他人直接、间接的影响和家庭教育与本人经历。消费者态度包含信念、情感和意向，它们对购买行为都有各自的影响作用。

1）信念指自己认为可以确信的看法。在实际生活中，消费者往往不是以知识，而常常是以见解和信任作为他们购买的依据。

2）情感指商品和服务在消费者情绪上的反应，如对商品或广告喜欢还是厌恶。情感往往受消费者本人的心理特征与社会规范影响。

3）意向指消费者采取某种方式行动的倾向，如是倾向于采取购买行动，还是倾向于拒绝购买。消费者态度会最终落实在购买的意向上。

企业营销人员应该注重对消费者态度的研究，以引导消费用户对企业及产品产生肯定的正方向的态度，这对企业产品的销售是极其有利的。

5. 经济因素

经济水平主要包括社会经济水平和个人收入两方面。

（1）社会经济水平

一个国家社会经济发展水平高低影响该国家人口汽车拥有状况、汽车更新速度及车型的选择等，如西方发达国家和非洲国家相比较而言，西方发达国家对汽车的拥有程度、更新速度都强于非洲国家。2009年以来，我国经济发展速度较快，国民收入水平提高，所以汽车销量迅猛增加，目前我国还有近亿人口的潜在汽车购买者。

（2）个人收入

人们的消费需求是通过利用手中的货币购买消费品来实现的。因此，在价格既定的情况下，收入的多少，就成为影响消费者市场需求的决定性因素。收入越多，对商品的需求量就越大。消费者在购买商品时，主要考虑的是自己的收入、商品的功能和商品的价格，在个人收入、商品功能一定的条件下，商品的价格是推动消费者购买行为的动力。个人的经济状况对其消费选择具有重大影响，它在很大程度上决定着人们可用于消费的收入、对待消费与储蓄的态度及借贷的能力。研究收入对消费者市场需求的影响既要看收入总量，又要看家庭收入，还要看人均收入水平。家庭收入和人均收入水平则直接影响消费需求的结构。人均收入水平较低时，人们只能购买生活必需品，收入提高后才能买其他产品。尤其是汽车对一般人来说属于一种高档耐用消费品，家庭的经济状况达不到一定程度是不可能购买汽车的，并且经济状况较好的人与经济状况一般的人所选购的汽车也是有所差别的。

三、汽车市场消费者购买行为过程分析

汽车市场消费者的购买行为是由一系列环节、要素构成的完整过程，比较复杂。在这一过程中，购买决策居于核心地位，参与的购买角色多，决策的正确与否直接决定购买行为的发生方式、指向及效用大小。

（一）购买角色分析

对于很多产品来说，识别购买者很容易。但是对于汽车产品而言，由于是复杂购买行为，参与购买的角色会很多，至于谁会在购买中占主导地位，还需要销售人员观察，并在询问中识别。在具体汽车购买行为中，我们将购买角色分为如下几种：

1. 购买者

购买者是指最终花钱采购的人，通常指家庭中占主导地位的人。

2. 决策者

决策者是指在购买中起决定性作用的人，该人的购买标准、身份地位及对汽车外形的要求等都将对购买产生直接影响。

3. 使用者

使用者不仅指购车后驾驶的人，还包括乘坐的人。实际购车的人或购买过程中的决策者，都未必是最终的使用者，他们购车可能是送给爸爸、妈妈，也可能是送给妻子、丈夫、孩子等。

4. 影响者

影响者是指其看法或建议对最终决策者具有一定影响的人。影响者对犹豫型购买者具有很大的影响力，甚至影响者可以占主导地位，转而成为决策者。所以在销售过程中，销售人员应该对影响者给予必要的关注，因为他们不一定能让交易成功，但是他们很有可能让交易失败。销售人员应该识别出影响者，并关注影响者，让影响者起到利于销售的作用。

（二）购买过程分析（包括购买决策内容分析）

汽车购买作为一种复杂的购买行为，其购买决策一般分引起需求、收集信息、产品评估、购买决策和购后感受五个阶段，如图1-12所示。

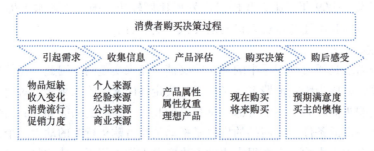

图1-12　消费者购买决策过程

1. 引起需求

物品短缺、收入变化、消费流行、促销力度等因素可诱导需求的产生。首先应确认客户产生需求的原因，根据不同的诱因采取相应的措施，刺激客户产生需求。消费者的需要一般

由两种刺激引起：一是内部刺激，如匮乏状态；二是外部刺激，如广告宣传等。

在这个阶段，销售人员应该了解引起与本企业产品有关的现实需求和潜在需求的驱动力，即是什么原因引起消费者购买本企业汽车产品，从而设计能够引起需求的诱因，促使消费者增强刺激，唤起需要。

2. 收集信息

为了满足需要，消费者要收集信息。消费者的信息来源主要有个人来源、经验来源、公共来源和商业来源四个方面。个人来源是指来自亲朋好友的信息；经验来源是从试乘试驾过程中感受汽车产品性能获得信息；公共来源是从网络、电视等大众传播媒体、社会组织中获取信息；商业来源是指从企业营销中获取信息，如从广告、推销员、展览会等处获得信息。个人来源和经验来源信息对消费者购买行为影响最直接，公共来源和商业来源信息的影响往往是间接的，但诱导性强。

这个阶段销售人员应该在调查、分析的基础上，了解不同信息来源对消费者购买行为的影响程度、注意不同文化背景下收集信息的差异性，有针对性设计、安排恰当的信息传递途径，采用对目标市场影响最大、信息数量最多的促销组合，以便进一步引导购买行为。

3. 产品评估

消费者在获取足够的信息之后，要对备选的各品牌汽车进行评估。对产品评估主要涉及以下问题：

（1）产品属性

产品属性是指产品能够满足消费者需求的特征。它涉及产品功能、价格、质量、款式等。在价格稳定的情况下，消费者对提供产品属性多的产品感兴趣。使用者不同，对产品属性的要求也不同，如消费者对汽车轮胎的安全性要求低于航空公司对飞机轮胎安全性的要求。

（2）属性权重

属性权重是消费者对各品牌汽车产品有关属性给予的不同权数。如德系车安全性能好，日系车节能，关键看购买中哪个属性占心理优势。

（3）理想产品

消费者只能在"理想产品"信念下，选择最接近"理想"的品牌。汽车购买者需要对不同厂家及车型有所了解，知道有什么差别。人们可以根据颜色、款式、质量和服务状况等方面，从可供选择的产品中选择最适合自己的品牌车型。

在这个阶段，销售人员应该了解一个汽车消费者在收集资料后可能会初步确定购买哪家公司的产品，最终消费者买了某品牌车型。销售人员感兴趣的应该是，消费者购买该品牌车型的理由：或是因为品牌知名度，或是因为产品性能，或是因为造车理念恰好符合他的要求，或是因为朋友的影响。销售人员知道这些信息后，就可以改进营销手段和营销策略，考虑是否将相关车型进行改款换代，从而重新进行心理定位，树立新的品牌信念。

4. 购买决策

购买决策是指通过产品评估，使消费者对备选的某种品牌产品产生偏爱，形成购买意向，引起实际购买行为。消费者的购买决策主要有产品种类决策、产品属性决策、品牌决策、购买时间及地点决策等。

消费者的购买意向是否转化为购买行动受他人态度和意外因素的影响，也受可觉察风险的影响,从而做出是现在买还是以后买的购买决定。

在这个阶段,销售人员应该采用各种营销手段或者策略,消除或减少引起可觉察风险的因素,向消费者提供真实可靠的产品信息,增强其购买信心,使消费者做出现在买的决定。如果以后再买,可能会出现多种情况,如以后经济状况不好了,可能就不会买了;或者现在没有买,又经过一段时间的信息收集、评估选择,可能就会买其他品牌的产品;再或者经济实力增强,可能购买更高端的产品;也可能出现汽车产品价格回落,消费者持币待购,等待更低价格出现的现象。这都不利于销售预期实现。

5. 购后感受

购后感受让消费者产生购后行为。购后行为是指消费者在购买产品以后产生的某种程度的满意或不满意所带来的一系列表现。消费者对产品的期望值越高,不满意的可能性越大,因此企业在采取促销措施时,如果盲目地提高消费者的期望值,虽然在短期内会提升产品的销售量,但后期可能会引起消费者的心理失衡,导致退车、投诉增加,从长期来看有损企业形象,影响消费者以后的购买行为。

在这个阶段,销售人员应该通过广告宣传等促销手段,实事求是地宣传产品,最好是有所保留,以提高消费者的满意度,并采取有效措施减少或消除消费者的购后失调感,及时处理消费者的意见,给消费者提供多种解除不满情绪的渠道,建立与消费者长期沟通机制,加强售后回访,避免不满意状况出现。即使消费者满意,并且出现重购行为,仍然不代表消费者对该产品的每一项内容都满意。例如,消费者可能对产品很满意,但是对服务态度不是很满意,很可能就注定了该消费者不会成为本品牌产品的忠实客户。消费者如果对自己购车非常满意,不仅自己可以重购,还可以向熟悉的朋友推荐,从而带来转介绍客户,利于销售人员完成任务,实现企业利润。

研究和了解消费者购买决策过程是企业市场营销成功的基石,是制定正确的目标市场策略的有效保证。

任务专项实训

实训项目

识别消费者购买决策阶段,促进销售成功。

实训目的

通过本实训项目,学生应能够快速判断消费者处于购买决策过程中的哪个阶段,从而有针对性地实施应对策略。

实训内容

给出消费者购买案例(本任务资料——济南张艳买车的故事),分组讨论,案例中的购车者经历了购买决策过程的哪些阶段,如果你是汽车销售人员,你应该如何应对才能促进销售成功。

实训步骤

◎ 将学生进行分组,4~5人一组。

◎ 小组进行案例讨论，形成应对策略。

◎ 每组选一位代表阐述应对策略，组内其他成员补充，其他组成员发表意见、看法。

◎ 教师针对各组阐述情况，结合本任务知识点给出对每组意见的评价。

实训评价

◎ 以组为单位形成讨论稿。

营销小策略

对于销售人员而言，你想让客户从口袋里掏钱，必须给客户一个掏钱的理由。这个理由源自客户的内心！只有真正读懂客户，才是销售高手。当然掌握客户的心理也不是一件容易的事情，需要学习一些心理学知识，相信会对你大有裨益。

任务三　汽车销售职业认知

任务三知识框架展示

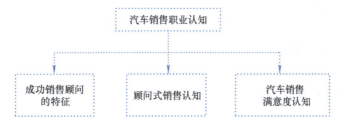

知识目标

1. 掌握成功销售顾问应该具备哪些特征
2. 认识顾问式销售在汽车销售中的作用
3. 理解汽车销售中满意度的含义

能力目标

1. 能够让自己在汽车销售中做一名合格的汽车销售人员
2. 能够区分顾问式销售和销售，并能在汽车销售中做好顾问式销售
3. 能够提升汽车销售中满意度水平

请结合下面资料,分析在汽车销售中汽车销售顾问如何才能赢得客户的信赖,促进销售成功。

2017年1月的一天,客户张先生和夫人如约来到某奥迪汽车4S店,预约销售顾问是宋颖。可是客户到店后只在店里转了转就离开了。宋颖一头雾水,客户昨天说得好好的,为什么今天自己还没来得及接待就走了呢?后来宋颖询问了介绍张先生夫妇来店的朋友。原来客户张先生夫妇来店的时候,正好赶上宋颖接待客户,所以让刚刚来的张先生夫妇先随便看看,没有为张先生夫妇提供饮品并告知缘由,张先生夫妇心里不是很舒服。还有张先生夫妇来到店里想看白色的奥迪A4L,可在店里转了一圈,没有看到自己想要的车,也有些失望,所以声称有事就离开了。

材料中客户不满离去,一是因为客户到店后销售顾问没有及时接待,二是因为客户没有看到自己想要的颜色的车,感到和自己的预期有差距,所以快速离开,影响了成功销售。那么,在汽车销售中,销售顾问应该如何让客户满意,尽量促进销售成功呢?

1. 成功销售顾问的特征
2. 顾问式销售认知
3. 销售中满意度认知

一、成功汽车销售顾问具备的特征

有的人认为汽车销售顾问一个月只能拿几百元底薪,卖一辆车虽然有提成,但也很少,觉得销售行业没什么"钱途";还有人认为汽车销售顾问根本不需要什么专业知识和技能,长得好、会说话就能卖车。这样的观念都是对汽车销售顾问的误解。关于从事汽车销售工作的收入,我们不能停留在一个月拿多少底薪,卖一辆车提成几百元的层面上。如果抱着这个观念去卖车,是怎样都不容易进入"高薪"阶层的。汽车消费是连带式的、终身的消费,客户买车不是只买一辆裸车,购车客户买车时都会涉及金融、保险、精品、装潢、附件、保养等领域,在使用汽车的过程中还将产生其他要求,而这些领域的业务,在4S店内都是可以单独获得提成的,前提是汽车销售顾问除了卖车还要掌握相关领域的销售技能。那么,一名成功的汽车销售顾问应该具备哪些特征呢?由图1-13得知,我们必须做品牌的倡导者。

要想做好品牌的倡导者，我们必须做到如下四条。

（一）掌握品牌与专业知识

汽车销售顾问必须具备全面的知识，有自己独到的见解，能够帮助客户建立倾向于自己所销售汽车产品的评价体系与评价标准。销售最大的难点是每位销售人员都必须对自己所销售的汽车产品有一个全面、深入的了解，并对竞争品牌的产品有深入的认识，非常熟悉与汽车相关的专业知识。现在，已经上市的汽车品牌繁多，加上每个品牌有多个规格和型号，销售人员要面对的汽车产品不胜枚举。这样，销售中花在产品认识上的时间与精力就比做其他的产品要多得多。如果对自己的销售工作没有一个正确

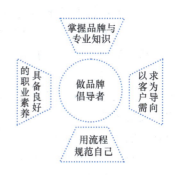

图1-13　成功汽车销售顾问具备的特征

的认识，不肯花大量的时间进行这方面的学习和研究，就会一知半解，不利于工作的展开。从客户的决策过程看，他们在决定购买前，一定会要求销售人员对他们提出的任何问题给予一个满意的答复，有一点不认可，就可能让整个销售前功尽弃。所以，丰富的产品专业知识是汽车销售核心的问题。要想成为成功的汽车销售顾问，应注意掌握以下方面的知识。

1）汽车品牌的创建历史，该品牌在业界的地位与价值：汽车销售顾问要掌握所销售品牌的历史，了解其发展历程，感受其品牌价值，在销售中向客户传递该品牌的品牌价值和品牌理念，建立品牌忠诚度，只有你认为该品牌好，才能让客户感觉到其优质。

2）制造商的情况：包括设立的时间、成长历史、企业文化、产品的升级计划、新产品的研发情况、企业未来的发展目标。汽车销售顾问了解上述内容，目的是向客户传达厂家的价值及生产能力和经营能力，让客户信任该产品，购买后能放心、安心使用。

3）经销商的情况：发展历史、经销商文化、规模、经营状况、未来发展方向与目标、客户对经销商的评价与口碑等。汽车销售顾问甚至要比公司老板了解自己的公司。客户确定了要购买的品牌和车型后，接下来的事情就是选择经销商。此时他们最关注的问题就是这家公司是什么样的公司、实力如何、会存活多长时间、是否值得信赖、未来会得到哪些保障等问题。销售人员对上述问题都了如指掌，在和客户接触的过程中，不经意地将自己公司的好的方面通过言谈举止传达给客户，会直接影响客户的购买决策。销售人员对企业现有雄厚实力及未来良好发展前景进行描绘，有利于增强客户的购买信心，通过对公司热爱、对公司老板敬佩等方面的真实情感表露，可让客户感觉到这是一家有着良好企业文化和发展前景的企业，进而促使他们尽快做出购买决定。这里也特别提醒，即使对公司有任何不满或者负面看法，在客户面前也不能谈及，否则会加大客户的心理负担，增加客户购车的顾虑，从而影响销售。

4）汽车产品的结构与原理、与其他竞争产品相比较的优势与卖点：因为大多数客户没有经过专门的汽车专业知识培训，对汽车产品不是很了解，所以在购买过程中需要汽车销售顾问的引导。汽车销售顾问只有掌握汽车产品的结构和原理，才能在销售中很好地传递产品价值。另外，还要围绕竞争汽车产品了解竞争对手的品牌优势，包括竞争产品的品牌历史、品牌知名度和影响力、品牌给予客户的附加价值；还要了解产品优势，包括产品的技术特点、性能水平、重要差别等各类产品销售情况及相对优缺点。对于各品牌销售商的情况汽车销售人员也要掌握，一般客户在选购汽车产品的时候，会要求销售人员对同类产品进行比

较,此时如果销售人员不清楚竞争产品与竞争商家的情况,很难向客户阐明自己的销售主张,从而影响他们的决策。当客户要求比较和评价时,切忌做出负面的评价,这是专业汽车销售的基本常识,但也不能对竞争产品倍加赞赏。从消费心理看,如果按照客户的要求说明竞争对手的劣势,他们会从心理上拉大与销售人员的距离,不利于消除他们的异议。特别是对客户已经认同的竞争对手、竞争产品进行评价,起到的负面作用更加明显。因而,汽车销售的一大禁区就是,任何销售人员绝对不要去说竞争对手的坏话,必须运用化解客户异议的技巧有效地处理这方面的问题。

5)应用于汽车的新技术、新概念:如防抱死制动系统(ABS)、电子制动力分配(EBD)、中国北斗卫星导航系统(EDS)、全球定位系统(GPS)、汽车用的电源(ACC)、全铝车身、蓝牙技术等,对某些追新求异的客户进行介绍时,应该在新技术的诠释上超过竞争对手。在汽车产业快速发展的今天,汽车新技术发展也极为迅速,随着经济发展水平的不断提高,消费者经济实力增强,消费者购车已不仅仅为代步,很多也为了享受生活,感受汽车给人们带来的愉悦,因此消费者购车越来越追求新技术给人们带来的利益,这也是身份和地位的象征。但是如何能让客户在不同品牌车型中认识到汽车销售顾问所销售的车型配备的新技术给其用车带来了更多便利,从而让客户心甘情愿地为汽车销售顾问所介绍的新技术买单,这就要求汽车销售顾问扎扎实实地掌握汽车新技术的原理、用途及给客户带来的利益,并能通俗易懂地讲给客户。

6)世界汽车工业发展的历史:对一些影响汽车工业发展的历史事件要了解。

7)掌握汽车方面相关知识:包括汽车贷款常识、汽车保险常识、汽车维修与保养常识、汽车驾驶常识、汽车法律法规知识、汽车消费心理方面的专业知识及其他与汽车专业相关的知识。只有全面深入地掌握了比竞争对手更多的产品专业知识,才有超越竞争对手、赢得销售成功的条件。

8)特殊的销售政策和市场动态:了解正在进行的或已经进行的销售活动,以及经销店对客户的承诺等汽车销售政策;掌握行业背景市场大局与市场动态,从而能够恰当地做出营销决策。

(二)以客户需求为导向

客户需求可能会是多方面的,交通工具选择的背后隐藏着许多实际的需求:可能是身份的需要;也可能是运输的需要;还可能就是以车代步;亦可能是为了圆梦。

"以客户需求为导向"的理念准则有以下三点。

1)全面了解客户的需求。这也是客户关系管理的第一步:通过深入了解客户的习惯和喜好,推断出客户的实际需求,在符合基本原则的前提下,最有效地满足客户的需求,与客户建立长期的双赢关系、降低无谓的市场营销费用、减少因客户离去和盲目营销所产生的损失。销售顾问可通过侧面了解、电话联系、展厅见面等多样方式,对客户的需求从整体及细节上统筹把握;除了客观地分析及信息采集外,还应培养主观上对客户需求的敏锐感知力和洞察力。

2)根据客户的需求定制"合身"的个性化服务。客户需求多样化,传统的车型已经不能完全满足个性客户对个性车型的需求,因此在销售中销售顾问应根据客户需求推荐相应车型,提供符合客户个性化需求的购车方案。另外,展厅摆放和库存车型固有的配置很难满足部分个性化客户的需求,所以销售顾问就要根据客户需求推荐个性化选装装备,以满足该类客户的个性化需求。如客户对颜色的特殊需求、对大轮毂的需求、对标识大小的需求等，都属于个性化需求。

3）为了落实购车方案，实现经销商与客户的双赢，销售顾问应以专业的眼光与态度，秉持着"以客户为中心"的服务理念与客户进行有效沟通，最终达成共识。尤其要注意的是，"以客户需求为导向"并不是一味地迎合并满足客户需求，而是为客户提供更加适合、专业的购车咨询，了解客户的真实购车需求，从而帮助客户购买到称心如意的车，最终实现双赢。

（三）用流程规范自己

销售是一份不断面对变化的工作，工作过程比较复杂。销售流程（见图1-14）分为"获取客户——到店接待——需求分析——新车展示——试乘试驾——提供方案——后续跟进——洽谈成交——新车交付——客户维系"十个阶段，它将复杂的销售过程分解为易于理解的阶段目标和步骤。只有每一个步骤的阶段目标达到了，才有助于下一个阶段目标的实现，因此工作中销售顾问要将销售技巧贯穿于完整的销售流程中，并将品牌的价值、厂家的价值、经销商的价值、产品的价值和销售顾问的价值在执行流程过程中传递给客户，让客户由信任转为信赖。那为什么要用流程规范自己呢？

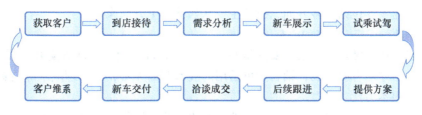

图1-14 销售流程展示

1. 用流程规范自己，可以提高销售成功率

何谓成功率？赢得客户信任，最后签约成交，完成销售。如果只是简简单单地将车销售出去，没有赚得任何利润，那只能称为"销售完成"。要想获得成功，我们则不仅要销售裸车，还要让客户接受我们的精品、保险、二手车等衍生服务，这样本次销售才算销售成功。

2. 用流程规范自己，可以提升品牌形象

不同汽车品牌销售流程不一致，有细微差别，但是在执行流程的过程中，我们可以做品牌的倡导者，奥迪的汽车销售顾问和宝马的汽车销售顾问不一样，大众的汽车销售顾问和日产的汽车销售顾问有差别，客户在购车的过程中，会多个品牌比较、感受、对比、评估，由于是汽车销售顾问执行流程，所以某个品牌的销售顾问就是这个品牌的代言人，也就是人们常说的品牌形象。执行流程，给客户带来满意感受，口碑相传，品牌形象就好；反之，品牌形象就会较差。

3. 用流程规范自己，便于团队内成员互相借鉴、经验共享

销售是复杂的团队合作的一项极具挑战性的工作。需要团队内部成员互相学习，团队内较为成功的销售顾问可以将自己的成功经验分享给其他人。其他人也可以将自己的强项进行经验分享，如某销售顾问善于洽谈成交，那他就可以将洽谈成交的成功案例进行分享；某销售顾问善于车辆展示，那他就可以将车辆展示技巧进行分享。互相借鉴、经验共享，共同提高，促进销售成功和经销商发展。

4. 用流程规范自己，利于自我检查工作质量

汽车厂家为了保证自己的品牌形象，对于经销商工作要进行定期检查，目的是看经销商是否按照厂家标准和要求进行销售。为了达到厂家标准和要求，销售顾问就会主动反思自己在执行流程过程中哪一个环节有问题，并进行自我修正，最终达到厂家要求的标准。

5. 用流程规范自己，便于规范记录和团队合作

汽车销售顾问在执行流程过程中，发现哪个环节出现问题，就记录哪个环节，哪个环节有成功案例，也加以记录，大家可以在统一的规范中互相学习，团队合作，促进销售成功。

6. 用流程规范自己，可使管理层和销售顾问之间的沟通更准确、清楚

汽车销售顾问在销售经理的带领下完成销售工作，销售经理承担着考核销售顾问并帮助销售顾问提高的责任。销售顾问用流程规范自己的工作，他们会将自己的工作过程输入CRM 客户关系管理系统里，详细记载每个客户处于流程的哪个环节。领导层可以通过系统看到销售顾问的工作状态，这样就可以及时和销售顾问沟通。例如，销售经理通过 CRM 客户关系管理系统发现某销售顾问试驾率低，就可以就试乘试驾环节的技巧和销售顾问沟通，提升该销售顾问的试驾率，进而提升客户的购买率。

（四）具备良好的职业素养

良好的职业素养包括很多方面，我们主要从如下几个方面来谈。

1. 成功销售顾问应该具备的心态

心态决定命运。做销售，最重要的是心态。一般而言，销售顾问搞定客户便能够生存，让客户追随自己才能有所发展，销售中可运用的战术变幻无常，但心理战术却是隐藏在所有战术背后的最根本力量。

有这样一个故事：几百年前，有个外地人在法国萨特城附近的路上走着，看到有人推着手推车，上面载着石块。他问那推车的人："朋友，你在做什么？"那人简简单单地答道："你没有看到吗？我在推着一车石头。"

外地人继续赶路，不久又碰到另一个人推着一车石块。他又问这个人说："朋友，你在做什么？"那个人带着厌恶的口吻答道："我每天这样就是为了三法郎。"

又走了一段，他碰上第三个人，也是推着一车石块，他又问道："朋友，你在做什么？"那个人看着问话人，微笑道："我正在建造一所大教堂！"语气是那样自豪。

这则小故事阐述了三个人从事推石头这个工作的不同目的，从中我们可以得出一个道理：不同心态的人对待同一件事，做事目的不同，心情不一样，结局也就有所区别。

那么同样面对销售这份工作，要想有好的业绩，促进个人、经销商、厂家及品牌发展，作为汽车销售顾问，我们应该具备怎样的心态呢（见图 1-15）？

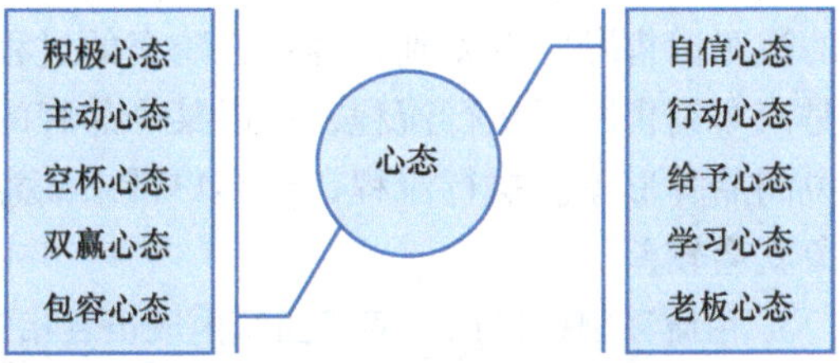

（1）积极心态

积极的人像太阳，走到哪里哪里亮。消极的人像月亮，初一十五不一样。某种阴暗的现象、某种困难出现在面前时，如果去关注这种阴暗、这种困难，那就会因此而消沉，但如果更加关注阴暗的改变、困难的排除，就会感觉到自己的心中充满阳光、充满力量。

图 1-15 成功销售顾问应该具备的心态

(2) 主动心态

主动是什么？主动就是"没有人告诉你而你正做着恰当的事情"。例如，客户离店后，前台接待没来得及收拾卫生，汽车销售顾问在没有人告知的情况下收拾卫生，这就是主动。在销售中，我们每个人都应该有这种主动意识。

(3) 空杯心态

客户千差万别，销售顾问不能拿已有的销售经验，整齐划一地对待不同的进店客户，而应该放空心里所有，重新去整理自己的智慧，吸收现在的、别人的、正确的、优秀的东西，着眼于眼前客户，从头开始一步一步走近客户、熟悉客户，渐渐地和客户成为朋友式关系。

(4) 双赢心态

"双赢"中的双方指的是销售方和购买方。在销售中销售顾问可以和客户成为朋友式关系，但要坚持一个宗旨：那就是销售中要为公司和自己赚得利润，也要让客户觉得自己买得很便宜。

(5) 包容心态

"水至清则无鱼""海纳百川，有容乃大"。我们需要锻炼同理心，需要去接纳差异，需要换位思考、包容差异。

(6) 自信心态

自信是成功的前提，也是快乐的秘诀。唯有自信，才能在困难与挫折面前保持乐观，从而想办法战胜困难与挫折。销售顾问要看到自己的优点、长处，发现和挖掘自己的潜能，相信自己。另外，自信来源于对产品的认识，如果销售顾问本身都对自己所售的车型不信任，就不是一个合格的销售。学过营销的人都知道，有一种流行很久的"吉姆模式"（GEM 模式），即"相信你的公司，相信你销售的产品，相信你的能力"。信任通常也会让客户感受到，因此销售顾问应热爱所在的企业、产品及自己所从事的工作。

在影响客户做出成交的因素中，50%影响客户做出决策的是销售本身传递出的"信任"的信息，这主要包括销售顾问对企业本身的信任及对所售产品的信任。

(7) 行动心态

如果一切计划、一切目标、一切愿景都是停留在纸上，不去付诸行动，那计划就不能执行，目标就不能实现，愿景就是肥皂泡。销售顾问要努力将美好的愿景付诸行动，因为只有走起来，才能到达目的地。

(8) 给予心态

销售中对公司、对客户都要有给予的心态。给予是一种付出，需要勇气、耐心和觉悟。给予要出于自愿，没有强迫性质。

(9) 学习心态

学习是人一生的大事，要想成为一名合格的销售顾问，需要学习的东西很多，要学习如何提高销售成功率，如何获知品牌和产品等方面的知识等。人有一颗求思上进的心，有坚强的性格，无论任何事都会尽力去把它做到最好，这样的性格就是学习心态，即使做不成大事，也能让自己活得有价值，让自己更优秀。

(10) 老板心态

所谓老板心态指的是一种使命感、责任心、事业心，指的是一种大处着眼、小处着手的工作精神，指的是对效率、品牌等方面持续的关注以及尽心尽力的工作态度。

老板心态不是当老板才有的心态，不是老板的专利。有些人别人叫他老板，他也以老板自居并洋洋得意，其实，他并不是真正意义上的老板，因为，他没有老板心态。有些人并没有老板的头衔，甚至在从事着十分平淡或简单的工作，比如一个收银员、一个文员或秘书等，但他可能却是真正意义上的老板，因为他具备了当老板的基本要求和素质——老板心态。简而言之，老板心态就是把老板的钱当成自己的钱，把老板的事当成自己的事。

2. 成功销售顾问应该具备的能力

汽车销售顾问工作是非常具有挑战性的，要想成为一名成功的汽车销售顾问，需要具备方方面面的能力，如图1-16所示。

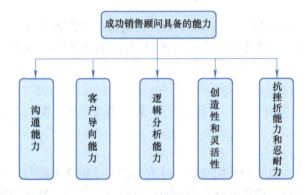

图1-16 成功销售顾问具备的能力

（1）沟通能力

汽车销售顾问是在汽车经销店从事汽车销售的群体，每天的主要工作就是说话，回答客户问题、主动介绍产品、消除客户疑虑、赢得客户信任，给客户留下专业的印象。销售活动的全过程都是在说话中完成，一个成功的汽车销售顾问从跟客户开始接触，就通过各种方式与客户进行沟通，所以说沟通能力是最重要的。为了沟通顺利赢得客户信赖，汽车销售顾问需要在如下几方面（见图1-17）提升自我：

图1-17 汽车销售顾问沟通能力

1）汽车销售顾问要让自己成为汽车知识专家。汽车销售顾问知识面要广博。例如，对汽车品牌历史、经销商情况、汽车构造原理、汽车文化、汽车新技术、汽车金融、汽车消费心理、汽车维修保养、汽车驾驶、精品及竞品等都要熟知。

2）汽车销售顾问要熟练掌握汽车销售流程和产品展示方法。汽车销售流程环节包括获取客户、到店接待、需求分析、产品展示、试乘试驾、提供方案、后续跟进、洽谈成交、新车交付、客户维系。在销售的全过程中都应该让客户感受到备受尊重、重视和理解，同时向客户展示真诚、专业的服务。另外，产品展示要符合客户需求，不同客户职业不同、购车原因不同、性格不同，与客户沟通也要因人而异。各个环节的沟通技巧，后续会做相应的介绍。

3）汽车销售顾问要学会"察言观色"。成功沟通可将客户的兴趣点作为沟通的基础，汽车销售顾问要想从客户身上发现兴趣点，就必须学会"察言观色"。成功学大师卡耐基说"寻找他人的兴趣点，并表露你自己，交谈将更加容易继续"，也只有能和客户聊下去，才能让客户在聊的过程中有效相互传递信息，赢得客户信赖。

4）汽车销售顾问要真诚赞美客户。赞美是撒在人们心灵上的阳光，赞美可以拉近距离，能够打开一个人的心扉。发现并关注客户的优点或者长处，容易赢得客户信任。

5）汽车销售顾问不要诋毁或者抨击竞争对手。汽车销售顾问为了销售自己的产品，而说竞争对手不好，这样会给客户留下不好的印象。客户在选购产品过程中也会货比三家，多加评估、反复琢磨。所以，销售顾问要客观地介绍自己的产品，而不要通过贬低别人而抬高自己。

6）汽车销售顾问不要和客户争辩。缺乏经验的销售顾问在面对客户发难的时候，往往难以接受，容易在语言上和客户发生冲突，如直接地说"你的说法是错误的"，让客户心里不舒服，产生不满情绪，这种做法不利于销售。所以，专业的汽车销售顾问会为客户指明方向、耐心解答。

（2）客户导向能力

客户导向是指企业以满足客户需求、增加客户价值为企业经营的出发点。在经营过程中，企业经营者应特别注意客户的消费能力、消费偏好以及消费行为的调查分析，重视新产品开发和营销手段的创新，以动态地适应客户需求。所以，汽车销售顾问在向客户介绍产品时，一定要做好需求分析，了解客户购车背景、职业、兴趣爱好、购车用途、预算等信息，这样在产品介绍和推介的时候才能让客户满意，也能让客户购后持续满意，从而实现再次购买或者转介绍购买。

（3）逻辑分析能力

汽车销售有一定的流程，所以在汽车销售中汽车销售顾问要能够按照流程与客户接触，特别是在需求分析环节，有针对性地了解客户需求，帮助客户发现和明确客户需求，客户对你推荐的车型认可度就会高。需求分析要从客户个人背景信息入手，逐步过渡到旧车信息、新车信息、预算等，防止一开始就谈预算，让客户感觉不自在。

（4）创造性和灵活性

汽车销售顾问无论面对客户还是执行流程，都要有创造性和灵活性。以需求分析和新车展示两个环节为例，在需求分析过程中，要善于洞悉客户的隐形需求，消除客户心理上的异议；产品展示过程中，客户对产品功能不理解，就要善于用举例子、打比方的方式和客户沟通，这样进行车辆介绍通俗易懂，客户也较容易接受。

（5）抗挫折能力和忍耐力

一个人不论从事哪个行业，抗挫折能力和忍耐力都尤为重要。因为在丛林里，不管你是开创型的老虎还是合作型的绵羊，只要一次失败，生命就消失了。所以，老虎要想办法跑得比绵羊快，否则会饿死；而绵羊也要想办法跑得比老虎快，否则就会被吃掉。这是生存竞争，不论你在食物链的哪一层，时时刻刻都在接受挑战。而销售是一份极具挑战性的工作，汽车销售顾问要面对不同的客户，他们或配合，或挑剔，或鲁莽，或吵骂，或成交，或拖延，或拒绝，或刁难，面对上述情况，汽车销售顾问就要有抗挫折能力和忍耐力，这样才能获得成功。

3. 成功销售顾问塑造的形象

（1）语言

销售顾问在和客户沟通的过程中，要能够让客户愉悦，客户才愿意与其继续聊下去（见图1-18），所以在销售中在语言方面我们要采取一些手段或措施，在交流中让客户舒心、舒畅，从而促进销售。这些手段和措施具体见图1-19。

图1-18　愉悦的谈话氛围　　　　图1-19　愉悦交流的手段和措施

- 讲普通话
- 不要轻易提高声调
- 语速适中，吐字清晰
- 语气肯定，不含糊
- 不轻易插话或打断别人
- 注意强调重要信息
- 尽快记住对方的名字

（2）肢体语言

在销售学中，所能使用到的肢体语言符号很多，语言符号、表情符号、肢体符号、心理符号等，这些都称之为肢体语言。优秀的销售顾问会不断地学习这些符号，并自觉地把这些符号运用到自己的销售工作中去。每个人每天都会做成千上万个肢体动作，有的是劳动工作所需要的，有的是我们身体自身的需要，而有些是一个民族的文化传统，如握手、拥抱、敬礼、鞠躬、抱拳等，这些肢体语言已经是礼仪的象征，懂得用恰当的肢体语言表达自己的意思被认为有修养，反之会被认为缺乏修养，会在销售中遇到本可避免的麻烦。因此，肢体语言在销售工作中很重要。

什么是肢体语言呢？在坐、立、行走时，由头、双手、双脚所做出的动作以及呈现的身体形态统称为肢体语言。所以，接下来就重点谈坐姿、站姿、走姿和蹲姿等肢体语言。

1）坐姿标准。干什么都要有模有样，坐也是一样，坐要有坐相，像钟一样，给人以端正、大方、自然之感。坐姿文雅、端庄，不仅给人以沉着、稳重、冷静的感觉，而且也是展现自己气质与修养的重要形式。

- 正确的坐姿要求：
  ◇ 入座时要轻、稳。
  ◇ 入座后上体自然挺直，挺胸，双膝自然并拢，双腿自然弯曲。
  ◇ 双肩平整放松，双臂自然弯曲，双手自然放在双腿或椅子、沙发扶手上，掌心向下。
  ◇ 头正、嘴微闭，下颌微收，双目平视，面容平和自然。
  ◇ 坐在椅子上，应坐满椅子的2/3，脊背轻靠椅背。
  ◇ 离座时，要自然稳当。
- 正确坐姿双手的摆法：

双手平放在双膝上（见图1-20），还可以双手叠放，放在一条腿的中前部（见图1-21）。

第一部分 汽车销售准备   47

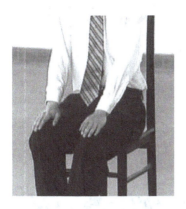

图 1-20　双手平放在双膝上

图 1-21　双手叠放，放在一条腿中前部

- 正确坐姿双腿的摆法（女士）：

销售中女士坐姿双腿摆放一般为下列几种方式之一。

Ⅰ标准式，如图 1-22a 所示。

Ⅱ侧腿式，如图 1-22b 所示。

Ⅲ重叠式，如图 1-22c 所示。

Ⅳ前交叉式，如图 1-22d 所示。

a) 标准式　　　　　b) 侧腿式　　　　　c) 重叠式　　　　　d) 前交叉式

图 1-22　正确坐姿双腿的摆法

- 男士常见坐姿：

Ⅰ标准式，如图 1-23a 所示。

要领：上身挺直，双肩正平，两手自然放在两腿或扶手上，双膝并拢，小腿垂直落于地面，两脚自然分开成 45 度。

Ⅱ前伸式，如图 1-23b 所示。

要领：在标准式的基础上，两小腿前伸一脚的长度，左脚向前半脚，脚尖不要翘起。

Ⅲ前交叉式，如图 1-23c 所示。

要领：在标准式的基础上，小腿前伸，两脚踝部交叉。

Ⅳ交叉后点式，如图 1-23d 所示。

要领：在标准式的基础上，左右腿交叉，右脚在前，两脚脚尖点地，脚跟抬起。
Ⅴ曲直式，如图1-23e所示。
要领：在标准式的基础上，左小腿回屈，前脚掌着地，右脚前伸，双膝并拢。
Ⅵ重叠式，如图1-23f所示。
要领：右腿叠在左膝上部，右小腿内收贴向左腿，脚尖下点。

a) 标准式　　　　　　　　　b) 前伸式

 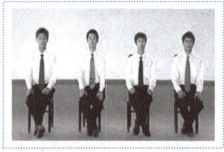

c) 前交叉式　　　　　　　　d) 交叉后点式

e) 曲直式　　　　　　　　　f) 重叠式

图1-23　男士常见坐姿

- 女士常见坐姿：

Ⅰ标准式，如图1-24a所示。
标准坐姿可以称之为第一坐姿，此坐姿适用于刚刚与客人接洽时，也就是我们的入座式。
要领：抬头收颌，挺胸收肩，两臂自然弯曲，两手交叉叠放在偏左腿或是偏右腿的地方，并靠近小腹。两膝并拢，小腿垂直于地面，两脚尖朝正前方。着裙装的女士在入座时要用双手将裙摆内拢，以防坐出皱纹或因裙子被打折而使腿部裸露过多。
Ⅱ侧点式，如图1-24b所示。

要领：两小腿向左斜出，两膝并拢，右脚跟靠拢左脚内侧，右脚掌着地，左脚尖着地，头和身躯向左斜。注意大腿小腿要成 90 度的直角，小腿要充分伸直，尽量显示小腿长度。

Ⅲ前交叉式，如图 1-24c 所示。

要领：在前伸式坐姿的基础上，右脚后缩，左脚交叉，两踝关节重叠，两脚尖着地。

Ⅳ后点式，如图 1-24d 所示。

要领：两小腿后屈，脚尖着地，双膝并拢。

Ⅴ曲直式，如图 1-24e 所示。

要领：右脚前伸，左小腿屈回，大腿靠紧，两脚前脚掌着地，并在一条直线上。

a) 标准式　　　　　　　　　　b) 侧点式

c) 前交叉式　　　　　　　　　d) 后点式

e) 曲直式　　　　　　　　　　f) 侧挂式

g) 重叠式

图 1-24　女士常见坐姿

Ⅵ 侧挂式，如图1-24f所示。

要领：在侧点式基础上，左小腿后屈，脚绷直，脚掌内侧着地，右脚提起，用脚面贴住左踝，膝和小腿并拢，上身右转。

Ⅶ 重叠式，如图1-24g所示。

重叠式坐姿我们通俗会说成二郎腿，长期采用此坐姿容易造成腰椎与胸椎压力分布不均，引起原因不明的腰痛，甚至是静脉曲张等疾病。所以建议少用此坐姿。

要领：在标准式坐姿的基础上，腿向前，一条腿提起，腿窝落在另一腿的膝关节上边。要注意上边的腿向里收，贴住另一腿，脚尖向下收起。

- 坐的注意事项：
  ◇ 坐时不可前倾后仰，或歪歪扭扭。
  ◇ 双腿不可过于叉开，或长长地伸出。
  ◇ 坐下后不可随意挪动椅子。
  ◇ 不可将大腿并拢，小腿分开，或双手放于臀部下面。
  ◇ 不可高架"二郎腿"或"4"字形腿。
  ◇ 不可腿、脚不停抖动。
  ◇ 不要猛坐猛起。
  ◇ 与人谈话时不要用手支着下巴。
  ◇ 坐沙发时不应太靠里面，不能呈后仰状态。
  ◇ 双手不要放在两腿中间。
  ◇ 脚尖不要指向他人。
  ◇ 不要脚跟落地、脚尖离地。
  ◇ 不要双手撑椅。
  ◇ 不要把脚架在椅子、沙发扶手或茶几上。

2）站姿标准。站姿是人静态的造型动作，优美的站姿能显示个人的自信，衬托出美好的气质和风度，并给他人留下美好的印象。

- 手位：

站立时，双手可取下列手位之一：
  ◇ 双手置于身体两侧，如图1-25a所示。
  ◇ 右手搭在左手上叠放于体前，如图1-25b所示。
  ◇ 双手叠放于体后，如图1-25c所示。
  ◇ 一手放于体前一手背在体后，如图1-25d所示。

- 脚位：

站立时可采取以下几种脚位：
  ◇ "V"字形，如图1-25e所示。
  ◇ 双脚平行分开不超过肩宽，如图1-25f所示。
  ◇ 小"丁"字形，如图1-25g所示。

- 正确的站姿要求：

头正、肩平、臂垂、躯挺、腿并，身体重心主要支撑于脚掌脚弓上、侧面看头部和上体下肢应在一条垂直线上，如图1-25h所示。

- 男士基本站姿：
◇ 身体立直，抬头挺胸，下颌微收，双目平视，嘴巴微闭，双手自然垂直于身体两侧，双膝并拢，两腿绷直，脚跟靠紧，脚尖分开呈"V"字形，如图 1-25i 所示。

◇ 身体立直，抬头挺胸，下颌微收，双目平视，嘴巴微闭，双脚平行分开，两脚间距离不超过肩宽，一般以 20cm 为宜，双手手指自然并拢，右手搭在左手上，轻贴于腹部，不要挺腹后仰，如图 1-25j 所示。

◇ 身体立直，抬头挺胸，下颌微收，双目平视，嘴巴微闭，双脚平行分开，两脚之间距离不超过肩宽，一般以 20cm 为宜，双手在身后交叉，右手搭在左手上贴于臀部，如图 1-25k 所示。

- 女士基本站姿：
◇ 身体立直，抬头挺胸，下颌微收，双目平视，嘴巴微闭，面带微笑，双手自然垂直于身体两侧，双膝并拢，两腿绷直，脚跟靠紧，脚尖分开呈"V"字形，如图 1-25l 所示。

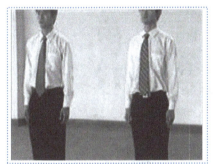
a) 双手置于身体两侧

b) 右手搭在左手上叠放于体前

c) 双手叠放于体后

d) 一手放于体前一手背在体后

e) "V"字形

f) 双脚平行分开不超过肩宽

图 1-25　站姿标准

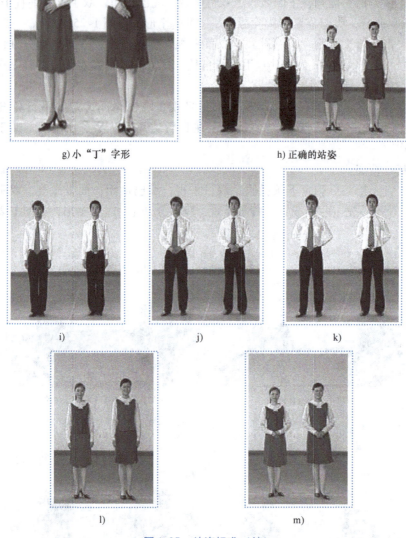

图 1-25 站姿标准（续）

◇ 身体立直，抬头挺胸，下颌微收，双目平视，嘴巴微闭，面带微笑，两脚尖略分开，右脚在前，将右脚跟靠在左脚脚弓处，两脚尖呈"V"字形，双手自然并拢，右手搭在左手上，轻贴于腹前，身体重心可放在两脚上，也可以在一脚上，并通过重心的移动减轻疲劳，如图 1-25m 所示。

- 站立注意事项：
  ◇ 站立时，切忌东倒西歪、无精打采，懒散地倚靠在墙上、桌子上。
  ◇ 不要低着头、歪着脖子、含胸、端肩、驼背。
  ◇ 不要将身体的重心明显地移到一侧，只用一条腿支撑着身体。
  ◇ 身体不要下意识地做小动作。
  ◇ 在正式场合，不要将手叉在裤袋里面，切忌双手交叉抱在胸前或是双手叉腰。
  ◇ 男子双脚左右开立时，注意两脚之间的距离不可过大，不要挺腹翘臀。

◇ 不要两腿交叉站立。

3）走姿标准。走姿是人体所呈现出的一种动态，是站姿的延续。走姿是展现人的动态美的重要形式。走路是"有目共睹"的肢体语言。

- 正确的走姿要求，如图1-26a所示。

头正、肩平、步位直、步幅适度、步速平稳。

- 变向时的行走规范：

◇ 后退步，如图1-26b所示。向他人告辞时，应先向后退两三步，再转身离去。退步时，脚要轻擦地面，不可高抬小腿，后退的步幅要小。转体时要先转身体，头稍候再转。

◇ 侧身步，如图1-26c所示。当走在前面引导来宾时，应尽量走在宾客的左前方。髋部朝向前行的方向，上身稍向右转体，左肩稍前，右肩稍后，侧身向着来宾，与来宾保持两三步的距离。当走在较窄的路面或楼道中与人相遇时，也要采用侧身步，两肩一前一后，并将胸部转向他人，不可将后背转向他人。

a) 正确的走姿要求

b) 后退步

c) 侧身步

图1-26　走姿标准

- 不雅的走姿：

◇ 方向不定，忽左忽右。

◇ 体位失当，摇头、晃肩、扭臀。

◇ 扭来扭去的"外八字"步和"内八字"步。

◇ 左顾右盼，重心后坐或前移。

◇ 多人一起走路时，或勾肩搭背，或奔跑蹦跳，或大声喊叫等。

◇ 双手反背于背后。

◇ 双手插入裤袋。

4）蹲姿标准。

- 正确的蹲姿：

基本蹲姿，如图1-27a所示。

◇ 下蹲拾物时，应自然、得体、大方，不遮遮掩掩。

◇ 下蹲时，两腿合力支撑身体，避免滑倒。

◇ 下蹲时，应使头、胸、膝关节在一个角度上，使蹲姿优美。

◇ 女士无论采用哪种蹲姿，都要将腿靠紧，臀部向下。

- 常见的蹲姿：

◇ 交叉式，如图1-27b所示。在实际生活中常常会用到蹲姿，如集体合影前排需要蹲下时，女士可采用交叉式蹲姿，下蹲时右脚在前，左脚在后，右小腿垂直于地面，全脚着地。左膝由后面伸向右侧，左脚跟抬起，脚掌着地。两腿靠紧，合力支撑身体。臀部向下，上身稍前倾。

◇ 高低式，如图1-27c所示。下蹲时右脚在前，左脚稍后，两腿靠紧向下蹲。右脚全脚着地，小腿基本垂直于地面，左脚脚跟提起，脚掌着地。左膝低于右膝，左膝内侧靠于右小腿内侧，形成右膝高左膝低的姿态，臀部向下，基本上以左腿支撑身体。

● 蹲姿禁忌（见图1-27d）：

◇ 弯腰捡拾物品时，两腿叉开，臀部向后撅起，是不雅观的姿态；两腿展开平衡下蹲，其姿态也不优雅。

◇ 下蹲时注意内衣"不可以露，不可以透"。

a) 基本蹲姿　　　b) 交叉式　　　c) 高低式　　　d) 蹲姿禁忌

图1-27　蹲姿标准

● 蹲着三要点：

迅速、美观、大方。若用右手捡物品，可以先走到物品的左边，右脚向后退半步后再蹲下来。脊背保持挺直，臀部一定要蹲下来，避免弯腰翘臀的姿势。男士两腿间可留有适当的缝隙，女士则要两腿并紧，穿旗袍或短裙时需更加留意，以免尴尬。

5）眼神标准。当销售人员的眼睛炯炯有神地向客户介绍产品时，眼神中透射出的热情、坦诚和执着往往比口头说明更能让客户信服。充满热情的眼神还可以增加客户对产品的信心以及对这场推销活动的好感。

在用眼神与客户交流时，销售人员要力求使自己的目光表现得更真诚、更热情。要想做到这一点，销售人员需要注意以下几点：

① 视线停留的位置。销售人员与客户对视时，最好勇敢地迎接客户的目光，不论这种目光表达的信息是肯定、赞许，还是疑惑和不满。通常认为，客户双眼与嘴部之间的三角部位是销售人员停留视线的最佳位置，这样可以向客户传达出礼貌和友好的信息。

② 注视客户的时间。勇敢地与客户对视，这固然可以体现你的自信和热情，但是也需要掌握一定的度，这里主要是指注视的时间要保持一定的度：注视时间太短，客户会认为销售人员对这次谈话没有太大兴趣；注视时间太长，客户又会感到不自在。

③ 避免两眼空洞无神。炯炯有神的双眼可以向客户传递你的热情和执着，如果销售人员两眼空洞无神的话，那么就会给客户留下心不在焉的印象，客户就会认为你不值得信赖。

④ 目光集中，切忌游移不定。目光游移不定常常是为人轻浮或不诚实的表现，客户会

对目光游移的销售人员格外警惕和防范。这显然会拉大彼此间的心理距离，为良好的沟通设置难以跨越的障碍。

6) 手势标准。销售人员的手势是他们表达心意的得力助手，可以通过不同的手势来和客户进行交流。我们在会见客户时应该注意以下几点：

① 指示方向。以左手为例：五指并拢伸直，屈肘由身前向左斜前方抬起，抬到与肩膀同高时，再向要指示的方向伸出前臂。身体保持立正，微向左倾。

② 指示商品。仍以左手为例：屈左臂由身前抬起后，以肘关节为轴，前臂由上向下摆动，使手臂呈一条斜线，掌心向斜下方，并面带微笑示意客户。

③ 介绍商品。在我们为客户介绍商品时，左手自然下垂，右手介绍，需要时左手也可以进行辅助介绍，一定要注意不要把手放在裤袋里，更不要出现抓头发、挖耳朵等一些不文雅的手势。

④ 做出"请"的姿势。以右手为例：五指并拢伸直，掌心向上，手掌平面与地面呈45度角，右手腕关节要低于肘关节。做动作时，手从腹前抬起，至上腹部，然后以肘关节为轴向右摆动，摆到身体右侧稍前停住，同时身体和头部微由左向右倾斜，视线也由此随之移动；双脚并拢或呈右"丁"字步，左臂自然下垂，目视客户，面带微笑。

(3) 仪容仪表

仪容仪表主要指个人形象。汽车销售人员应着淡妆，要自然、有亲和力；头发要有清爽感；衣服应干净得体、熨烫平整。下面我们就男士和女士仪容仪表标准来和大家共同分享：

1) 男士仪容仪表（见图1-28a）：

① 发型发式。男士的发型发式统一的标准就是干净整洁，并且要经常地注意修饰、修理，头发不应该过长。一般认为男士前部的头发不要遮住自己的眉毛，侧部的头发不要盖住自己的耳朵，同时不要留过厚或者过长的鬓角，后部的头发，不应长过自己西装衬衫领子的上部。

② 面部修饰。男士面部修饰应注意两方面的问题：每天剃须修面以保持面部的清洁；同时，注意随时保持口气的清新。

③ 着装。男士着装要符合不同品牌4S店要求，一般应该穿西装，打领带，衬衫的搭配要适宜。男士的西装一般分为单排扣和双排扣两种。在穿单排扣西装时，注意两粒扣子只系上面的一粒，如果是三粒扣子西装，只系上面的两粒，而最下面的一粒不系。穿双排扣西装时，则应该系好所有的纽扣。

衬衫的选择。衬衫的颜色和西装整体的颜色要协调，同时衬衫不宜过薄或过透，特别要注意的一点是，当我们穿着浅色衬衫的时候，不要在衬衫里面穿深色的内衣，或者是保暖防寒服，特别要注意领口，不要将里面的衣服露出领口。还有一方面是需要特别注意的，就是当你打领带的时候，衬衫上所有的纽扣，包括领口、袖口的纽扣，都应该系好。

领带的选择。领带的颜色要和衬衫、西装的颜色相协调，同时系领带的时候要注意长短的配合，领带的长度应该是正好抵达腰带的上方，或者有一两厘米的距离。

皮鞋以及袜子的选择。男士一般在穿西装、打领带这种商务着装的情况下，要配以皮鞋，切忌搭配运动鞋、凉鞋或者布鞋，皮鞋要每天保持光亮整洁。在选择袜子的时候要注意，袜子的质地、透气性要良好，同时袜子的颜色必须保持和西装的整体颜色相协调。如果是穿深色的皮鞋，袜子的颜色也应该以深色为主，同时避免出现比较花哨的图案。

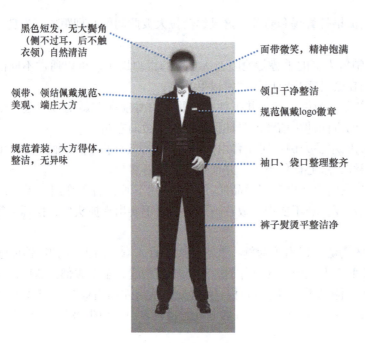

a) 男士仪容仪表

b) 女士仪容仪表

图 1-28　仪容仪表

在和西装进行搭配的时候，我们需要选择哪些修饰物呢？公司的徽标。公司的徽章需要随身携带，它准确的佩戴位置就是男士西装的左胸上方。

④ 指甲。保持清洁，不染色。

2）女士仪容仪表（见图1-28b）：

① 发型发式。女士发型发式应该美观、大方，需要特别注意的一点是，在选择发卡、发带的时候，应选择庄重大方的款式。

② 面部修饰。女士在从事正式的商务场合的时候，面部修饰应该以淡妆为主，不应该浓妆艳抹，也不应该不化妆。

③ 着装修饰。女士需要注意的细节是：干净整洁，并尽量着职业套装。

女士在选择丝袜以及皮鞋的时候，需要注意的细节是：首先，丝袜的长度一定要高于裙子的下摆。在选择皮鞋的时候应该尽量避免鞋跟过高、过细。

④ 指甲。指甲清洁、不宜过长，涂指甲油可用透明色。

⑤ 饰物。应小巧精致，尽量不佩戴，佩戴也不能超过3件。

二、顾问式销售认知

（一）顾问式销售定义

顾问式销售（Consultative Selling）是一种全新的销售概念与销售模式，它起源于20世纪90年代，具有丰富的内涵以及清晰的实践性。它是指销售人员以专业销售技巧进行产品介绍的同时，运用分析能力、综合能力、实践能力、创造能力、说服能力满足客户的要求，并预见客户的未来需求，提出积极建议的销售方法。

由于客户的购买行为可分为产生需求、收集信息、评估选择、购买决定和购后反应五个阶段，因此顾问式销售可以针对客户的购买行为以挖掘潜在客户、拜访客户、筛选客户、掌握客户需求、提供解决方案、成交、销售管理等几个步骤来进行销售。这也就是我们后边第二部分要谈到的汽车销售流程。

（二）顾问式销售与传统销售的区别

传统销售理论认为，客户是上帝，好商品就是性能好、价格低，服务是为了更好地卖出产品；而顾问式销售理论认为，客户是朋友、是与销售者存在共同利益的群体，好商品是客户真正需要的产品，服务本身就是商品，服务是为了与客户进行有效沟通。可以看出，顾问式销售将销售者定位在客户的朋友、销售者和顾问三个角度上。因此，如何扮演好这三种角色，是实现顾问式销售的关键所在。

（三）销售员和销售顾问的差异

由顾问式销售与传统销售的区别我们可以得出结论，顾问式销售模式的执行者为销售顾问，而传统销售模式的执行者为销售员，二者间的差异主要体现在两方面。

1. 从工作职能角度看（见图1-29）

销售在工作过程中，从自己的角度出发，销售产生的结果是：车辆质量好，价格合适，客户给销售员钱，销售员把车交给客户，在一次交易过程中完成效益，不讲究后续。这样的工作职能就是卖车。

而销售顾问则是从客户角度出发，注重工作过程对客户的服务，也注重考虑车一定要满足客户需求，在满足客户需求的前提条件下让客户和本人及经销商都能获得利润，客户觉得自己花钱买的值，同时又为我们及经销商创造了价值，这就是销售顾问的工作职能。

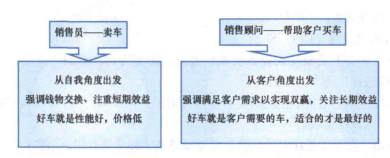

图1-29 从工作职能角度看销售员和销售顾问差异

2. 从与客户交流各维度所需时间看（见图1-30）

由图1-30可知：从与客户"建立信任"这个维度看，销售员与销售顾问用的时间分别是10min和40min；从"评估需求"维度看，销售员和销售顾问所用时间分别为20min和30min；从"介绍产品"角度看，销售员与销售顾问所用时间分别为30min和20min；最后一个维度"异议与成交"，销售员和销售顾问所用时间分别为40min和10min。

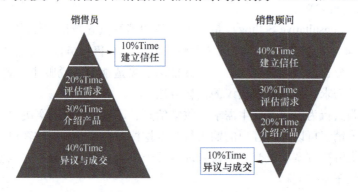

图1-30 与客户交流各维度所需时间

销售中有这样一个现象，一个客户一旦与销售者建立起信任或者信赖关系，那么接下来销售者说什么你可能都会踏实，因为你从心里相信销售者不会欺骗你，这非常有利于最后的成交。因此，销售者一开始接触客户不要急于去分析客户需求，着急往下走，客户与销售者是陌生关系，只有在聊天当中建立彼此间的信任关系，才会为后续的顺利成交做好铺垫。所以，销售顾问会用40min的时间与客户建立信任关系，赢得客户的信任和信赖。这如同盖楼房要先打好地基，基础牢固，高楼才不会坍塌。

再看客户需求环节，客户购买一件商品，只有满足需求，购后满意的可能性才会大，这样才有后续的转介绍，从而促进销售。所以，销售顾问会用比较多的时间来了解客户需求，只有买对了，才是最好的。

对客户需求了如指掌，接下来针对需求进行产品介绍就比较省时间了，而且还能突出客户的重点利益，所以销售顾问用了少于销售员的时间来介绍产品。

最后成交环节，由于前面"建立信任—评估需求—产品介绍"顺势而为，符合客户购买心理规律，所以在异议与成交环节就比较顺畅。而我们可以看到，销售员由于前面三个环节工作做得不到位，导致在异议与成交环节花费了大量时间。

综上所述，销售顾问的工作方式更容易满足客户需求，也更利于成交。

(四) 销售顾问的职责

在上述销售员与销售顾问的差异中我们得出结论,销售顾问的工作方式也就是顾问式销售更能适应市场发展,促进企业和产业发展,那么销售顾问的职责都有哪些?

由于汽车销售顾问是为客户提供顾问式的专业汽车消费咨询和导购服务的汽车销售服务人员,其工作范围实际上也就是从事汽车销售的工作,但其立足点是以客户的需求和利益为出发点,向客户提供符合客户需求和利益的产品销售服务。其具体工作包含如下几方面:

1. 新客户开发

汽车销售顾问要主动积极地制订和实施开发新客户的方案;赢得客户联系信息或会晤机会;维护与管理新客户信息,为与客户的初次接触和联系做好铺垫。

2. 探索客户需求

汽车销售顾问要收集客户个人背景和需求信息;及时维护与管理客户的变更信息;在了解需求的前提下,为客户提出合理的购车方案。

3. 专业介绍产品

汽车销售顾问要从技术和金融方面全方位了解产品;积极参与产品培训;充分掌握销售数据的应用;了解市场发展和竞争对手产品的最新信息;根据客户的利益与需求专业地展示产品。

4. 合理进行谈判

汽车销售顾问要全面地推荐产品与服务;说明为客户提供的利益信息;正确处理客户异议;制订书面报价、起草和处理购买和保险等合同;确保完全满足客户需求、特许经销商的利益需求和品牌的利益需求。

5. 现实与潜在客户跟踪

汽车销售顾问要高质量完成车辆交付工作;积极维护客户关系;帮助客户解决问题;寻找开展新业务的机会。

6. 购车后相关事务服务

汽车销售顾问要对客户进行汽车保险、上牌、装潢、交车、理赔、年检等业务的介绍、成交或代办。

7. 开拓市场

汽车销售顾问要进行区域开发和公关活动,开展活动之前了解总体情况,观察交通需求和自己市场范围内的总体趋势,推行面向未来的销售解决方案。

由上述销售顾问所承担的职责,我们总结出销售顾问所扮演的八个角色,如图 1-31 所示。

汽车销售顾问是自己所服务品牌的形象大使,一言一行、举手投足均代表着这个品牌,同时也是经销商的代言人,代表这个品牌中的某个经销商,体现该经销商的精神风貌、企业文化。

三、销售中满意度认知

(一) 销售满意度含义

销售满意度是指客户在购车完毕以后,你对客户从接待直至最后的服务是否达标,是否让客户满意。我们可借助图 1-32 来理解满意度内涵。

客户的满意度和客户的体验与期望有直接关系,客户期望指的是客户对可以得到或应该

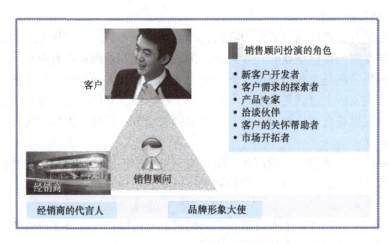

图 1-31　汽车销售顾问扮演的角色

得到的内容先入为主的想法。客户体验指的是真实的感受。它们之间的关系决定着满意度，具体见图 1-33。当客户体验大于客户期望时，客户为喜悦；当客户体验等于客户期望时，客户为满意；当客户体验小于客户期望时，客户为失望。销售中，要通过服务，增强客户体验，尽可能让客户达到喜悦，提升客户满意度，这是销售人员服务的核心和宗旨。

图 1-32　客户满意度含义

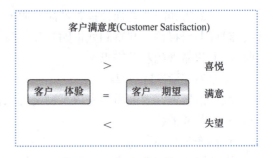

图 1-33　客户体验与期望间关系

（二）提升满意度的作用

汽车销售中的客户满意度主要由两个指标来衡量。一个是 SSI，即销售的客户满意度；另一个是 CSI，即服务的客户满意度。

进行满意度研究，旨在通过连续性的定量研究，获得消费者对特定服务的满意度、消费缺陷、再次购买率与推荐率等指标的评价，找出内、外部客户的核心问题，发现最快捷有效的途径，实现最大化价值。

真正的客户服务满意度，是客户个人对服务的需求和自己以往享受服务的经历再加上自己周围的人对某个企业服务的口碑构成的客户对于服务的期望值。汽车 4S 店在为客户提供服务的时候，应不断地去了解客户对服务有哪些期望，而后根据自己对客户期望值的理解去为客户提供服务。

然而，在现实中，汽车 4S 店对于客户期望值的理解和所提供的服务与客户自己对于服务的期望值存在某种差距，可能的情况有五种：

1）客户对于服务的期望值与经销商管理层对于客户期望值的认知之间的差距。

2）经销商对客户所做出的服务承诺与经销商实际为客户所提供的服务质量的差距。
3）经销商对客户服务质量标准的要求和服务人员实际所提供的服务质量之间的差距。
4）经销商管理层对客户期望值的认知与客户服务质量标准之间的差距。
5）客户对经销商所提供的顾问感受与客户自己对服务的期望值之间的差距。

客户对4S店满意度要求有如下五个方面：

1. 信赖度

信赖度是指一个经销商是否能够始终如一地履行自己对客户所做出的承诺，当这个经销商真正做到这一点的时候，就会拥有良好的口碑，赢得客户的信赖。

2. 专业度

专业度是指经销商的服务人员所具备的专业知识、技能和职业素质，包括提供优质服务能力、对客户的礼貌和尊敬、与客户的有效沟通技巧。

3. 有形度

有形度是指有形的服务设施、环境、服务人员的仪表及服务对客户的帮助和关怀的有形表现。服务本身是一种无形的产品，但是整洁的展厅环境、展厅里为幼儿提供的专用娱乐区等，都可使服务这一无形产品变得有形起来。

4. 同理度

同理度是指服务人员能够随时设身处地地为客户着想，真正地同情客户的处境，了解客户的需求。

5. 反应度

反应度是指为服务人员对于客户的需求给予及时回应并能迅速提供服务的愿望。当服务出现问题时，马上回应、迅速解决能够给服务质量带来积极的影响。作为客户需要的是积极主动的服务态度。

对于这五个要素重要性的认知，客户的观点和经销商的观点有所不同：客户认为这五个服务要素中，信赖度和反应度是最重要的。这说明客户更希望经销商或服务人员能够完全履行自己的承诺并及时地为其解决问题。而经销商则认为这五个服务要素中有形度是最重要的。这证明经销商管理层与客户之间的期望值存在差异。

客户服务的满意度与客户对服务的期望值是紧密相连的。经销商需要站在客户的角度不断地通过服务质量的五大要素来衡量自己所提供的服务，只有经销商所提供的服务超出客户的期望值，经销商才能获得持久的竞争优势。

（三）影响客户满意度的因素

前面我们谈过，客户满意度是指一个人通过第一个产品的可感知的效果与他的期望值相比较后，所形成的愉悦或失望的感觉状态。消费者的满意或不满意的感觉及其程度受到以下四方面因素的影响：

1. 产品和服务让渡价值的高低

消费者对产品或服务的满意，会受到产品和服务的让渡价值高低的影响。如果消费者得到的让渡价值高于他的期望值，他就倾向于满意，差额越大越满意；反之，如果消费者得到的让渡价值低于他的期望值，他就倾向于不满意，差额越大就越不满意。

2. 消费者的情感

消费者的情感同样可以影响其对产品和服务的满意度。这些情感可能是稳定的、事先存在的,如情绪状态和对生活的态度等。非常愉快的时刻、健康的身心和积极的思考方式,都会对所体验的服务的感觉有正面的影响。反之,当消费者正处于一种低落的情绪当中时,消沉的情感将被他带入对产品和服务的反馈中,并导致他对任何小问题都不放过或感觉失望。

消费过程本身引起的一些特殊情感也会影响消费者对服务的满意度。例如,在中高档轿车销售过程中,消费者在看车、试车和与销售顾问沟通过程中所表现出来的对成功事业、较高的地位或较好的生活水平的满足感,是一种正向的情感。这种正向的情感是销售成功的润滑剂。从让渡价值的角度看,这类消费者对形象价值的认定水平比一般消费者要高出许多,所以才会有这样的结果。

3. 对服务成功或失败的归因

这里的服务包括与有形产品结合的售前、售中和售后服务。归因是指一个事件感觉上的原因。当消费者被一种结果震惊时,他们总是试图寻找原因,而他们对原因的评定能够影响其满意度。例如,一辆车虽然修复,但是没有能在消费者期望的时间内修好,消费者认为的原因是什么(这有时和实际的原因是不一致的)将会影响到他的满意度。如果消费者认为原因是汽车4S店没有尽力,因为这笔生意赚钱不多,那么他就会不满意甚至很不满意;如果消费者认为原因是自己没有将车况描述清楚,而且汽车配件确实紧张的话,他的不满意程度就会轻一些,甚至认为汽车4S店是完全可以原谅的。

相反,对于一次超乎想象的好服务,如果客户将原因归因为"汽车4S店的分内事"或"现在的服务质量普遍提高了",那么这项服务并不会对提升这位客户的满意度有什么贡献;如果客户将原因归为"他们因为特别重视我才这样做的"或者"这个品牌是因为特别注重维护与客户的感情才这样做的",那么这项好服务将大大提升消费者对维修站的满意度,并进而将这种高度满意扩张到对品牌的信任。

4. 对平等或公正的感知

消费者的满意还会受到平等或公正的感知的影响。消费者会问自己:我与其他的消费者相比是不是被平等对待了?别的消费者得到比我更好的待遇、更合理的价格、更优质的服务了吗?我为这项服务或产品花的钱合理吗?从我所花费的金钱和精力来看,我所得到的比人家多还是少?公正的感觉是消费者对产品和服务满意的中心。

作为购车客户,其需求是分不同层面体现的,影响满意度的因素(见表1-2)也体现在不同的层面。

表1-2 影响客户满意度的因素

客户需求	经销商应做到	销售环节	影响
买一辆好车	车辆质量+状态良好	介绍	成交率↑
在一个信任的地方买	销售顾问专业服务	接待	成交率↑
服务热情	销售顾问热情服务	接待	成交率↑
开开心心地买辆车	交车过程隆重、顺利	交车	售后利润↑,转介绍↑
替我分忧	服务项目切合客户需求	客户维系	售后利润↑,转介绍↑

提升满意度不仅仅要从表面去改善,还需要找到影响客户满意度的核心问题。

首先,从行业规律来看,满意度的好坏与经销商的服务过程执行力息息相关。

服务过程执行到位,满意度就好,服务过程执行不到位,满意度就呈现明显的波动。大部分汽车厂家都对经销商的服务过程设有明确的标准,如客户电话应该在铃声响三次以内接听,如果超过三次才接听,开场白就要相应变化等。这些标准是基于客户期望和品牌特点而设立的,是汽车厂家花较大心血研究出来的,经销商只有严格遵守这些标准才能保证过程执行力。

其次,服务过程执行力与经销商的管理水平息息相关。

经销商如果要保证一项服务标准执行到位,必须从人员、硬件、流程和管理四方面综合着手才能实现。

以回访为例,经销商应分析是否有足够的人员进行电话回访,他们的电话回访技巧是否过关,为回访所配置的工位、电话和计算机等硬件设备是否充足,回访流程有没有清晰的步骤、标准与细则,对于相关人员、硬件和流程管理是否有清晰的制度并严格执行。

不同经销商面临的问题是有差异的,有的经销商没有专职电话回访员,而且从未对回访员进行业务培训;有的经销商没专门的回访电话工位;有的经销商根本没有电话回访的流程记录文件等。只有找到了相关症结,才能对症下药。

最后,经销商的管理水平是逐层传递的。

一个好的总经理,可以有效地影响中层经理;一个好的中层经理,可以有效地影响其员工。我们发现客户满意度不高的经销商,其总经理存在的不足往往相当明显。

排第一位的是经营理念,有的总经理仍停留在批发销售阶段,关注的核心是销量,并未真正建立起零售的经营理念。排第二位的是经营思路,有的总经理仍以销售为重,对售后服务的关注程度明显偏低,相应的资源投入也明显不足。排第三位的是经营方法,有的总经理缺乏有效的管理工具与方法,对于PDCA、标准化、过程控制等工具的应用严重不足。

所以提升客户满意度必须从销售的每一个环节出发,找到影响满意度的各项因素,进而提出解决方案。

(四) 提升客户满意度的方法

客户对经销商的满意存在着程度上的区别,为了了解这种满意度程度,经销商可以通过以下四种方法进行满意度研究。

1. 客户满意度专项调查

满意度研究的问题类型通常采取等级型封闭式。例如,请问您对本店的接待是否满意?选项为"完全不满意""不满意""尚可""满意""完全满意"。

2. 投诉和建议制度

经销商为客户抱怨、投诉和建议提供一切可能的渠道,做法各异。有的经销商向客户提供不同的表格,请客户填写他们的喜悦和失望;有的经销商设"建议箱"或"评议卡",并出钱雇佣一些客户向其他客户收集抱怨;有的经销商通过热线电话或投资建设功能强大的呼叫中心来接受客户的投诉电话。

3. 神秘客户

有些汽车主机厂花钱雇佣一些第三方公司的人员或者消费者,有些用内部人员(这些人往往是后台工作人员,他们与前台工作人员互相不认识),让他们装扮成客户,亲身经历一般客户在消费中所经历的全部过程,然后向公司报告本公司产品(或服务)及其竞争产品(或服务)所具有的优点和缺点。

这些神秘购物者甚至会故意提出一些问题，以测试汽车4S店的销售人员、前台服务人员和抱怨处理人员能否做出适当的处理。

4. 研究流失客户

客户之所以会流失，大多数是因为其对该经销商不满，或是其不认为存在什么非得与该经销商交易的理由。

也就是说，有些经销商可能因为某些事情得罪了客户，令其感到不满；而有些经销商与其竞争对手相比，在留住客户的努力上几乎没有什么特别之处，而将其客户吸引走的那家经销商则具备更为独到的做法。

5. 提升客户满意度

在汽车4S店经营中，客户满意度是一个非常重要的指标。而对于大多数汽车经销商而言，客户满意度却是一个既现实又痛苦的问题。之所以说"现实"，是因为绝大多数汽车厂家都会把客户满意度作为考核经销商的重要指标，并直接与经销商的"返利"挂钩。之所以说"痛苦"，是因为不少汽车经销商认为稳定提升客户满意度是相当困难的，很多专营店在客户满意度提升上仍然处在"头痛医头，脚痛医脚"的阶段。

举例来说，客户对某经销商的满意度评价较低，一个重要的方面是对经销商回访不满意。经销商发现该问题后，由总经理亲自坐镇，给客户打回访电话，一段时间内，成效明显，满意度提升，但随着总经理关注度的下降，客户满意度会再次出现波动。

作为经销商，需要意识到，客户满意度的提升绝不仅仅是为了应付主机厂考核和返利的数据。客户满意度的提升，直接关系到自身的销量、保有客户转介绍量及售后回厂情况。

根据影响客户满意度的因素分析可以发现，接待环节的客户满意度主要影响展厅的成交率，交车环节的客户满意度主要影响保有客户的转介绍率，而客户维系阶段的客户满意度主要影响售后回厂率。做好以上三个环节，可以有效提升经销商的整体利润。

因此，我们将主要从接待、交车、客户维系三个角度来阐述客户满意度的提升方法。

（1）接待

1）微笑永远是让人产生好感的第一法宝。

2）接待是否及时、热情对客户进店的第一印象有重要影响，往往第一印象对最终决策会产生巨大影响。

3）记住客户名字，也让客户记住你。

4）言谈举止专业、得体、亲切、不卑不亢。

5）多咨询、交流客户感兴趣的内容，甚至是与购车无关的事情。

6）不给客户施加压力。

7）对于客户的疑虑能迅速化解。

8）了解客户需求，站在客户的角度帮他考虑问题。

（2）交车

1）基本资料交接准确及时。

2）销售顾问介绍售后服务人员。

3）强调保险使用方法，强调当客户出险时第一时间联系专营店，并将救援电话输入客户手机。

4）销售顾问与服务人员一起，说明车辆保修政策和保养要求。

5）车辆性能使用的准确介绍。

6）邀请销售经理或主管、客户、服务人员，与客户的新车一起拍照。

7）交车后，销售顾问邀请客户在"交车说明确认表"中确认并签字。

8）临别前使用关怀话术。例如，回家后一定给我回个电话或短信，要不我不放心。

9）交车后三天内，销售顾问对交车客户进行回访：感谢客户，询问车辆使用情况并记录客户疑问。

（3）客户维系

1）保证车辆维修完好。追求返工为0。

2）保证及时交车。追求延时为0。

3）保证车辆整洁。追求洗车干净，车内整洁，音响、空调关闭等。

4）及时接待。根据每天、每周的高峰与低谷，调整预约做法。

5）整洁舒适的客户休息区。

6）丰富多彩的客户活动。

客户满意度提升的方法多种多样。不管是留意客户的喜好，还是记下车牌号；不管是制造温馨浪漫的场景，还是为客户盖上车罩，其实核心就是超越客户的期望值。真正做到关怀客户，想客户所想，甚至想到客户想不到的，自然就会赢得客户的好感、感动和信任，最终提高经销商的利润。

任务专项实训

实训项目

认知如何做好销售顾问，促进销售。

实训目的

通过本实训项目，学生应了解做好销售顾问应该具备哪些条件。

实训内容

给出实训项目题目：如何做好销售顾问，促进销售？

实训步骤

◎ 将学生进行分组，4~5人一组。

◎ 小组进行实训项目讨论，主要从三个方面入手：一是成功销售顾问应该具备的特征；二是如何理解顾问式销售；三是如何提升满意度。结合汽博会接触到的实际客户来讨论实训内容。

◎ 每组选一位代表阐述讨论结果，组内其他成员补充，其他组成员发表意见看法。

◎ 教师针对各组阐述情况，结合本任务知识点给出每组意见的评价。

实训评价

◎ 以组为单位，分别在白板上展示各组的成果。

做自己情绪的主人,销售人员在客户面前应努力驾驭自己的情感,控制自己的脾气,改变自己行为上的不良习惯。优秀的销售人员之所以优秀,就是因为他们能驾驭自己的情感、情绪。如果你想在销售上取得成功,那就必须做到"忍字当头",冷静处理种种事端。

第二部分　汽车销售流程

任务四　获取客户

任务四知识框架展示

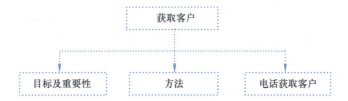

知识目标

1. 了解获取客户的阶段目标
2. 掌握获取客户的基本手段和方法
3. 掌握电话获取客户技巧并熟练运用

能力目标

1. 能够掌握获取客户的渠道和方法
2. 成功获取客户，并邀约客户到展厅参观

任务导入

如果客户打电话来询问店内车型、价格及车源，你会如何去做？

任务资料

客户王凯打电话来一汽-大众华阳4S店，询问2017年新迈腾价格、配置及优惠活动，销售顾问刘鹏根据之前所做准备，将王先生邀约到店，进行热情接待。之后，王先生非常高兴地和销售顾问刘鹏攀谈了起来。

上述资料中，客户主动打来电话，我们被动获取客户，除了这种获取客户的方法之外，还有很多渠道和方法可以获取客户。

1. 获取客户的阶段目标
2. 获取客户的重要性
3. 获取客户的渠道和方法
4. 获取客户时的电话沟通技巧

获取客户环节汽车 4S 店要进行资源整合、对客户资源进行分级，并安排相关人员进行跟进。在这个过程中，销售顾问会主动获取客户，同时也会接到客户打进店来的电话，面对不同情况销售顾问应该如何应对呢？通过图 2-1，让我们清晰知晓本环节各岗位的关键执行点。

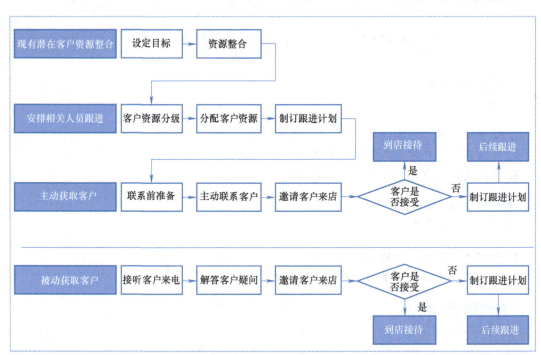

图 2-1　获取客户环节关键执行点

销售总监会依据经销店本月销量目标，设置集客目标。

销售经理掌握上个月 CRM 数据库、热线、展厅、转介绍、售后、网络和营销活动获取客户资源的情况，分析上个月各渠道集客的比例，了解各渠道的集客能力，明确改善方向。

同时，销售经理还要了解每个销售顾问上月的未成交集客数据，明确本月每人需要接待的集客目标，并制订跟进计划。

销售顾问要做好跟进前准备，通过 CRM 系统详细掌握所联系的客户信息，包括客户需求、历史报价等。如果信息中记录着客户以往的异议，要在主动联系前提前做好应对策略。

对于主动打来电话的客户销售顾问要主动邀约客户到店。另外，销售顾问还要明确客户分类，掌握各类客户间的流动和转化。

在汽车销售中，客户一般可分为三类，而且三类客户可以相互转化和流动，如图2-2所示。

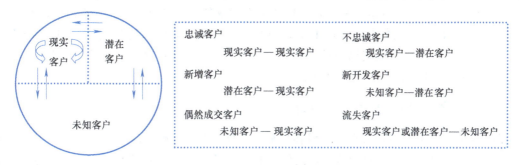

图2-2　客户分类及流动

1. 客户的含义及分类

符合 MAN 法则的即为客户。MAN 法则：Money——有购买能力；Authority——有决策权力；Need——有需求。

客户分类标准是按照有无联系方式：

现实客户：有联系方式，已经成交了的客户。

潜在客户：有联系方式，未成交或者成交后一段时间内不可能再购买的客户。

未知客户：没有联系方式，符合 MAN 法则，但是不知道通过什么方式找到这样的客户，想要找到，就需要进行客户开发。

2. 客户间相互转化

1）现实客户—现实客户：我们称这类客户为忠诚客户。已经购买了，再次购买还会到店在同一销售顾问处产生购买行为，也可能到店但不在同一销售顾问处产生购买行为。

2）现实客户—潜在客户：我们称这类客户为不忠诚客户。已经购买，再次购买不在原店，但是我们还有他的联系方式。

3）潜在客户—现实客户：我们称这类客户为新增客户。有联系方式，通过销售顾问近期跟踪，最后客户买车了。

4）未知客户—潜在客户：我们称这类客户为新开发客户。没有客户的联系方式，但是通过活动等渠道，我们找到了其联系方式，然后客户也购车了。

5）未知客户—现实客户：我们称这类客户为偶然成交客户。没有客户的联系方式，但是客户偶然到店就购买了车，销售顾问从而获得了该客户的联系方式。

6）现实客户或潜在客户—未知客户：我们称这类客户为流失客户。已经购车的客户，本来有联系方式，但是客户购车后更换了电话号码或者因其他原因找不到联系方式了。

不同类客户间可以相互转换，所以在汽车销售中销售顾问应该积极地开发、跟踪客户，与客户保持长久联系,保证正方向的流动而避免负方向的流失。

一、获取客户环节阶段目标

1)通过提供客户关心的品牌、产品、服务及其他信息,邀约客户到店体验,从而赢得销售机会。

2)通过提供迅速、专业、有价值的服务,树立品牌和经销店形象,促使客户光临经销店。

3)通过热情、真诚的接待来消除客户的疑虑和戒备,营造轻松、舒适的购车氛围。

4)经销店的工作人员都能体现出友善和专业(外表、态度和行为),给客户留下深刻的第一印象,让客户感受到自己所销售品牌的品牌魅力,让客户感到受欢迎和被重视。

5)通过各种渠道去挖掘和获取更多客户资源。

二、获取客户阶段客户的心理预期

从心理学角度分析客户心理,一般客户都有心理预期,在购买决策过程中,如果能超过心理预期,客户购买的可能性就大,因此销售顾问应该了解客户心理预期。在获取客户环节客户的期望主要有以下几个:

1)能够通过不同的沟通渠道(电话、网站、电子邮件等),顺畅地与经销商取得联系。

2)电话咨询时,工作人员能及时准确地应答,并能提供专业的答复。

3)如果经销商无法立刻满足客户的需求,经销商能够解释原因,并告知可以准确回应的时间。

4)销售顾问应保持联系,但不要骚扰客户,应提供客户所需要的信息。

5)有专业的销售顾问,及时礼貌地接待,让客户感觉受重视和关注。

6)经销商为客户提供舒适的氛围,让客户更有意愿去了某品牌的产品和服务。销售顾问在客户需要帮助的时候,能够及时耐心地提供帮助。

三、获取客户的重要性

要将汽车产品销售出去,首先要找到客户。企业拥有再好、再多的车,如果没有客户,就不能形成销售,从而造成积压。过去那种所谓的酒香不怕巷子深的说法,在当今的市场经济条件下遇到了严峻的挑战。我们看下面一组销售业绩计算公式,如图2-3所示。

图2-3 销售业绩计算图

集客量 = 首次进店/来电留档客户 + 未留档客户
留档率 = (当期留档客户 ÷ 当期集客量) × 100%
留档成交率 = (当期成交数量 ÷ 当期留档数量) × 100%

通过公式可以看出,销售顾问的销售业绩与集客量密切相关,因此汽车4S店销售经理会对销售顾问的留档率进行考核,目前留档率的要求为不少于60%。基于上述状况得出结论:销售业绩要好,就要有大的基盘客户。

四、获取客户的前提条件

1. 根据产品的特征来锁定客户

客户在哪里,是专营店乃至每一个汽车销售人员所面临的一个非常重要的问题。对于产品和客户,销售顾问应准确定位。根据产品的特征来锁定客户,是销售顾问在寻找客户之前首先要做的事情。即首先了解自己所要销售的汽车产品,及这款汽车的客户群在哪里。一般情况下,不同的产品有不同的客户群。比如,销售顾问要了解自己所销售的汽车产品属于哪一个档次,是高档车、中档车,还是低档车?汽车的排量是大排量、中排量,还是小排量?是商用,还是家用?只有在开发客户之前明确这些问题,才能有目标地去寻找和开发客户。

2. 明确汽车产品的消费层次

汽车消费基本上分为两个层次:一个层次是属于投资的,主要集中在中低档水平上的轿车,当然高档车也有一部分,不过为数不多;另一个层次主要是用于消费的,主要集中在中高档次的水平上。销售顾问在开发客户之前,首先要了解产品的特征,然后再去找潜在客户也就比较容易了。

五、获取客户的渠道

获取客户的渠道主要有如下几个,如图2-4所示。

图2-4 获取客户渠道

展厅获取:当前我国汽车销售模式决定,展厅是销售人员获取客户的主要渠道。

活动获取:销售人员会在每年或者定期举办的车展活动中,获得客户的联系方式;也可以在店内搞的各种活动中获取客户联系方式,如试乘试驾活动、体验式营销活动;还可以通过市场部进行市场开拓、异业联盟、团购、广告宣传、展厅促销等找到客户的联系方式,从而获取客户。

转介绍获取:做久了的销售人员,工作压力不大,主要源于其有一定的基盘客户,基盘客户会转介绍自己的亲戚、朋友或者同事等前来购车。此外,还会有同行不同品牌的销售人员转介绍的客户。

随机获取:销售人员还可在日常的工作、生活过程中挖掘客户资源,如有销售人员在和朋友吃饭的时候获取客户,还可在娱乐场所等地主动宣发名片获取客户。

网络获取：如图 2-5 所示，网络获取客户的方法比较多，如通过经销商的官方网站、汽车垂直网站广宣推广、门户网站汽车频道、微信平台推广服务、经销商官方微博推送实时资讯、QQ 群等生活栏目、网站论坛等方式，都可以获取客户。

图 2-5　网络获取客户渠道

六、电话获取客户

电话沟通是我们获取客户的主要渠道，而通过电话获取客户还有两种方式，一种是通过打给客户电话主动获取客户，另一种是接听客户来电被动获取客户。

（一）主动获取客户

通过各种方式获取了客户的相关信息，为了达到销售的目的，就需要邀请客户到展厅参观，邀请客户最常见的方法是电话邀请。拨打电话邀约客户到店的流程如图 2-6 所示。

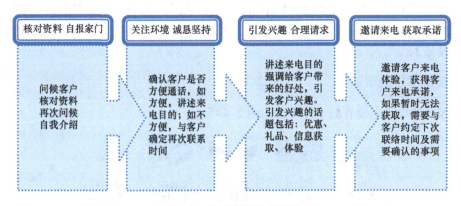

图 2-6　主动获取客户流程

主动获取客户操作见表 2-1。

表 2-1　拨打客户电话技巧

序号	步　　骤	话　　术	注　意　事　项
1	打出电话准备	—	准备电话内容 准备可能需要的资料、文件等 明确通话对象背景和客户价值
2	拨打、问候、告知自己姓名	"您好！我是某某经销商销售顾问。"	电话中一定要报出自己的姓名，以示礼貌
3	确认电话对象	"请问某某先生在吗？""麻烦您，我要找某某先生。""您好！我是某某经销商的某某某。"	应确认通话对方为何人 与所找之人联系上后，应该再次问候

(续)

序号	步骤	话术	注意事项
4	电话内容沟通	"今天打电话是想确认一下关于明天您来店看车的时间。"	应先将沟通理由告知对方 在告知对方时间、地点等信息前,提醒对方做记录 电话沟通后要进行总结确认
5	结束语	"谢谢,麻烦您了。""那就拜托了。"	语气诚恳,态度和蔼
6	挂断电话	—	请对方先挂断电话

案例1:客户方便接听电话

核对资料,自报家门

销售顾问:"您好,请问是王凯王先生吗?"

王　　凯:"是。"

销售顾问:"您好,我是一汽-大众华阳4S店销售顾问刘鹏。"

关注环境,诚恳坚持

销售顾问:"您现在方便通话吗?"

王　　凯:"你有什么事吗?"

引发兴趣,合理请求

销售顾问:"您的朋友张华女士是我们的客户,通过她我们了解到您有购买新车的打算,我想和您简单沟通一下。"

王　　凯:"请讲"

邀请来店,获取承诺

销售顾问:"我们店在本月15日举办新车发布会,在发布会上,我们会对一汽-大众全系车型做讲解说明,我们非常希望您能在百忙之中抽空来参加。"

王　　凯:"一汽-大众的车我很想了解一下,只不过不确定到时候是否有时间。"

销售顾问:"王先生,我们了解到您对一汽-大众的车型非常感兴趣,您正好可以借这个机会来深入了解一下,15日是星期六,不会影响到您的工作,我们非常希望您能莅临我们展厅参观,15日我再和您电话确认一下,您看可以吗?"

王　　凯:"好吧。"

销售顾问:"王先生,为了欢迎您的到来,我们为您准备了一份精美的礼品,希望到时候我能亲自交给您。"

王　　凯:"我尽量参加。"

案例2:客户不方便接听电话

核对资料,自报家门

销售顾问:"您好,请问是王凯王先生吗?"

王　　凯:"是。"

销售顾问:"您好,我是一汽-大众华阳4S店销售顾问刘鹏。"

关注环境，诚恳坚持

销售顾问："您现在方便通话吗？"

王　　凯："我现在很忙，没有时间。"

销售顾问："那您看我什么时间联系您方便，今天下午5点，您看行吗？"

王　　凯："好的，到时候再说。"

销售顾问："王先生，您好！我是一汽-大众4S店销售顾问刘鹏，今天上午和您联系，当时您忙，让我下午5点再和您联系，您现在有时间吗？"

王　　凯："有什么事，您讲吧。"

引发兴趣，合理请求

销售顾问："您的朋友张华女士是我们的客户，通过她我们了解到您有购买新车的打算，我想和您简单沟通一下。"

王　　凯："请讲。"

邀请来店，获取承诺

销售顾问："我们店在本月15日举办一汽-大众新车发布会，在发布会上，我们会对一汽-大众全系车型做讲解说明，我们非常希望您能在百忙之中抽空来参加。"

王　　凯："一汽-大众的车我倒很想了解一下，只不过不确定到时候是否有时间。"

销售顾问："王先生，我们了解到您对一汽-大众车型非常感兴趣，您正好可以借这个机会来深入了解一下，15日是星期六，不会影响到您的工作，我们非常希望您能莅临我们展厅参观，15日我再和您电话确认一下，您看可以吗？"

王　　凯："好吧。"

销售顾问："王先生，为了欢迎您的到来，我们为您准备了一份精美的礼品，希望到时候我能亲自交给您。"

王　　凯："我尽量参加。"

案例3：客户不感兴趣

核对资料，自报家门

销售顾问："您好，请问是王凯王先生吗？"

王　　凯："是。"

销售顾问："您好，我是一汽-大众华阳4S店销售顾问刘鹏。"

关注环境，诚恳坚持

销售顾问："您现在方便通话吗？"

王　　凯："您有什么事吗？"

引发兴趣，合理请求

销售顾问："您的朋友张华女士是我们的客户，通过她我们了解到您有购买新车的打算，我想和您简单沟通一下。"

王　　凯："我对一汽-大众的车不感兴趣。"

销售顾问："我知道您是一位理性的购买者，您在选择车的时候定有自己的标准和偏好，并且在决定前，一定想尽可能多地了解各种车型的相关信息，然后才能决定购买，不知道您是否同意我的看法？"

王　　凯："的确是这样，您有什么事情吗？"

邀请来店，获取承诺

销售顾问："我们店在本月 15 日举办新车发布会，在发布会上，我们会对一汽-大众全系车型做讲解说明，我们非常希望您能在百忙之中抽空来参加。"

王　凯："大众的车我倒很想了解一下，只不过不确定到时候是否有时间。"

销售顾问："王先生，我们了解到您对大众的车非常感兴趣，您正好可以借这个机会来深入了解一下，15 日是星期六，不会影响到您的工作，我们非常希望您能莅临我们展厅参观，15 日我再和您电话确认一下，您看可以吗？"

王　凯："好吧。"

销售顾问："王先生，为了欢迎您的到来，我们为您准备了一份精美的礼品，希望到时候我能亲自交给您。"

王　凯："我尽量参加。"

温馨贴士

① 考虑通话时间是否恰当。
② 确认对方电话号码、姓名等，避免出错。
③ 讲话内容要有理由、主题，说话要简单明了，避免耽误客户的时间。
④ 注意通话时间，不宜过长。
⑤ 通话时周边环境要安静。

（二）被动获取客户

获取客户还有一种方式就是接听客户来电，接听客户来电邀约客户到店的技巧如图 2-7 所示。

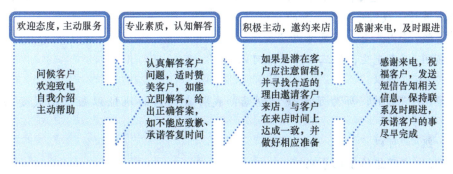

图 2-7　被动获取客户技巧

接听客户来电技巧见表 2-2。

表 2-2　接听客户来电技巧

序号	顺　序	话　术	注意事项
1	接听电话，礼貌问候告知经销商名称、自己职位、姓名	"您好，××经销商，我是销售顾问××，请问有什么能帮到您？"	在电话机旁准备好纸笔 保持正确的站姿和坐姿 语音和语调与客户保持一致 音量适度、保持微笑

(续)

序号	顺序	话术	注意事项
2	听取对方来电用意	用"是""好的""清楚"等回答	交流中牢记主题，适时记录
3	确认对方姓名、意图	"先生如何称呼？……是××女士！""我再和您确认一下，明天10点左右来看车对吗？"	确认相关事宜 简要回答问题 确认时间、地点、对象和项目
4	结束语	"请放心，我一定转达，感谢您的来电，祝您生活愉快，再见！"	进行问候
5	客户挂电话后放回话筒	—	请对方先挂断电话

案例：接听客户来电

欢迎态度，主动服务

销售顾问："您好，我是一汽-大众华阳4S店销售顾问刘鹏，您可以叫我小刘，请问怎么称呼您？"

王　凯："我姓王。"

销售顾问："王先生有什么能帮到您的？"

王　凯："我想了解一下……"

专业素质，认真解答

销售顾问：（能立即解答的）"王先生，您要了解的……，是……？"（不能立即解答的）"王先生，非常抱歉，您想了解的……太专业，我请教一下我店专业人员，15min后给您回复，您看可以吗？"

积极主动，邀约来店

销售顾问："王先生，看得出来，您对这款车非常感兴趣，最近两天，您哪天方便呢？如果您能来展厅，我给您做个详细的介绍。"

王　凯："周三上午应该可以。"

销售顾问："王先生，周三下午3点可以吗？"

王　凯："可以。"

销售顾问："好的，那为了方便您到店，我将我们店的地址以短信形式发给您，可以吗？"

王　凯："可以。"

销售顾问："那您的手机号码？"

王　凯："135××××××××。"

销售顾问："我和您核对一下您的手机号码，您的电话是135××××××××对吗？"

王　凯："对。"

销售顾问："好的，周三下午3点我在展厅恭候您的到来。"

感谢来电，及时跟进

销售顾问："感谢您的来电，祝您生活愉快，再见！"（发送短信）王先生您好，我是一汽-大众华阳4S店销售顾问刘鹏，非常感谢您的来电，我的电话是12345678990，我们店的地址是……，期待您周三下午3点光临本店。

被动获取客户时双方在电话里关注的因素如图2-8所示。

（1）客户关注的信息

车辆信息：车型配置、车型比对、车辆性能、资源耗费状况。

价格信息：当期优惠、能不能便宜、竞品价格比对。

活动信息：优惠政策、服务内容、相关手续。

（2）销售顾问关注的信息

客户信息：姓氏、联系方式、来电目的。

购买信息：看车进度、购车意向、车型选择。

活动信息：支付方式、价格取向。

在短暂的电话沟通中要做到高效、顺畅，这就要求我们与客户之间积极互动，交换相应的信息，进而吸引客户到店。

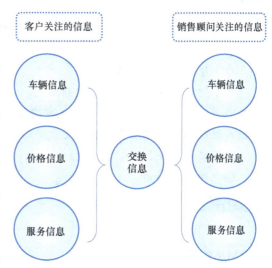

图2-8 被动获取客户时双方在电话中关注的因素

 温馨贴士：禁忌

① 铃响3声以上无人接听。
② 以"喂，谁呀，找谁"等作为第一声问候。
③ 电话转了多人或转接多次。
④ 电话中断或者让对方等待时间过长。
⑤ 对方说话时没有回应。
⑥ 对方讲话时和别人搭话。
⑦ 先于对方挂断电话。

任务专项实训

实训项目

接听客户来电

实训目的

通过该项目，学生应能够独立设计接听客户来电话术，并能够模拟演练接听客户来电情景。

实训内容

客户王先生对迈腾车型比较感兴趣，重点关注价格、活动信息、服务项目及车源信息，你作为一名销售顾问，应如何通过接听王先生来电，抓住契机，成功邀约客户来店。

实训步骤

◎将学生进行分组，4~5人一组，根据教材展示案例，设计接听客户来电话术。

◎小组进行演练模仿。

◎小组将模仿演练话术落实到纸上。

◎每组选派代表2人，一人扮演销售顾问，一人扮演客户，依次轮流模仿演练，其他人做观察员，记录优点和不足。

◎观察员点评5min。

◎教师点评5min。

实训评价

完成话术脚本。

营销小策略

练就时刻都能保持微笑的豁达，这是一种心态。狄更斯说过："一个健全的心态比一百种智慧都有力量。"作为销售人员，你拥有什么样的心态，就会取得什么样的业绩。很多成功的销售人员在谈到自己的成功时，都会有一个共识——业绩不是由命运掌控的，而是由心态掌控，学会以积极的心态应对失败，才能激发聪明才智。

任务五　到店接待

任务五知识框架展示

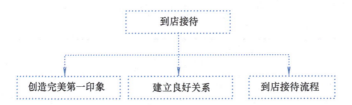

知识目标

1. 掌握创造完美第一印象的要素
2. 掌握建立良好关系的方式
3. 掌握到店接待的流程

 **能力目标**

1. 学会成功创造完美第一印象
2. 能够和客户建立良好关系
3. 能够成功接待到店客户

 **任务导入**

客户预约来店或者未经预约直接来店，如果你是销售顾问（或者前台接待）应该如何接待，并顺利引导客户落座进行需求分析？

 **任务资料**

客户王凯如约而至来到一汽-大众华阳4S店，销售顾问刘鹏接待了王先生，但是由于刘鹏正在接待一位老客户，导致王先生在店里等待了10分钟。之后刘鹏急急忙忙跑向王先生，由于等待让王先生内心感到不快，王先生认为自己不如老客户重要，所以谈了一会儿，王先生称有事就走了。

由上述资料，我们可以看到要想让客户开心愉悦，感受到备受重视和关怀，留住客户建立良好关系非常必要。

 **任务分解**

1. 创造完美第一印象
2. 建立良好关系
3. 到店接待流程
4. 客户离店

 **知识解读**

客户进入4S店展厅，就意味着我们的接待工作开始了。当客户进入4S店展厅前，相关人员要做好接待准备工作：值班保安要对来访客户进行问候，并要为客户指引展厅入口，如果客户是开车来店的，值班保安要引导客户将车辆停放到停车场，并安排相关人员为客户擦洗清洁车辆。如果下雨的话，值班保安要主动拿出雨伞出门迎接客户。4S店展厅接待流程起始于此，汽车销售顾问要做好汽车销售工作，也就必须从这里开始做好，做好展厅接待的关键点如图2-9所示。

一、展厅接待工作的重要性

心理学家阿希在1946年曾以大学生为研究对象做过一个实验。他让两组大学生评定对

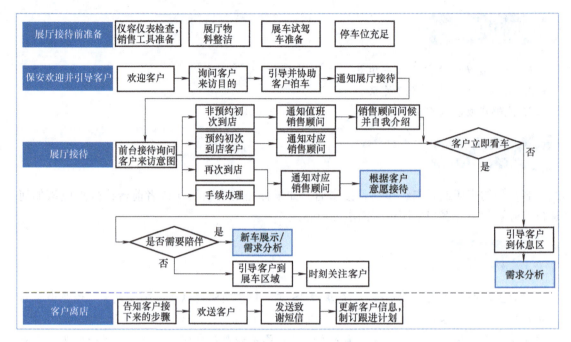

图2-9　展厅接待工作关键执行点

一个人的总体印象。对第一组大学生,他告诉这个人的特点是"聪慧、勤奋、冲动、爱批评人、固执、妒忌"。很显然,这六个特征的排列顺序是从肯定到否定。对第二组大学生,阿希给出的仍然是这六个特征,但排列顺序正好相反,是从否定到肯定。研究结果发现,大学生对被评价者所形成的印象在很大程度上受到特征呈现顺序的影响。先接受了肯定信息的第一组大学生,对被评价者的印象远远优于先接受了否定信息的第二组。这意味着,第一印象有着高度的稳定性,后继信息甚至不能使其发生根本性的改变。

因此,在与别人初次见面时,我们要在自己的外在形象方面下些功夫,努力创造完美的第一印象。有了第一次的这个好印象,才能有进一步发展的机会,这也就是第一印象的重要性。

二、到店接待环节的阶段目标

预约客户或者未预约客户来到店内,我们要给予足够的重视,我们要通过各种方式和手段来感染客户,并达成到店接待的目标。

1)通过热情、真诚的接待来消除客户的疑虑和戒备,营造轻松、舒适的购车氛围。

2)经销店的工作人员要体现出友善和专业(外表、态度和行为),给客户留下深刻的第一印象,让客户感受到所到访品牌的魅力及自己的倍受欢迎和重视。

三、到店接待环节客户的期望

客户能够亲历展厅,说明其购买动机强烈,同时内心对本次到访展厅充满了期待,具体期望如下:

1)专业的销售人员,及时礼貌的接待,受重视和关注。

2）经销店营造舒适的购车氛围，让我更有意愿去了解产品和服务。

3）在自己需要帮助的时候，销售人员能够及时耐心地提供帮助。

四、到店接待前准备

客户到店前，汽车4S店要做好相关准备，保证客户到店后能够留下良好第一印象并能顺利转向面谈。

（一）创造完美的第一印象

从汽车销售角度看，创造完美的第一印象应抓住以下三个关键点：展厅、展车和销售人员。

1. 展厅

（1）展厅人员

进入展厅的客户很多，但并不是每一个人都是为了买车而来。但是，任何一个人都是我们的潜在客户，在他进入展厅的时候，有没有得到礼貌的对待，直接影响着品牌形象的建立。这是一个重要的关键时刻，因此需要展厅人员重视。展厅人员不仅仅指销售人员，也包括保洁、保安等，见到客户应做到"十步内向客户点头示意，五步内向客户微笑打招呼"，让客户感觉备受欢迎、关注、尊重。针对不同类型到店客户（见图2-10），销售人员的接待方式也不一样。

图2-10 进入4S店的不同类型客户

具体不同类型客户的接待方式如下：

1）预约到店——销售顾问应提前在前厅或者门外等待，以示对客户的尊重。

2）首次到店——1min之内上前接待客户，并询问来访意图。

3）二次到店——询问客户是否选择之前接待或指定或偏好的销售顾问。

4）自行看车——创造没有压力的看车环境，3min之内再次主动上前与客户接洽。同时，确保停留在客户的视线范围之内，如发现客户需要帮助，则主动上前提供帮助。

5）其他类型：

维修——引领至维修服务区，介绍服务顾问。

闲逛——给予指引，如果需介绍，认真介绍。

寻厕——给予指引。

（2）展厅环境

展厅环境要保持清洁。洽谈桌要干净，客户离店时烟灰缸里没有烟蒂；休息区沙发、茶几摆放整齐，烟灰缸里有超过3个以上烟蒂，就应立刻清理；展厅内绿植盆栽清新、茁壮；特别要强调的是卫生间，要没有异味，地面、墙面、洗手台等要保持清洁，营业期间要播放舒缓音乐。

2. 展车

展车要干净、摆放整齐、符合标准。

1）车轮装饰盖上的标识始终保持水平，方向盘上的标识保持向上。

2）按要求摆放展车参数表，展车参数表应彩色打印，并保证是最新的。

3）营业期间展车不上锁。

4）展车应去除内外各种保护膜，如座椅、方向盘、收音机、遮阳板、阅读灯、迎宾踏板等。

5）展车轮胎无灰尘，展车内干净、整洁、无杂物，发动机舱干净无灰尘。

6）展车玻璃内外擦拭干净，无手纹或水痕。

3. 销售人员

客户会通过三个渠道——外表（appearance）、行为举止（behavior）、谈吐（communication）对销售人员进行初步判断。

每年的奥斯卡颁奖典礼当天的那些公众人物，特别是那些女明星们，她们需要花好多时间和金钱在她们的发型和服装上，为的就是要在众人的心目中留下一个美好的印象。她们在接受访问时的谈吐，她们走在舞台上的身姿，她们怎样与观众挥手致意，这些都是很有讲究的。展厅人员当然不需要去那么辛苦地塑造形象，但是也要注意上述三个方面。

4. 试驾车

整备试乘试驾车辆，保证车辆外部内部清洁无异味。检查所有试乘试驾车牌照是否有破损，确保车贴完好，保证燃油充足。整备完毕后，停留在预定的专用车位上。

5. 预留车位

展厅经理要统一安排停车位，预留足够车位方便客户停放车辆。

（二）到店接待具体准备工作

客户接触最多的是销售人员，因此在和客户接触的过程中，销售人员要让客户感觉自己是品牌的倡导者、经销商的代言人，要在客户面前打造良好的第一印象。下面给大家讲两个汽车销售小故事。

故事一：

某汽车公司的销售人员小李经过努力与一个客户约定了时间去登门拜访。那天小李如约前去拜访，这位客户请他坐下后一言不发地看着他。小李事先没有准备，被这位客户看得心里面直打鼓，不知道该说什么，心里想："这个客户怎么这么严肃？"客户总是非常忙碌，他希望销售人员有备而来。这个时候客户等得不耐烦了，说："你有什么事，就快点说。"小李听了更紧张了，结结巴巴地不知道从何说起。客户说："好像你没有什么准备，我也很忙，这样吧，你把资料留下来，我抽空研究一下。"结果，小李只好把资料留下来，无功而返。

故事二：

一天，某汽车公司销售人员小张值班时，有位客户在展厅里看了一款轿车之后，向小张问了两个问题。这个客户很关心安全问题，他问小张："这款车的 ABS 是哪里生产的？"这个问题很普通，在汽车销售公司日常的销售过程当中，客户提这个问题的频率也比较高。而小张一下子不知道该怎么回答，因为他不知道这辆车所装配的 ABS 到底是国产的还是进口的，只好问旁边的销售人员，结果没有得到满意的答复。小张为了把这辆车卖给客户，他就回答说："可能是进口的。"这个客户又问："这款车现在没货，那什么时候才会有呢？"这个问题也是日常销售当中客户问得最多的一个问题之一。因为汽车销售公司不可能把每一款汽车、每一种颜色都备齐了。小张又着急了，他说："您等一下，我去问一下我们领导。"刚巧，他的领导当时不在公司，而且电话又无法接通。客户等不及，就在那里不断地问他：

"怎么样？到底什么时间有货？"小张没有办法，最后说："大概需要半个月左右吧。"客户提了两个问题，一个是不清楚，一个是大概，这位客户有点不高兴。客户说："我的时间这么紧，你却告诉我"可能""大概"，你让我怎么决定，我还是到别的地方去看看吧。"这个故事也很有代表性，销售人员因为缺乏专业知识把一个很好的意向客户丢掉了。

上述两个案例说明这两位销售人员在实战中缺乏专业知识、销售技巧和自信。为了以后不再发生类似的问题，销售人员至少要具备两个条件：一个是业务能力，另一个是个人素质。前者表现为知识储备、专业能力，后者表现为商务礼仪、心态或者心理素质。为此，我们要做好如下几方面准备。

1. 知识准备

知识可归纳为六个方面：

第一个，企业知识。公司的介绍，公司的销售政策，如让利和促销政策，服务的项目，产品库存等。

第二个，产品知识。即了解生产汽车的厂家、品牌，各款车的性能、功能和配置。

第三个，市场知识。包括这款汽车在市场上的占有率，细分市场，与竞争车型的对比、优劣情况、行业知识等。

第四个，汽车相关法律法规知识，汽车养护使用知识，相关金融知识，相关保险知识，丰富的社会知识。

第五个，用户知识。用户知识主要包括客户心理、消费习惯、客户的购买动机、客户的爱好、客户的决策人购买力等。比如，从事小商品行业的客户喜欢车子的空间大一些，可以顺带一些货物，像SUV、SRV这样的多功能车比较受他们的欢迎；从事路桥工作施工作业的客户偏好越野性能好的吉普、SUV。

第六个，社会热点知识。多了解当前社会热点新闻，以便与客户有沟通话题。

2. 工具准备

1）iPad：录入CRM系统客户信息、汽车之家APP（车型配置、参数对比）、易车网APP（网评）等内容，然后截屏并保存相关信息。

2）工具夹：

① 品牌历史资料。

② 车型对比纸质资料、销售支持资料（车贷流程、车险、上牌、精品卖点及惠民补贴、二手车置换流程）、大众车型常规保养报价单、配件报价表。

③ 文件包（洽谈卡、试乘试驾协议书、路线图、报价单）。

④ 其他文件

展示手册：产品展示手册、原装附加产品手册、金融衍生宣传物料、车主服务手册。

其他工具：小喷壶、U盘、CD。

注：众多销售工具要求我们在使用时应注重以下原则：

◆ 灵活化，例如，在展示车型颜色的时候可以直接带客户看实车，而不是借助工具展示。

◆ 多样化，例如，在车辆展示的环节，对难以通过精准语言描述的相关配置（ESP、ACC、自动泊车），可借助iPad播放视频，或在试乘试驾的环节做动态体验。

◆ 价值化，依据销售流程的推进，在不同的环节或时间截点，合理、高效地使用相关工具。

3. 心态准备

销售人员除了要做好以上准备外,还需要具备良好的心态,与客户建立良好关系。

汽车销售工作面临很大挑战,销售人员在第一次与客户见面遭遇失败后,应该不断反省,应该有不服输的心理,想办法运用各种方式如打电话、递送 DM,即产品的彩页、宣传页、资料等,最终赢得客户的约见。

另外,还要和客户建立良好关系,通过关怀客户、与客户寻找共同话题、赞美客户等方式,尽量做到尽善尽美,给客户留下良好印象。

4. 商务礼仪的准备

经销商对员工仪容仪表具体要求见表2-3。

表2-3 仪容仪表具体要求

面部	(1) 男士面部清洁,不蓄须,不留鬓角 (2) 女士面部化淡妆 (3) 口腔无异味,餐后要刷牙
头发	(1) 男士头发不宜过长或过短 (2) 女士头发不过肩,过长需挽束,做到前不覆额,侧不遮耳,后不及领
手	保持手和指甲清洁,指甲修剪整齐,不染色
服饰	(1) 统一着装,佩戴胸牌(左上方口袋正上方2cm处) (2) 套装上衣长度:手臂自然垂直,双手自然弯曲时手指第一节正好接触到西装上衣末端 (3) 服装表面没有脱线、衣领褶皱、纽扣松脱等现象 (4) 男士西装上衣扣保持扣住,最下方的衣扣始终不扣 (5) 女士着套裙,裙长至膝盖上方1cm (6) 外套熨烫平整,着统一浅色衬衫,每日更换 (7) 衬衫领口可以正好容纳2指伸入,不松不紧 (8) 领带宽度与西装上衣翻领相协调 (9) 男士领带,女士丝巾选择100%丝绸面料 (10) 男士黑色棉袜,女士肤色丝袜 (11) 男士黑色系带皮鞋,女士黑色船形皮鞋。皮鞋要擦拭干净,鞋跟磨损不严重 (12) 男士腰间不要佩戴手机或者其他饰物,女士佩戴的饰物应小巧精致

(1) 言谈举止

言谈举止是一种职业规范。梅拉比安法则强调沟通效果的影响因素(见图2-11):肢体语言在沟通中所占比例为55%,语言内容为8%,语音语调为37%。肢体语言传递人的态度,语音语调传递人的情感,另外就是语言内容传递。这几方面综合起来就是人的言谈举止。体现出来的销售礼仪,可用图2-12来表示。

图2-11 梅拉比安法则

基于上述礼仪,我们在销售中应该注意如下内容:

1) 表情管理。目光交流、微笑自然。要和对方有一个目光交流,而不应该左顾右盼,同时面带微笑。加州大学心理学教授、表情研究专家艾克曼教授指出,要给对方留下良好的第一印象,首先要笑脸迎人。他说,"笑脸能传达欢迎、友善等潜台词。对方看到你的笑

图 2-12　引领礼仪、坐姿、握手、递接名片和走姿

脸,通常会不由自主地还以笑脸,此时双方的关系就容易拉近了。"微笑的招呼比语言上的招呼更加容易感染人。初次见面,如果你展现的是一个亲切自然的微笑,别人会觉得,你也很高兴与他认识。相反地,如果你的微笑是生硬的、勉强的。别人会认为,你并不是很乐意让他接近你。那么,他又如何会报以微笑?

2)称谓的选择和使用。一般情况下,称对方为××先生、××女士,这也是最为稳妥和最为普遍的一种称谓方式。

(2) 介绍礼仪

介绍时应把身份、地位较为低的一方介绍给相对而言身份、地位较为尊贵的一方。介绍时陈述的时间宜短不宜长,内容宜简不宜繁。同时避免给任何一方厚此薄彼的感觉。

汽车销售中,销售人员应该先行自我介绍,内容包括公司和自己,如"您好,我是××4S店销售顾问张××"。介绍的时候伴以图1-4所示适宜的肢体语言。肢体语言是指通过头、手、身、足等人体部位的协调活动来传达人物的思想,借以形象地表情达意的一种沟通方式。

(3) 握手礼仪(见图2-13)

握手的次序,一般都是女士先伸手,男士再握手。领导和上级以及长辈先伸手,下级和晚辈再握手。

图 2-13　握手礼仪

握手时,对方伸出手后,我们应该迅速地迎上去,握手的时候最应该避免的是很多人互相地交叉握手。

握手时还要避免过分地上下摇动。

(4) 递接名片礼仪(见图2-14)

初次与客户见面,我们应该热情主动打招呼,介绍公司和自己,然后递接名片。递接名片礼仪为如下:

递送名片时要用双手,除了要检查清楚确定是自己的名片之外,还要看看正反两面是否干净。而在递送过程中,应面带微笑,注视对方。名片的位置是正面朝上,并以让对方能顺着读出内容的方向递送。如果你正在座位上,应当起立或欠身递送,递送时可以说一些"我叫××,这是我的名片"或是"我的名片,请您收下"之类的客气话。此外,自己的名字如有难读或特别读法的,在递送名片时不妨加以说明,同时顺便把自己"推销"一番,这会使人有亲切感。相反地,接到别人的名片时,如果有不会读的字,应当场请教。

接收名片时,除特殊情况外(比如身有残疾等),无论男性或女性,都应尽可能起身或欠身,面带微笑,用双手的拇指和食指压住名片下方两角,并视情况说"谢谢""能得到您的名片,十分荣幸"等。

图 2-14　递接名片

名片接到手后,应认真阅读后十分珍惜地放进口袋或皮包内,切不可在手里摆弄。如果交换名片后需要坐下来交谈,此时应将名片放在桌子上最显眼的位置,十几分钟后自然地放进皮夹。切忌用别的物品压住名片和在名片上做谈话笔记。在接收名片后,如果自己没有名片或没带名片,应当首先对对方表示歉意并如实说明理由。

(三)建立良好关系

接待客户,要获得客户的好感,才能使我们的销售顺利进行,所以针对到店客户,首要的就是考虑客户对环境的需求。这就要从两个方面理解:

第一,由于各种原因,当客户进入展厅,或者感觉到热,或者感觉到累,销售人员应该考虑到这些因素,创造条件让客户感到舒适。

第二,客户进入一个陌生的环境里,由于不熟悉,因此存在着一定压力,这就需要经销商给予充足的空间去缓解压力,最好的办法就是尊重客户的意愿,创造缓冲的环境,让客户快速适应展厅的环境。具体做法如下:

1. 关怀客户

1)致欢迎词。
2)询问来访意图,并按客户类型接待。
3)根据客户意向(看车/入座),接待客户。
4)关心客户(交通、天气等)。

2. 通过寻找共同话题赢得认同

1)运用客户喜欢的沟通方式。
2)谈论客户感兴趣的内容。
3)找到共同话题(时事热点、流程词汇或其他共同点)。

3. 更高的人际敏感度

1)基于客户状态匹配相应的服务。
2)在整个接待过程中把握得当。

建立良好关系除了上述做法外,把握良好的沟通技巧,为销售工作开启一扇成功之门很重要。在到店接待环节我们可运用如下技巧:

1. 亲和力

亲和力的展示更多时候表现为微笑。微笑的标准是自然、大方、得体,发自内心真诚地笑。下面给出两张图（见图2-15和图2-16），分别代表不同种类的笑，大家看看销售中我们应该如何微笑。

图2-15　兴奋大笑

图2-16　真诚微笑

同样是笑，图2-15，兴奋大笑，喜出望外。在初次接触环节客户和销售人员是第一次见面，如采用这样的笑，会让客户感觉过于热情，而增加客户的心理负担，让客户无所适从。

图2-16，真诚微笑。一般真诚微笑都是对自己比较亲近的人和朋友，当客户进店的时候，我们心里想着客户就是我们的朋友，我们以朋友式的方式对待客户，客户就会觉得比较自然。

从上述分析当中，我们发现展现亲和力最好的工具是以图2-16为参考，多加练习，拉近和客户间的距离，消除陌生感。

2. 赞美

（1）赞美的重要性

生活中我们会发现有许多人喜欢用赞美的眼光看待别人，但是也有许多不善于赞美别人的人。我想说的是赞美在我们生活中真的很重要，也许你现在是一个学生，也许你是一个已经工作步入社会的人，或许你现在还没有发现，但是总有一天你会发现赞美的重要性的。恰如其分地赞美对方，能创造一种热情友好的气氛，能使彼此的心情更加愉悦舒畅，彼此间和谐地相处共事。所以有人说，赞美别人是一门搞好人际关系的必备功夫，某些场合实事求是地赞美自己，也可以增强说服力。然而，在生活中，多数人不懂得赞美的技巧，尽管有些人也想给予别人一些赞美，却屡屡不能如愿。那么，若在赞美别人和自己时掌握一定的技巧，精通赞美的艺术，一定会收到意想不到的效果。

美国著名心理学家威廉·詹姆士说："人类本性上最深的企图之一是期望被赞美、钦佩、尊重。"心理学研究表明，爱听赞美是人们出于自尊的需要，是渴求上进，寻求理解、支持和鼓励的表现，是一种正常的心理需求。赞美就像暖人心灵的阳光。在生活中，适时给予别人真诚的赞美和夸奖，别人会感到喜悦和兴奋，而作为你自己，也会从中感到快乐，甚至幸福，从而加深双方的感情，同时也创造了和谐的环境。例如，同学买了一件衣服你可以夸奖他的衣服好看，即使不好看也不要说出来，这样你们大家可以更好地相处。真诚赞美别人其实也是自己进步的开端。只有当自己抱着开朗、乐观的态度面对生活时，才能被别人的优点和长处所吸引；只有当心胸开阔，对人对己有足够信心的时候，才能由衷地赞美别人，才能和谐地与人相处共事，赞美能够帮助你打造坚实的人脉关系。赞美是一种艺术，正确运用这门艺术会让你在生活中充满快乐。

（2）赞美的运用

赞美如同一门艺术，真诚自然的赞美才能让人感觉更舒服、自在、快乐，那么如何赞美才能达到预期效果呢？现在告诉大家赞美的具体做法：

① 具体明确，针对细节。
② 实事求是，不可虚构。
③ 恰到好处，不要过头。
④ 态度真诚，不假惺惺。
⑤ 角度独到，不落俗套。
⑥ 言辞简明，"我"字开头。
⑦ 借用第二人称。
⑧ 赞美的时候要面对着对方表达。

作为销售人员，不管是对客户、对朋友还是对其他人，都要学会适时赞美，养成赞美的习惯，分享赞美后的喜悦，让人心情愉悦，促进销售成功和人际关系的和谐，积累客户资源。

五、到店接待要求及规范

客户到店能够与之相遇并接待该客户所涉及的岗位主要有：门卫、前台、客服顾问及销售顾问。

（一）门卫欢迎并引导客户

行为规范：

1）客户进入经销店，微笑问候，敬礼并询问客户到店目的。
2）根据客户来访目的，指引客户到展厅或是服务接待区。
3）通过无线耳麦及时通知前台接待客户来访。
4）如果客户开车，主动引导客户进行停车。

执行参考：

1）客户到店，无论是步行、出租还是自驾，接待人员都应一视同仁。
2）同一时间保证两名门卫在岗，一人负责欢迎客户，一人负责泊车。

推荐话术：

1）"您好，欢迎光临××经销店！请问您是看车还是保养？"
2）"好的。请您从这儿左转，（指示方向）祝您看车愉快！"

个性化建议：

如果停车位紧张，建议设置泊车卡，包含客户姓名、联系电话信息。如遇堵住其他客户车辆时，方便联系车主，不至于堵车滞留，同时也可以作为留档的一种方式。

（二）前台或者客服顾问接待礼迎客户

1）微笑问候欢迎光临（前台接待可由销售顾问轮岗）。
2）询问客户来访意图，确保了解每一名客户的类型。
3）对于非预约首次到店客户，按《销售顾问每日接待安排表》通知销售顾问进行接待。

4)对于二次到店老客户和预约客户,通知相应的销售顾问进行接待,如相应销售顾问不在,则告知客户,询问是否等待或接受其他销售顾问接待。

客服顾问(负责集客统计工作):制作电子版《集客信息登记表》,记录客户来店时间、接待销售顾问。

执行参考:

1)客户到店后,应第一时间主动接待客户,确保客户在进店后得到充分的关注和指引。

2)无论客户是否买车,都应热情接待。

3)如果客户指定的销售顾问暂时无法接待,应及时告知客户原因并请求客户谅解,避免客户长时间等候而产生抱怨情绪,并引领客户到休息区稍作休息,同时提供饮品。

4)在客户等待期间,随时关注客户。

推荐话术:

1)"欢迎光临××经销店!您是看车还是办理其他事宜?"(办事的客户不计入集客)

2)"请问先生贵姓?……请问您是第一次来我们店吗?……请问之前联系过我们店吗?有熟悉的销售顾问吗?"(判断是否为首次来店看车客户或者预约客户)

3)"××先生,非常抱歉,由于销售顾问××正在接待其他客户,两位请到休息区稍等片刻,我马上通知销售顾问××您已到达。"

(三)销售顾问接待客户

1)尽量在1min内接待客户,并自我介绍、递上名片。

2)请教客户姓氏,交谈时以姓氏尊称客户,若客户携带其他人员,也应问候,避免冷落。

3)根据客户的意愿,或引领到展车前,或邀请到洽谈区就座(朝向展车的座位留给客户)。

4)如客户表示想要自己先看车,应按照客户意愿进行引导,站在客户可以看到的地方,但勿跟随,过3min后,再主动接触客户寻找机会与客户交流。

5)主动提供饮品,询问偏好,至少提供两冷两热。

6)询问客户了解经销商和大众品牌信息的渠道,交谈共同话题,初步建立关系。

7)对客户充分关注,如有紧急事件,需征求客户的同意后再离开,不要反复离开或长时间离开。

执行参考:

1)在整个接待过程中,如遇特殊情况需暂时离开或者需要接听电话,需征得客户的同意并谅解。

2)在整个接待过程中要在适当的时机赞美客户。

3)创造无压力的看车环境,尊重客户意愿,但确保客户被关注。

4)如果客户进店后直接询价议价,建议销售顾问通过与客户多沟通了解客户是否已经在其他经销商有过看车或者询价经历,适当赞美客户,在恰当的时机通过二手车置换或者金融等增值服务激发客户的兴趣,告知客户也许还有更佳的选择,恰当地切入到需求分析,避免简单的议价。如果客户对这些政策以及车型都很了解,并表达强烈的购车愿望,销售顾问应在权限范围内合理报价。

推荐话术：
1)"您好，欢迎光临××经销店！我是销售顾问××，这是我的名片。请问怎么称呼您？"
2)"××先生、××太太，今天天气真热，你们可以先在休息区休息一下。"
3)"请问二位要喝点什么？我们这里有茶、冷饮和咖啡。"

喜悦点：
1) 建议经销商提供休闲小点心。
2) 酷暑天客户进店提供湿巾，冬天提供热毛巾。
3) 展厅处放置温馨提示卡，告知经销店内有无线网络免费使用，提示用户名和密码。

个性化建议：
客流高峰期，如双休日，建议经销商安排茶水专员。

六、客户离店

客户离店意味着本次亲历过程的结束，销售顾问在客户离店环节所做的工作要求及规范如下：

（一）要告知客户接下来的步骤

行为规范：
1) 客户离开前，询问客户这么快离店和没有做出决策的原因。
2) 询问客户还需要提供哪些帮助。
3) 告知客户接下来会联系客户。确定客户偏好的联系方式和联系时间。

（二）欢送客户

行为规范：
1) 感谢客户在百忙之中光临经销店。
2) 提醒客户携带随身物品，以免客户遗漏重要物品。

推荐话术：
3)"非常感谢您二位今天的光临。××先生、××太太，如有任何问题，请随时联系我。你们可以考虑一下，我明天下午再跟您联系，您看可以吗？"

喜悦点：
主动陪同客户到客户停车区，协助客户打开车门进入车内，并目送客户离开。

（三）短信问候

行为规范：2h 之内发送短信，对客户光临表示感谢。不要打电话，以免打扰客户开车。

（四）制订跟踪计划

行为规范：
1) 在 CRM 系统中及时更新客户信息。
2) 完善《展厅集客量登记表》信息。
3) 根据客户信息设置回访计划。

客户资源和客户信息是经销商赖以生存的数据基础，其不仅可以衡量经销商集客能力，而且通过对客户的分析，也可以为未来广告宣传媒体的选择与优化做出指导。所以，关注来店客户量，首先要关注客户登记管理。要想做好来店登记管理工作，就需要一个合理、有效的《来店客户登记表》(见表2-4)。来店客户登记表分为两部分,第一部分关于客户到店时间、离店时间、客户车牌号码及客户基本形态的内容交由专职人员填写,一般为前台岗位填写,这样可以保障来店数量不遗漏,同时可以督促销售顾问完整填写第二部分内容。第二部分由销售顾问接待完客户后亲自填写,主要内容包括客户姓名、电话、职业、来店途径、意向车型、意向级别等,这部分内容主要用来分析客户形态,为日后的广告宣传选择提供充足的数据支持。

特别要说明的是,在"来店登记表"的最后一栏是接待过程说明,并且要求填写不少于30字的内容,这一项目一方面可以更加翔实地记录客户的具体情况,另一方面也可以更好地保障客户信息填写的准确性。来店登记表的准确填写,可以帮助经销商汇总形成一张《来店客户流量统计表》(见表2-5),以准确监控汽车4S店展厅的实际客户来店情况。

表2-4 来店客户登记表

专职人员填写				销售顾问填写						
到店时间	离店时间	客户形态	车牌号码	客户姓名	电话号码	客户职业	来店途径	意向车型	意向级别	接待过程说明（不少于30字）

表2-5 来店客户流量统计表

星期	09:00—10:00	10:00—11:00	11:00—12:00	12:00—13:00	13:00—14:00	14:00—15:00	15:00—16:00
周一	3	5	7	7	7	7	5
周二	3	5	7	7	7	7	5
周三	3	5	7	7	7	7	5
周四	3	5	7	7	7	7	5
周五	5	7	9	9	9	9	7
周六	7	9	11	11	11	11	9
周日	7	9	11	11	11	11	9
Weekday（周一-周五）平均	3.4	5.4	7.4	7.4	7.4	7.4	5.4
Weekend（周末）平均	7.0	9.0	11.0	11.0	11.0	11.0	9.0

日期：2017年××月××日　　　销售经理：××
日期：2017年××月××日　　　督导：××

任务专项实训

实训项目
客户到店接待。

实训目的
通过本实训项目,学生应学会客户到店接待,提升接待能力,和客户建立正面关系,为顺利进入销售下一环节做好铺垫。

实训内容
模拟演练客户接待

实训步骤
◎ 将学生进行分组,4~5人一组,小组进行演练模仿。
◎ 每组有扮演销售顾问的,有扮演客户的,还有充当观察者的。
◎ 小组将模仿演练话术落实到纸上。
◎ 每组选派代表2人,一人扮演销售顾问,一人扮演客户,依次轮流模仿演练,其他人做观察员,记录优点和不足。

实训评价
◎ 完成话术脚本

营销小策略

诚心让你的推销之路走得更远。林肯曾经说过:"一个人可能在所有的时间欺骗某些人,也可以在某些时间欺骗所有人,但不可能在所有时间欺骗所有人。"销售人员在销售自己的产品时,一定要清楚这样一点:任何产品都是有利有弊的,没有一种产品是万能的,在销售中业务人员恣意夸大产品的性能,实际上也是对客户的一种欺骗。在时下信息传播日益迅速的市场环境下,销售人员的这种行为很容易被看破,即使偶尔取得成功,这种成功也是暂时的。因此,销售人员在销售过程中要树立这样一种意识:销售人员所说的每一句话都是一个承诺,都是要承担责任的。

任务六　需求分析

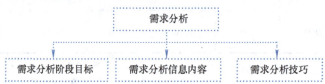

任务六知识框架展示

需求分析
├─ 需求分析阶段目标
├─ 需求分析信息内容
└─ 需求分析技巧

1. 了解需求的阶段目标
2. 掌握需求分析信息内容
3. 把握需求分析沟通技巧

1. 能够作为一名准销售顾问进行需求分析工作
2. 能够充分利用沟通技巧融洽和谐地进行需求探寻

销售顾问小王的预约客户到店看车。作为销售顾问,请为客户推荐一款合适的车型,并为客户提供购车解决方案。

客户刘刚准备购买一款一汽-大众的车,公私兼用。刘先生为私企老板,年龄45岁,平时喜欢喝茶、打球,有一双儿女,妻子偶尔也会开这款车,一家人也经常外出郊游,购车预算15万~20万元,可以考虑贷款。

要为客户提供合理的购车方案,销售顾问先要观察客户的性格类型、了解客户的购车背景及购车用途,还要分析案例中购车的参与角色、掌握客户的购车重点及汽车金融衍生业务需求。

1. 需求分析的阶段目标
2. 需求分析原因
3. 需求分析过程
4. 需求分析技巧

一、需求分析的阶段目标

(一)需求含义

需求:客户的期望和现状之间的差距,如图2-17所示。

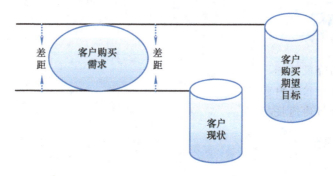

图 2-17　需求含义

客户购买现状：消费者购车，目前没有车，或者有车，但是 5 年前购买的，由于当时经济条件不允许，所以所购买车型为比亚迪 F0，车体小，内部没有什么特殊装置，而且现在有了孩子，东北的冬天特别冷，孩子坐在车上座椅冰凉。

客户期望购买目标：消费者现在经济实力增强，想换车，要求是三厢车、大气、商务兼私用，要有座椅加热、后视影像、导航功能。

需求分析就是要了解和发掘客户的现状和他所期望达到的目标，明确了这两者之间的差距，就明确了需求。

（二）需求分类

维琴尼亚·萨提亚（Virginia Satir）是美国最具影响力的首席心理治疗大师。她提出了"冰山理论"，又被称为"萨提亚理论"。她将自我形象地比喻为一座漂浮在水面上的巨大冰山，能够被外界看到的行为表现或应对方式，只是露在水面上很小的一部分，大约只有 1/9 露出水面，另外的 8/9 藏在水底，如图 2-18 所示。而暗涌在水面之下更大的山体，则是长期压抑并被我们忽略的"内在"。揭开冰山的秘密，我们会看到生命中的渴望、期待、观点和感受，看到真正的自我。

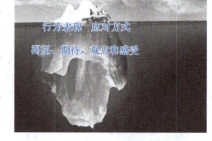

图 2-18　冰山理论

根据冰山理论，可把客户的需求分为两类：显性需求和隐性需求。

在汽车选购中，客户表达出来的购车需求可称为显性动机，也叫显性的动机；还有一种隐藏着的东西叫作隐性的动机。在冰山理论里会经常提到显性和隐性的部分，一个是在水面以上的部分，还有一个是在水面以下的部分。水面以上的部分是显性的，就是客户自己知道的、能表达出来的那一部分；水面以下的是隐藏着的那一部分，就是有的客户连他自己的需求是什么都不清楚。例如，某客户打算花十万元钱买车，可是他不知道该买什么样的车，这时候销售顾问就要去帮助他解决这个问题。还有一种情况是客户知道自己的需求，但是他不愿意或者觉得不方便告诉销售顾问，因为销售顾问还不是他非常信任的人。在这种状况下，销售顾问既要了解客户的显性需求，又要挖掘客户的隐性需求，这样才能正确分析客户的需求，从而在需求分析结束后为其推荐合适的车型。

另外，客户的显性需求又被称为理性需求，而隐性需求又被称为感性需求。

理性需求都具有可衡量性，属于冰山露在水上的部分，如车型、配置、颜色等。感性需求则相反，属于冰山隐藏在水下的部分，如彰显地位、表明实力、有品位等。图2-19形象地表示出了客户的心理状态。

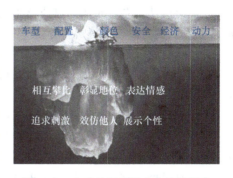

图2-19 客户的显性需求和隐性需求

根据理性和感性特征，我们发现在汽车销售中可以通过挖掘客户的隐性需求，将隐性需求转化为显性需求，促成销售。例如，如果在交谈中发现客户有彰显实力的心理需求，那么便可以探寻下其周边朋友开的都是什么车，哪个品牌、哪款车型，都有什么装备，做到对其周边朋友用车心中有数，那么在推荐车型的时候就可以推荐相应的高配版，这样客户的认可度就会高一些。归纳起来，能够彰显客户实力和地位的无外乎价格、品牌、性能、外观和配置等。

（三）需求分析阶段客户的心理期望

在需求分析环节，客户能和销售顾问开心地交流，销售顾问理解客户，这样就可以顺利过渡到下一个环节。也就是说在这个环节，销售顾问要满足或者超过客户的心理预期，才有利于销售的顺利推进。客户的心理预期总结如下：

1）销售顾问了解我的生活方式，并且知道我需要什么。

2）销售顾问按照这些需求和实际情况来调整产品推荐及服务，从而向我提供真诚、客观的建议。

3）结合我对建议的反馈，为我的购车、用车问题提供满足需求的购车解决方案。

（四）需求分析阶段的目标

需求分析阶段的目标就是在了解客户需求和购买动机基础上，深入挖掘其隐性和深层需求，从而提供最能满足或接近客户需求的解决方案，引导客户做出购买决策。由于现在汽车4S店衍生业务齐全，所以需要注意的是这里的"解决方案"不再是简简单单推荐一款合适的车型，在需求分析结束后，销售除了向客户推荐一款颜色、内饰、性能、装备、预算等符合客户需求的车型外，还要和客户确定下来是否贷款、是否进行二手车置换、是否加装等。

二、需求分析原因

客户在进入经销店之前会或多或少地对自己的意向车型有一个了解，他们来到经销店，往往是希望从经销店处得到更为专业和更为全面的建议，帮助他们选到适合自己的车辆。这就需要销售顾问充分了解客户的需求，知道他们的购买动机，才能给予合适的建议。

（一）客户的购买动机

由于客户的购买来自于需求，需求又分为显性和隐性需求两种，销售顾问在进行需求分析的时候要有方向感，知道如何发掘客户需求，并将需求转化为动机，动机越强烈，产生购买行为的可能性就越大。有时候客户的需求若隐若现，让人们捉摸不定，有时候也很难理解，但是客户的选择肯定是有自己的原因的。需求有隐性和显性之分，动机反映需求，因此动机也分隐性动机和显性动机两种，如图2-20所示。

从上述动机描述我们可以总结出典型的购买动机主要包括如下几个：

1）身份性：客户希望通过所驾车辆被其他人识别地位、经济实力等。

2）享受性：客户追求舒适的装备、试听系统，内饰环境要宽敞、有品位、高档豪华。

3）可信性：客户购车重点关注车的安全性能，质量品质要过硬，后续维修保养成本较低。

4）满足性：客户考虑的购车重点为操控性能灵活、加速性好，汽车瞬间就能快速反应，满足客户对驾驶感的要求。

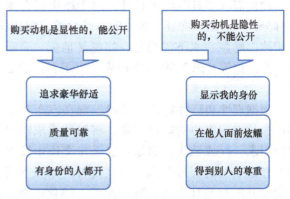

图2-20　显性购买动机和隐性购买动机

5）个性：客户希望所购车辆与众不同，能体现个性，追求新潮、时髦。

6）归属性：希望所购车的款式、颜色等能表明客户的职业、阶层、社会群体特征等。

（二）需求分析的原因

1. 更准确了解客户的购车背景和需求重点

了解客户的购车背景，如私企老板、居住地离我们店很近等，为后续增值服务提供可靠依据。另外，还要充分了解客户的需求重点。很多时候客户不知道自己需要什么样的产品，此时销售顾问应引导客户落座，询问客户目前开的什么车，感觉如何，当初为什么买这款，现在感觉哪里不好等。通过询问帮助客户梳理思路，找到客户的购车需求重点。还有一种情况，客户对车型很明确，此时仍需要进行需求分析。原因是，只有销售顾问充分把握客户的内心所想，接下来才能有针对性地向客户讲解产品，体现客户需求利益，激发客户强烈的购买欲望。

2. 使客户对我们充分信任

经过需求分析环节，销售顾问可以向客户展示自己的价值所在，让客户感受到专业、真诚及友好，知道销售顾问是站在客户利益角度替客户着想，从而让客户在交谈中了解销售顾问的态度及提供总体解决方案的能力。

三、需求分析过程

（一）需求分析流程

需求分析具体如何进行？请看需求分析流程图2-21。

图2-21　需求分析流程图

1）寒暄破冰：客户在洽谈区落座后，提供饮品、车型资料等，选择公开性话题开始交流，适时赞美客户，找出与客户建立关系的突破点，如衣着、姿态、眼神、表情等。

2）信息收集：主要是个人背景信息（如客户的家庭情况、职业、兴趣爱好和朋友等）、

现状信息、购车期望目标信息、预算信息（保险、贷款等）

3）总结确认信息：为了避免遗漏或者误解，总结确认、得到客户认可，为后续车型推荐提供保障。

4）推荐车型：根据客户信息收集情况、客户关注重点推荐客户认同的车型。

5）引导看车：要告诉客户，这个环节结束了，顺利过渡到下一个环节。

上述流程可以说是理想状态下顺利进行的步骤，实际购车中客户对车型是否感兴趣，对车型是否了解，都会影响流程进展状况，具体执行方案根据实际情形按图 2-22 所示去操作。

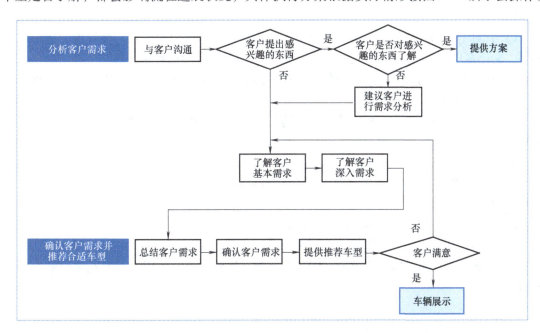

图 2-22　根据客户实际状况执行需求分析流程图

1. 分析客户基本需求

行为规范：

1）了解客户的背景，判断客户的类型。

2）寻找共同感兴趣的话题，创造轻松、惬意的氛围。

3）通过开放和封闭的问题，了解客户的基本需求。

4）从看车经历、感兴趣的配置、用途、预算、购车时间、用车经历等方面了解客户的基本需求。

执行参考：

1）认真倾听，关注细节，并实时赞美客户。

2）切勿触及客户隐私。

推荐话术：

1）"××先生，刚才看您开了一辆宝来来我们展厅，这辆车现在用得怎么样？"

2）"××先生，在来我们店之前，您都去看了哪些品牌？您打算什么时候用车？"

3）"××先生，是否方便告诉我您的购车预算？"

4）"××先生，您买车是您一个人开吗？"

2. 分析关键决策人，考虑其对安全和动力等的个性化偏好，进行深入需求分析

行为规范：

1）认真倾听客户的信息，关注细节，注意潜在需求。

2）根据客户提及的车型继续与客户交谈，从客户对动力、舒适性、操控性能等方面了解客户需求。

3）进一步引导客户阐述个性化的需求，如家人的喜好、形象的提升等。

4）主动告知客户二手车置换或者金融政策，引导促进客户提高购买需求。

执行参考：

1）针对不同的客户类型应采取不同的应对策略，正确的沟通方式，如倾听、边听边记录等，会让客户感受到被认可，这对于后续的成交有至关重要的作用。

2）在某些特定场合下，如客户急于看车等情况，需求分析不一定一次性做完，也可穿插于车辆展示等后续环节中。

3）如果客户对某一款车型表达强烈的购车意愿，不应强加客户做需求分析，应在权限范围内合理报价。

3. 确认客户需求并推荐车型

（1）站在客户的角度，总结客户需求，进行确认并推荐合适的车型

行为规范：

1）总结客户需求，并与客户达成一致意见。

2）询问客户是否还有其他需求。

3）向客户推荐满足客户需求的不同配置车型，解释推荐的原因，并站在客户的角度帮他们选择。

执行参考：

1）实时掌握经销商的库存状态。

2）要关注客户的购车需求，提出合理化购买建议。

3）在了解客户的需求之后，要结合库存推荐合适的车型，切勿一味地为消化库存向客户推荐不合适的车型，造成客户的不满意，应合理利用话术，站在客户的角度给出专业化的建议。

4）要对客户的需求及异议迅速响应，切勿顾左右而言他。

推荐话术：

1）"××先生，刚才跟您沟通了这么多，我基本了解了您的需求，我总结一下……，您看我了解的是否正确？不知道您还有其他的需求吗？"

2）"鉴于以上您的需求，结合我对您的了解，我向您推荐××车型。"

（2）引导客户看车

行为规范：

1）基于客户对推荐车型的接受程度，解答客户的疑问，演示产品及配置。

2）使用销售工具如 iPad 看宣传材料，对推荐车型的特色功能进行展示。

3）引导客户体验推荐车型，为进入车辆展示环节做铺垫。

4）如果客户不满意，重新进行深入的需求分析。

喜悦点：

利用多媒体工具向客户多方位动态展示推荐车型，尤其是视频或模拟动画能清晰解决客

户的疑问。

作为销售流程中至关重要的环节，需求分析是达成后续销售的基础，它对于销售的成功率有着举足轻重的影响。在展厅中，销售顾问常常需要面对各种不同性格类型的客户，这就需要采取更具针对性的应对策略。

（二）需求分析信息获取

为了达到需求分析环节阶段目标——在了解客户需求及购买动机的基础上为客户提供合理的购车解决方案，销售顾问应获取下列三方面信息：

1. 购买角色信息

这方面内容前面已经讲过。这里需要提示的是，在汽车销售中，对于进店的客户销售顾问要快速识别使用者、购买者、决策者及影响者身份，有针对性地进行接待和应对，从而提高需求分析效果。

2. 客户性格类型信息

不同划分标准可以将性格划分为不同类型，这里可通过图 2-23 中的理性—感性、直接—间接两个维度，将客户划分为分析型客户、控制型客户、和蔼型客户和表达型客户四大类。每种类型客户的性格特征、语言、肢体语言、个性特征等都有所不同，具体看表 2-6，销售人员要能够快速辨别以采取有针对性的应对策略。

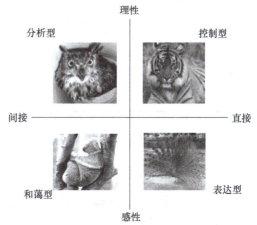

图 2-23　客户分类

表 2-6　四大类客户性格特征、语言、肢体语言、个性、期望及应对策略

类型 要素	分 析 型	控 制 型	和 蔼 型	表 达 型
性格特征	有主见，不表达	有主见，表达	没主见，不表达	没主见，表达
语言	讲话轻、少，谈话内容多为关注点，比较看重证据、事实	讲话多、声音大、速度快、比较看重证据、事实或数据	讲话轻、慢、注重人际关系、关注有趣的人和事、犹豫不定	讲话声大、速度快、讲究人际关系、关注有趣的人和事、精力充沛
肢体语言	双手环抱、插兜、没有表情	喜欢指指点点、双手合起、表情不多	微笑、有亲和力、姿态放松	喜欢指指点点、手张开、喜欢拥抱、握手
个性	慢、冷漠、没有亲和力、希望准确告知关注问题、解决问题、敏感、保持适度的距离	反应快，希望被热情接待、关注人际关系和谐，目标任务明确，渴望快速解决问题，达成交易、控制欲较强，喜欢发号施令，不能容忍错误	喜欢建立良好人际关系、关注细节、不喜欢冲突、追求被认可、被接纳、受关注受重视、不够主动、擅长倾听、关心别人、喜欢与人打交道、待人热情	反应快、易冲动、追求快乐、动作多、到处串、一会儿东、一会儿西、目标不专一、变化快、凡事喜欢参与、不喜欢孤独、擅长制造愉悦氛围

(续)

类型\要素	分析型	控制型	和蔼型	表达型
期望	实事求是、希望得到热情接待、受重视、注重细节	有权威感，能主导整个场面，以自我为中心，直来直去，不在乎别人的情绪及建议，扮演决策者、冒险家	追求安全感、有足够的时间供自己思考、犹豫不做决定	希望得到认可、充分相信自己
应对策略	准备充分、知识专业、讲解准确、拿出充足的证明材料	给足面子，当机立断、速战速决，说话算数、直接回答	给其充足的时间考虑、注意多关注、细节处让客户开心	注意关注、陪同、重视、尊重、帮助快速做决定，实现自己的想法

3. 客户购车相关信息

（1）个人信息

在汽车销售中，个人信息似乎与购车无关，客户也不愿意回答销售人员关于个人信息的询问。事实上，个人信息对购车有很多帮助，同时个人背景信息收集越完整，越有助于后续跟进和成交后的跟踪回访。

个人信息主要包括姓名、家庭住址、电话、使用者、购车用途、兴趣爱好、职业、信息来源、何时购买、决策者等。

（2）现在用车信息

现在用车信息的收集利于销售顾问了解客户的现状及目前客户购车的关注点。现在用车信息包括厂家、型号、车龄、里程、每年行驶距离、喜欢的理由、不喜欢的理由、换车的理由、费用等。

（3）新车信息

客户将要购买的新车信息收集，有助于销售顾问了解客户的期望，与旧车信息对比，找差距，可准确定位需求。新车信息包括：计划每年行驶里程、用途、参数选择、特征、对比车型、附加装备、购车时间等。

（4）预算信息

客户的预算信息能够体现客户的经济实力，此处所指预算涉及两方面：一是单纯购车的预算，二是车保险、上牌、购置税等算在一起的预算。此环节销售顾问还要推荐金融服务，如保险、贷款、二手车置换等业务。

四大类信息收集完整，最后要总结确认客户需求，然后推荐车型；如果客户不满意，那么则需要重新进入需求分析环节。

四、需求分析技巧

（一）观察法

台湾一位著名的"销售女神"张丽玉在《热情》一书中阐述："想要成功就要善于观察，去看、去听、去想、去学习并学会累积"，"当客户走进展厅中心的几秒钟内，我就可以简单地掌握这个人的背景,并决定以什么方式和他沟通",这些有力量的话语,充分证明了销售中观察的作用。张丽玉在销售初期为了锻炼自己的观察能力,每日坐公交车时,都站在距门口一两米的地方,仔细留意每个上车的乘客。自己心中盘算,这是一个什么职业、什么年纪、什么性格类型的人。长期坚持观察法,让她成功由一个家境贫穷、只有1.5m身高的普通女孩,最终变成了神奇的"销售女神"。可见,学会观察并正确判断客户,在销售中至关重要。那么销售顾问都应观察客户的哪些信息呢?下面以图2-24为例分析说明。

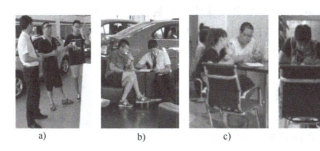

图 2-24 一组观察对象

图2-24a:客户是两个人,要观察的内容包括随行人员关系、谁买车、关注指标、意向车型、决策者和使用者等。

图2-24b:客户是一个人,要观察的内容包括肢体语言、着装等。

图2-24c:客户是一家三口,要观察的内容包括随行人员关系、孩子、决策人、影响者。

图2-24d:客户是年轻情侣,要观察的内容包括肢体状态和意向车型、职业、兴趣爱好等。

总结起来,销售顾问对客户的观察无外乎肢体语言(身材、眼神、肤色、站、坐、行等的特点)、服饰(从一定程度上反映经济能力、品位、职业、喜好)、饰物(手机、手表、皮包、首饰等)、家庭成员或者随行人员状况(其关系决定着其对购买需求的影响力)、步行/搭车/开车(一次购车/换购/增购——品牌、置换、预购车型等信息)。由此得到的信息都只是初步判断,可能会出现偏差,需要销售顾问在需求分析过程中求证。

(二)提问法

孙晓岐在《赢在品质》这本书中说,营销成败的关键之一在于"是否会提问"。由此可看出良好的提问在销售中的作用和地位。

1. 提问的目的

1)通过提问可以展开需求会谈,并连续讨论,让彼此弄清楚相关问题。

2)通过提问可以进行异议处理、核实信息。

3)通过提问进行信息收集,把握客户购车背景和需求重点。

4)通过提问可以引起客户的关注,尽量保证客户的思路在销售顾问的引导下按规范走下去。

5)通过提问可控制和调节谈话节奏。比如比较能说的客户,说起来滔滔不绝,销售顾问就可以通过提问这种方式对客户所说进行总结提问,然后将其拉回到销售的轨道上来。

6）通过提问和客户建立和谐的关系。

2. 提问的方式

提问有两种方式：开放式和封闭式。

（1）开放式问题

开放式问题：答案不是固定的，开放式问题可以让对方发散思维。通过开放式问题的提问，销售顾问可以收集客户更为广泛和准确的信息，因此需求分析环节销售顾问应问更多的开放式问题。

例如，"您喜欢什么颜色的车？""您打算什么时候购车"等。

开放式问题的特征：5W1H（Who\When\What\Why\Where\How），以这些词开头的都是开放式问题。具体举例如下：

谁（Who）：谁购买这辆车？

何时（When）：何时需要新车？

什么（What）：购车的主要用途是什么？对什么细节感兴趣？

为什么（Why）：为什么要选购这款汽车？

哪里（Where）：是从哪里获得产品信息的？从哪里来？

怎么样（How）：认为这款汽车怎么样？

（2）封闭式问题

封闭式问题：答案是固定的，对方只能从某个范围中给出答案的问题。通过封闭式问题的提问，销售顾问可以确认客户信息，得到肯定答案。

例如，"您是不是对我们的车很满意？""您是不是觉得我们车的加速性很好？"

封闭式问题的特征：回答"是"或"否"。

3. 提问的原则

（1）灵活运用开放式和封闭式问题

1）开放式问题鼓励客户表达，有助于更多掌握客户信息。需要掌握的客户信息很多，包括个人信息、现用车信息、新车信息、预算等。

2）封闭式问题有助于确认客户的想法或意见。对客户需求进行总结确认，要问封闭式问题，新车展示和试乘试驾环节仍然要问封闭式问题，目的就是确认客户对车的想法和意见。

3）问题的内容由浅入深，循序渐进。比如顾问在问问题的时候可以采用QAQ方法，两个问题间有关联，这样比较容易营造良好的沟通氛围。

（2）问答结合，避免带给客户压迫感或者被客户主导

1）避免让客户感到如同被"审问"一般，也避免被客户"审问"。避免这种感觉产生，最好的办法就是微笑询问，先赞美客户再提问。

2）客户的回答，需要及时回应。客户表达自己的想法和意见时，销售顾问要有回应，然后才能继续问问题。

（3）询问中体现对客户利益的关注

1）询问中体现客户导向，为客户提供有建设性的意见，成为客户的顾问。销售顾问的主要任务其实就是帮助客户解决购车问题，因此在提问中销售顾问要适时和客户的原有用车状态做对比，询问客户是不是欲购车辆的装备能够避免原来不愉快的用车经历。

2)对潜在客户的生活方式有所把握,并融合到接下来的交谈中。对客户的个人信息进行询问后,要应用到需求分析和新车展示环节,要能够针对客户的用车需求有针对性地讲解和看车,提高客户认可度。

(三)倾听法

1. 倾听的重要性

学会倾听很重要。美国著名主持人林克莱特一天访问一名小朋友,问他:"你长大了想当什么呀?"小朋友天真地回答:"我要当飞机驾驶员!"林克莱特接着问:"如果有一天,你的飞机飞到太平洋上空,所有引擎都熄火了,你会怎么办?"小朋友想了想说:"我先告诉飞机上的人绑好安全带,然后我挂上我的降落伞,先跳下去。"当现场的观众笑得东倒西歪时,林克莱特继续注视着这孩子,没想到,接着孩子的两行热泪夺眶而出,这才使林克莱特发觉这孩子的悲悯之情远非笔墨所能形容。于是林克莱特问他:"为什么要这么做?"小孩子的回答透露出一个孩子的真挚想法:"我要去拿燃料,我还要回来!我还要回来!"主持人与众不同之处,在于他能够让孩子把话说完,并且在现场的观众笑得东倒西歪时,仍保持着倾听者应该具有的一分亲切、一分平和、一分耐心,让林克莱特听到了这名小朋友最善良、最纯真、最清澈的心语。

读完这个故事我深深为主持人林克莱特耐心倾听、不轻易下结论,了解孩子内心真实想法的做法所感动。"为什么要这么做?"一句简单的反问,让孩子有机会道出心中那份最真挚的感情。我想如果我是主持人,当听到孩子说:"我先告诉飞机上的人绑好安全带,然后我挂上我的降落伞,先跳下去。"我可能会认为这个孩子很自私,只管自己,也就是说我会用我过去所谓的的经验和意识来判断孩子那份天真无邪善良的心,对孩子那份难能可贵的纯真造成伤害,所以我发现学会聆听是多么重要。

在汽车销售中,销售顾问如果能用同理心去听客户表达,就能站在客户角度理解客户的心态、把握客户的需求、关注客户的利益问题,从而取得更长远的、更好的效果。在与客户接触的时候,一方面是问,还有一方面就是听。听很有讲究,你会不会听,自己没感觉,客户知道。如果你在很好地听他讲,客户会认为你很尊重他;如果客户在讲,你三心二意,客户会认为你不尊重他。我们的目的是让客户尽快地购买,所以每一个环节都要处理好,其中之一就是要会倾听。

2. "听"和"倾听"的区别

"听"的繁体字如图2-25所示,其本义为"用耳朵、一心一意、双目注视听王者说"。

"听":被动地听。人们会主动去听与自己切身利益有关的信息,但有一种听是被动地听,被动地听实际上是一种假象。例如,很多单位领导在台上讲话,员工就在下面假装听,这种听法就是被动的听。

"倾听":主动地听。客户要买车,他需要买什么样的车,有什么样的顾虑,有什么样的要求,他都想告诉销售人员,让销售人员给他参谋。可是如果他发现你没有仔细听他讲,他就

图2-25 听的本意

会心生不满,后果可想而知。另外"听"还要听弦外之音,这样更能洞悉客户内心的想法。

3. 倾听的方法

销售人员在了解客户的需求、认真倾听的过程中还要注意一些方法。

(1) 注意与客户的距离

有的客户很敏感，人与人之间的距离也是很微妙的，那么保持怎样的距离客户才会有安全感呢？当一个人的视线能够看到一个完完整整的人，上面能看到头，下面能看到脚，这时候人们会感觉是安全的。如果说你与客户谈话时，双方还没有取得信任，马上走得很近，对方会有一种自然的抗拒、抵触心理。

(2) 注意与客户交流的技巧

认同对方的观点。销售顾问要认同对方的观点，不管对方是否正确，只要与买车没有什么原则上的冲突，你就没有必要去否定他。你可以说："对，您说得有道理。"同时还要点头、微笑予以肯定，这样客户才会感觉到你和蔼可亲。

善于应用心理学。作为销售顾问，学习一些心理学是非常必要的。从心理学的角度上讲，两个人要想成为朋友，一个人会把自己心里的秘密告诉另一个人，达到这种熟悉程度需要多少时间呢？权威机构在世界范围内调查的结果是：最少需要一个月。再看看我们的周围，我们都有第一次进入新公司的经历。新员工和老员工交流、熟悉，即使天天在一起上班，能够达到互相之间把自己内心的一些秘密告诉对方所需要的时间可能还不止一个月。我们与客户之间的关系要想在客户到店里来的短短几十分钟里确立巩固，显然是很不容易的。在这种情况下销售顾问要赢得客户，不仅是技巧的问题，还应适当掌握一些心理学的知识。运用心理学进行销售时，销售顾问要本着以客户为中心的顾问式销售的原则，对客户的需求进行分析，本着对客户的购买负责任的态度，给客户提供一款适合客户需求的汽车，绝不能运用心理学欺骗客户。

4. 倾听的注意事项

肢体语言方面：
1) 和对方的眼神保持接触。
2) 不可凭自己的喜好有选择性地听，必须接收全部信息。
3) 提醒自己不可分心，必须专心致志。
4) 点头、微笑、身体前倾、记笔记。
5) 回答或开口说话时，先停顿一下。
6) 抱持谦虚、宽容、好奇的心态来听。

语言方面：
1) 在心里描绘出对方正在说的。
2) 多问问题，以澄清观念。
3) 弄清楚对方的主要观点是如何论证的。
4) 等你完全了解了对方的谈话重点后，再予以反驳。
5) 把对方的意思归纳总结起来，让对方判断正确与否。

（四）Spin 销售法

Spin 销售法如图 2-26 所示，Spin 是由背景问题、探究问题、暗示问题、需求利益问题四个单词的首字母构成。

1. 背景问题

背景问题是为了解客户目前背景而提出的问题。在销售过程中，通常前几句问话属于背景问题，而此类问题发问的

图 2-26　Spin 销售法

次数越多，成功的可能性越低。销售顾问为获取资料信息，经常问了很多这类问题却浑然不觉。

2. 探究问题

探究问题是针对客户可能遇到的难点与不满而提出的问题。这类问题一般会站在帮助客户的角度询问，深入挖掘客户可能面对的问题和困难。建议能站在为客户解决问题的角度，而非产品的角度，来定义产品和服务，不要局限在强调产品所拥有的特征、功能等细节上。

3. 暗示问题

暗示问题是针对客户目前经历的问题、困难与不满，询问其相关后果或影响的问题。这类问题主要用于放大客户需求的迫切程度（挖掘痛苦）。这类问题是最难发问的一种，建议事先好好地策划练习。

4. 需求利益问题

询问解决方案的价值，将需求转化为利益，主要用于解决客户购车过程中的问题。在销售中常使用这类问题，能够降低被拒绝的概率，客户回应比率会高很多。

任务专项实训

实训项目

编写"需求分析"脚本。

实训目的

通过需求分析脚本设计，学生要掌握需求分析流程、学会运用需求分析法，成功进行客户需求探询。

实训内容

孙先生和孙太太要购买一部车，他们来到了一汽-大众华阳4S店。孙先生是大学教授，孙太太是医生。此次购车是孙先生为孙太太选车。孙太太平时喜欢郊游，节假日也会回老家看望父母。二人准备花20万元购车。如果看好，近期就交款。请您以销售顾问身份对孙先生和孙太太进行需求了解。

实训步骤

◎ 将学生进行分组，3人一组，进行需求分析脚本设计。

◎ 设计好脚本，小组中3人各扮演销售顾问和孙先生、孙太太，进行演练模仿。

◎ 教师课上抽签决定由哪5组进行模拟演练，时间10min。其他人员担任观察员，边看边记录，总结优点和不足，时间5min。

◎ 学生代表发言评价，教师给予评价总结，时间5min。

实训评价

◎ 完成需求分析脚本设计。

营销小策略

销售顾问应该学会观察，一个平常的喝水动作、吸烟动作，一个随意的拿烟姿势，都在无声地告诉我们对方的性格和心理。观察到了这些情况，有利于揣摩客户心理，用客户的方式说话。俗话说："好胳膊好腿，不如一张好嘴。"真正的销售高手都懂得像医生那样对客户"望闻问切"，他们深知客户的话就是一张藏宝图，顺着它就能找到宝藏！销售的失败并不是因为你说错了什么，而是因为你听得太少。

任务七　车辆展示

任务七知识框架展示

知识目标

1. 了解车辆展示的阶段目标
2. 掌握车辆展示环节要点
3. 把握车辆展示技巧
4. 掌握异议处理方法

能力目标

1. 能够充分利用展示技巧引导客户进行车辆静态展示
2. 能够结合客户利益进行车辆展示
3. 学会车辆展示过程中的客户异议处理

任务导入

销售顾问小王对刘先生进行了需求分析，之后为客户推荐了合适的车型，并为客户提供购车解决方案。接下来请您以小王的身份，结合客户需求、体现客户利益，运用六方位绕车法，来引领客户进行车辆展示。

客户刘刚准备购买一款一汽-大众的车，公私兼用。刘先生为私企老板，年龄45岁，平时喜欢喝茶、打球，有一双儿女，妻子偶尔也会开这款车，一家人也经常外出郊游，购车预算15万～20万元，可以考虑贷款。销售顾问小王接待了刘先生，并了解客户需求，现在带客户去看车。

从上述材料中我们知道需求分析结束，要想成功引领客户看车，而且看车后能够顺利过渡到试乘试驾，销售顾问除了需要掌握产品知识外，还需要掌握车辆展示的方法和技巧等。

1. 车辆展示的阶段目标
2. 车辆展示方法
3. 车辆展示异议处理
4. 车辆展示技巧

新车展示的本质就是销售主导下的产品介绍。而产品介绍的依据应该是客户的需求，一般情况下，应该根据客户的需求展开介绍，重点介绍客户所关心和关注的项目。由于汽车是相对复杂的产品，每个厂家都具有不同的技术优势和性能特点，而客户所掌握的信息有可能是道听途说而来，或者是片面的。因此，在汽车的产品介绍中，对销售顾问的要求较高，需要既能尊重客户的意愿，又能主导整个产品的介绍过程。

因此，在产品介绍环节，销售顾问可以根据客户的购买意愿和认知先对客户的情况做出判断，然后再确定介绍的重点。而对客户这两方面进行判断的依据则是在展厅接待和需求分析环节通过与客户的交流所掌握的客户信息。

这里所说的意愿是指购车意愿，认知是指对汽车行业及产品的了解。不同客户购车意愿和认知不同（见图2-27），应对策略也应有所不同。

1. 高意愿高认知

充分沟通、需求满足，顶多再做优势强调即可。此类客户做了充分的资料准备，需求明确，趋向理性。

2. 低意愿高认知

征询意见，重点满足，最多再强调售后的方便和快捷。此类客户对车非常了解，或许自己有车，或许出于兴趣来看新车，没有明确的需求和购买意愿。因此，要礼貌对待，重点满足，可能会对周围朋友的购买形成影响；有可能成为潜在客户，所以强调售后主要针对其现

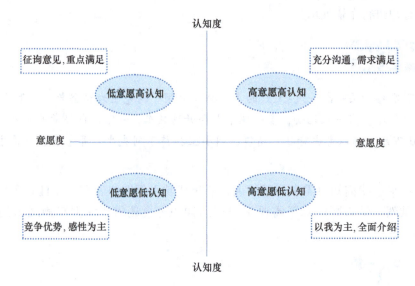

图 2-27 客户意愿度和认知度

在的车。

3. 低意愿低认知

强调竞争优势，感性为主，应防范此类客户被竞争对手抢走。此类客户立即购买的可能性不大，对车也不了解，销售顾问的目标就是让其形成自己所售的汽车很高档，与竞争对手相比优势突出、技术先进的良好印象。

4. 高意愿低认知

以我为主，全面介绍。此类客户有强烈的购买意愿，但是对车并不了解，或者存在错误认识，因此需要以销售人员为主导，让客户全面了解和体验产品，甚至争取在介绍完，就向客户提出成交建议。

一、车辆展示的阶段目标

在车辆展示环节，销售顾问首先要明确规范和执行标准，了解客户期望及车辆展示环节的工作要点，这样才能有效实现阶段目标。

（一）车辆展示规范和执行标准

首先要对车辆的展示进行规范的管理。规范的管理可归纳为 5S 管理法：整理、整顿、清理、清洁、素养。

1. 车辆展示规范

第一，要方便客户参观与操作，销售人员要把这个作为要点来执行。

第二，要注意车辆的颜色搭配，展示区域的车辆不能只有一种颜色，几种颜色搭配效果会更好一些。

第三，注意车辆型号的搭配，同一个品牌的车，可能有不同的系列，有的车从小到大，有的车带天窗，有的车没有天窗，不同型号的车都应搭配展示。

第四，要注意车辆摆放的角度。

第五，要有一辆重点推出的车。摆了这么多的车辆，必然有一款是重点推出的。需要重点展示的车辆必须突出它的位置。一般来讲，小的展厅也能放三四辆车，大一点的话可能会放得更多一些。在这些车当中，肯定有不同的型号，不同的颜色。有些是主推车型，对于这种车型一定要选出一个合适的位置来突出它。因此，有些 4S 店会把一些特别展示的车辆停在一个展台上，其他的车都围绕着它，同时还要注意凸现这辆车的特色，比如有的时候可以打出一些灯光。

2. 车辆展示执行标准

（1）按规定摆放车辆的型录架

型录架的摆放要协调一致。有的展厅型录架摆放很随意，或放在车的左边，或放在车的右边，或放在前面，或放在后面，不规范。

（2）展车的卫生情况

展车的卫生情况，在前面谈到过。需要强调的是，销售顾问还要注意一些细节方面的问题，如是否有灰尘。把前面发动机盖打开以后，凡是视线范围内的位置都不允许有灰尘。当然车的前部，也不允许有灰尘。此外，排气管等一些容易被忽视的地方也不能有灰尘。有的客户喜欢看底盘是高还是低，那个时候就能够看到排气管。有的企业在这方面做得很到位，检查的时候会把手伸到排气管里面去。

（3）细节标准

1）导水槽。轮胎上的导水槽里面也要清洁，因为车是从外面开到展厅里面来的，难免会在导水槽里面卡住一些石子等东西，这些东西都应拿掉，还要洗干净。

2）座位的距离。前排的座位应调整到适当的距离，而且前排两个座位从侧面看必须在同一条直线上，不能够一个前一个后，而且座位与方向盘也要有一个适当的距离，以方便客户的进出。太近了，客户坐进去不方便，这样会使客户感觉车的空间小。

3）新车的塑料套。新车在出厂的时候，方向盘上面都会有一个塑料套，倒车镜、遮阳板也都是用塑料袋包装起来的，这些也应拿掉。

4）后视镜。后视镜必须调整好，使客人坐在里边很自然地就能看到两边和后面。

5）方向盘。要把方向盘调到最高，如果方向盘太低，客户坐进去后会感觉局促，从而会认为这辆车的空间太小。

6）仪表盘上面的石英钟。还要注意将仪表盘上面的石英钟按北京时间对准。

7）空调的出风口。要试一下空调的出风口，保证空调打开后有风。

8）汽车上的开关。汽车上的开关不是左边按下去是开，右边按下去是关，而是中间的位置是关，所以必须把开关放到中间的位置。

9）收音机。一般收音机有五六个台，都应将其调出来，同时必须保证有一个当地的交通台和一个当地的文艺台，这是一个严格的考核指标。

10）左右声道。汽车门上面的喇叭分左边和右边的，喇叭的音响是可以调整的，两边的声道应调成平衡，这个是必须检查的。

11）音量。音量不能够设定得太大，也不能设定得太小，然后配一些光盘，在专门的一个地方保管。当客户要试音响的时候，可根据客户的喜好取来不同的光盘供客户欣赏。选择最能体现音响音质的 CD，要想试音响的效果的话，将一个戏曲 CD 放进去，那感觉不出来，但是要选一个节奏感特别强的光盘，人都会随之振动，也会情不自禁地舞动起来，感觉和感情就调动起来了。这就是试音响所要达到的目的。所以销售顾问应事先准备好类似的光盘，当客户对音乐没有什么特别爱好的时候，销售顾问可以拿出一张最能够表现汽车音响的光盘播放。

12）安全带。汽车公司销售汽车的时候有时候会忽略安全带的摆放，特别是后排座安全带的摆放。后排座有的时候会有三个安全带，中间有一个，旁边有两个。有时候安全带都散在座位上，这是不允许的，必须把它折好以后用一个橡皮筋扎起来，塞到座位中间的缝儿里面，留一半在外面。这些都是给客户一个信号，这家汽车公司是一家管理规范的汽车公司，是一家值得信赖的公司。

13）脚垫。一般展车里面都会放一些脚垫，以保持展车清洁。每一个4S店都会事先制作好脚垫，如沃尔沃的脚垫上面印有沃尔沃的标志，摆放的时候应注意标志的方向。同时要注意脚垫脏了以后应及时更换。

14）行李箱。展示的行李箱打开以后不应有太多物品，放置时要合理安排物品位置，同时注意各物品要端正摆放，警示牌应放在行李箱的正中间。

15）电瓶。展车放置时间长了以后电瓶会亏电，所以必须保证电瓶有电。

16）轮胎。轮胎洗干净还是不够的，还要美容一下，把它喷得乌亮。轮胎的下面应使用垫板。很多专业的汽车公司都把自己专营汽车的标志印在垫板上，这样会给客户一个良好的整体感觉。

（二）车辆展示环节客户期望

1）销售顾问能够清晰说明产品的功能配置以及与竞品的差异，并能够按照客户的需求展示产品。

2）销售顾问借助一切可能的辅助工具向客户展示车辆，提高车辆讲解的直观性与体验感。

3）销售顾问展示他的专业、可信任感，给客户带来对经销商和品牌的信赖感。

也就是在车辆展示环节，汽车公司充分展示销售顾问价值、产品价值、品牌价值、经销商价值及厂家价值，给客户安全、信赖感。

（三）车辆展示环节的工作要点

1. 突出客户重点需求，并为客户建立价值

在需求分析环节销售顾问了解到客户的需求重点，在此环节销售顾问要满足客户对需求重点的期待，如客户关注的重点是安全，那么看车环节就要给客户讲和看安全的装备，讲的方法和传递经销商及厂家理念的过程就是在客户心里建立价值的过程，让客户信任产品、信任厂家、信任经销商、信任销售顾问。

2. 准确把握任务方向

车辆展示环节，销售顾问不要面面俱到地讲，这样容易让客户抓不住重点，难于增强客户购买信心。

3. 使用 QFABQ 方法描述客户利益

为客户创设场景，让客户亲身感受情景，结合需求引导客户了解某种装备的使用情况，从而突出产品能给客户带来的利益。

4. 引导客户互动和参与

和客户互动包括语言和肢体语言的互动。参与是调动客户的各种感官，使其感受产品。

5. 妥善处理客户的问题和异议

车辆展示环节客户的异议多为真正异议，销售顾问要合理、正确解决，才能建立产品和销售人员等方面的价值，化解客户的疑虑。

（四）车辆展示环节阶段目标

1）通过丰富和专业的产品及竞品知识，针对客户的需求特点进行个性化的车辆展示，赢得客户的信任，激发客户体验的热情。

2）明确客户的需求，通过产品展示和异议处理来解决客户的相关问题和困惑，以进一步赢得客户对产品的认同。

3）通过展示，印证所售产品能最大限度地满足客户的需求，增强客户的购买信心。

二、车辆展示方法

（一）车辆展示任务流程

不同的客户对车辆展示所持的态度不一样，有的同意由销售顾问引导，有的则是之前看过展车或者不想看展车想直接去试乘试驾，销售顾问要尽量灵活处理。理论上来说，只有经历了"听—看—体验"才能真正感受车的品质。具体处理流程如图2-28所示。

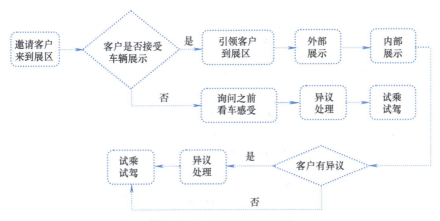

图2-28　车辆展示任务流程

（二）车辆展示方法

经过需求分析后，客户一定会迫不及待地想要看到实车，亲自感受所要购买车型。这一阶段尽管是静态展示，但是销售顾问应基于对客户需求的了解、客户意愿及认知的判断结果向客户全方位地介绍新车，目的是激起客户的购买兴趣和欲望。

1. 车辆展示方法及要点

车辆展示的方法主要是六方位绕车法，不同品牌六方位绕车有细微差别。一汽-大众奥迪品牌的绕车方法六方位顺序如下：正前方、侧方、侧后方、后方、后排、驾驶舱。而一汽-大众品牌则为"6+1"展示。本书以后者为例，来谈展示方位（见图2-29）和展

图2-29　车辆展示方位

示要点（见表2-7）。

表2-7 车辆方位展示要点

方 位 号	方 位	展示要点（以高尔夫为例）
1	左前方	德国大众最新设计理念 高尔夫车型品牌历史 誉满全球
2	正前方	硬朗、凌厉的前端设计 以凸出大众Logo为中心
3	右前方	简洁动感的侧面设计 轻质高强度悬架 轿跑车专用的XDS电子差速锁 ACC2.0自适应定速巡航 59项主动安全、30项被动安全 20项功能的ESP电子稳定程序 变截面超高强度B柱 正旋激光焊接
4	正后方	宽大稳重的尾部设计 方便使用的行李箱
5	后排	可再生资源和可回收材料
6	驾驶舱	KESSY无钥匙进入 以驾驶员为中心的内部设计 内饰颜色丰富，材料考究 33处储物空间 大众集团第一款全天候透明天窗系统 接近感应式信息娱乐系统 荣获"黄天使"奖的MKB多次碰撞系统 预测并显示行驶轨迹的360°OPS模拟可视驻车系统 EPB ATUO HOLD 24项静音科技
7	发动机舱	小排量、大动力、高效节油的1.4TSI 技术领先于同级别车的1.6MPI

2. 车辆展示要求

1）从推荐车型开始，采用"6+1"绕车法进行车辆展示。

2）在车辆展示时，使用FAB方法突出对于客户的好处。可根据客户的背景，结合客户日常生活，介绍配置的日常使用和好处，寻求客户共鸣。

3）在介绍过程中，引导客户提问，考虑客户的需求，为客户说明不同配置和型号的差别。

4）在讲解内饰时，邀请客户坐到驾驶座，采取半蹲式介绍座椅和方向盘，在征得客户同意下，坐到副驾驶位置上。

5）动态功能展示起来有点难度，根据经销商状况，如果给销售顾问配备了 iPad，则可以使用 iPad 向客户进行说明和介绍，必要时提供相关资料；如果没有配备相关工具，则在试乘试驾环境展示。

3. 车辆展示注意事项

1）六方位绕车进行车辆展示是一种全面的车辆介绍方法，适用于对车辆不熟悉的客户，如果客户对车型比较了解，就可以尊重客户意愿，从客户感兴趣的地方入手进行重点介绍，也就是根据客户的意愿和认知的判断，来确定绕车说明的重点位置。

2）展示车辆时动作规范专业，切勿单指指示，应五指并拢。

3）具备良好的车辆知识及专业技能，并用通俗易懂的语言与客户进行交流。

4）在车辆展示时，可主动邀请客户进行亲自体验。

5）如果客户表示对车辆已经充分了解，无须车辆展示，可询问客户的看车经历和感受，解答客户的异议，不强加进行车辆展示。

三、车辆展示技巧

车辆展示应顺应客户的需求，创造意料之外的喜悦，销售顾问应该想办法让客户从关注、感兴趣中情不自禁地进入看车状态，在强烈地感受到想要拥有中结束，从而让客户久久难忘所看到和感受到的车的某个部分、某个装备及某款车型，接下来要亲自驾驶感受。要想达到这样的状态就需要我们在车辆展示中运用大量技巧，和客户进行有效沟通。

1. FAB 技巧

FAB 是用来展示产品，为客户创造价值的工具。

（1）F（Feature）——特征

特征：能够说明产品的数据、事实、原理、参数及专业术语等。

特征意义：说明产品的属性与技术含量。对于信息参数及专业术语，要结合客户的理解能力予以针对化解释，做到专业术语通俗化。

关于特征，由于汽车购买具有引导性，很多客户都不懂车，所以销售人员如果只讲原理客户不一定能理解。

（2）A（Advantage）——优势

优势：数据、事实或者原理是如何为客户带来帮助的。

优势的意义：在于帮助客户理解特征的作用，也就是产品具有那样的特征会有什么好处，有哪些优越性。

（3）B（Benefit）——利益

利益：产品的优点为现实客户带来的实际帮助。

利益的意义：为客户创造身临其境的消费感受。通过描述场景，把我们的产品使用机理讲给客户听，让其切实体会到装备的优势。

FAB 就是引导客户利益，装备就是装备，但是不同的人从不同的使用状况看，用处是不一样的，销售顾问如果能找到能够彰显其价值的一面，那么客户就会觉得这个装备很好、很有用，值得花钱拥有。

展厅里有非常多的客户使用状况及场景，销售顾问要找到对某一特定客户来说可能遇到的场景进行设备展示。如何能做到这样呢？这就需要销售顾问针对客户的不同状况进行总结，创设不同的场景，有针对性地应用。这里的针对性主要是指特定客户的特定需求，从而增强销售顾问的专业性及可信赖度。

2. CPR 技巧

CPR 是指处理客户异议的技巧，为客户提升价值。

（1）C（Clarify）——澄清

客户异议处理方法中说，首先应该听和问，指的就是澄清，那么运用什么样的技巧澄清会让客户愿意和比较容易接受呢？

首先，通过开放式问题进一步澄清客户的异议。可以问 2~3 个和异议有关的问题，如异议的来源，异议产生的原因等。

其次，销售顾问要积极倾听确保准确理解客户的异议。这里的积极倾听是指要保证和客户情绪同步，让客户感觉备受关注。

（2）P（Paraphrase）——转述

销售顾问转述异议，帮助客户重新评估、调整和确认他们的担忧，保证能够正确理解客户异议。另外，转述的过程就是给自己留时间思考如何处理，让销售顾问有机会把客户的异议转化为自己更容易应对的表述形式，同时让客户感受到销售顾问已经知道、了解和懂了客户的心理，从而让客户相信销售顾问能够处理好自己的疑虑或不满。

（3）R（Resolve）

"澄清"和"转述"获得的时间和附加信息有助于销售顾问充分准备，并用恰当方式予以解答；换位思考，理解并认同客户的担忧或感受，需要致歉的时候必须代表公司道歉，同时给出合适的解决方案。

3. ACE 技巧

ACE 是指比较竞品的技巧。

（1）A（Acknowledge）——认可

客户购车存在比对，包括价格、品牌、款式、性能等方面，有时候是不同品牌对比，有时候是同一品牌不同车型对比、同一品牌不同经销商对比。不管哪种情况，对比车型都可称为竞品车型。如客户来到奔驰店说，"我觉得宝马品牌挺好"。面对这种状况我们就要先认可，认可客户的判断或观点，承认竞品的某些优点。销售顾问可以回答"嗯，您很有眼光，宝马德系车，也是豪华品牌"，先不探讨客户为什么这么说，而是通过认可让客户首先从心理上能够接受这个品牌或销售顾问，从而为后续接受销售顾问的观点做好铺垫。

（2）C（Compare）——比较

承接"认可"，销售顾问应主要围绕以下方面进行竞品比较：车辆本身（配置、参数、评分、残值等）、厂家（声誉、历史及支持等）、经销商（声誉、经营年数、服务项目、营业时间等）、相关服务特点（质保、服务便利、俱乐部等）。通过具体的事实或者数据来说服客户，有时候客户虽然心里确实接受了，但为了争取更大的利益而矢口否认，此时我们要学会"察言观色"。

（3）E（Evaluate）——提升

通过"认可—比较"过渡到"提升"，更为深入地讲解比较，并特别突出本品牌车型的竞争优势所在。

4. 调动感官技巧

车辆展示过程中除了消除异议及展示客户利益的技巧运用外，还有提升客户兴奋度的技巧，那就是感官调动。

人有味觉、视觉、听觉、嗅觉、触觉。在汽车销售中，除了味觉外其他几种感觉都可以加以充分运用。如：

视觉：看车的外形、车的颜色、车的线条、车的灯光系统等。

听觉：听开关门的声音、听发动机的声音、听音响效果等。

嗅觉：闻一闻车内的气味、真皮的味道等。

触觉：摸一摸方向盘、真皮座椅、换挡杆、门把手等。

在引导客户参与的时候要记得确认，目的是得到客户的认可，为后续谈价和促成交易增添砝码。具体做法是首先告诉看、听、闻、摸的感受，然后再让客户感受，接下来要询问客户"是不是"体会到了。

充分运用感官，调动客户积极性，让客户在不知不觉中结束看车环节。

5. 增强感染力技巧

销售顾问是在了解客户需求状况下，引导客户看车，展示客户利益。因此，销售顾问要运用肢体语言增强感染力，这样可以让客户积极、有兴趣地了解车辆的相关知识。

眼神：始终微笑与客户交流。

手势：每过渡到下一个方位的时候，销售顾问都要有专业的符合商务礼仪的引领手势。另外，对于客户关注的装备，销售顾问要用符合商务礼仪的手势引导客户关注，强化客户利益，为后续成交做铺垫。

任务专项实训

实训项目

汽车销售车辆展示。

实训目的

通过话术设计进行车辆展示，使学生掌握车辆展示任务流程、学会运用车辆展示方法和技巧，同时学会解决客户异议，成功进行车辆展示。

实训内容

销售顾问小王针对客户刘先生进行了需求了解，确定客户对安全性、舒适性有要求，重点关注导航、天窗、行李箱、发动机等装备，现在要求您以王晓的身份，带领客户看车，运用FAB法及车辆展示技巧，突出客户需求利益，进行车辆展示。

实训步骤

◎ 将学生进行分组，3人一组，进行车辆展示脚本设计。

◎ 设计好脚本，小组中3人分别扮演销售顾问和刘先生、刘太太，进行演练模仿。

◎ 教师课上抽签决定由哪5组进行模拟演练，时间10min。其他人员担任观察员，边看边记录，总结优点和不足，时间5min。

◎ 学生代表发言评价，教师给予评价总结，时间5min。

实训评价

◎ 完成车辆展示脚本设计（重点关注方位及方位展示要点过程中的技巧运用）

◎ 完成六方位绕车的视频拍摄。

营销小策略

对于销售顾问而言，要想让客户从口袋里掏钱，就必须给客户一个掏钱的理由。这个理由源自哪里，源自客户内心！只有真正体会到客户思维的销售人员，才是真正的销售高手。当然，把握客户的心理不是一件很容易的事情，需要懂心理学。初涉销售行业者，学习一些心理学知识，会对工作有很大帮助。

  任务八 试乘试驾

任务八知识框架展示

 知识目标

1. 了解试乘试驾的准备
2. 掌握试乘试驾流程
3. 把握试乘试驾技巧

能力目标

1. 能够充分利用展示技巧引导客户不断印证对车辆的需求
2. 能够成功导向具体的汽车销售活动

假设销售顾问对客户进行了需求分析和车辆展示,在客户愿意试乘试驾的条件下,请你以试乘试驾专员的身份,带领客户试乘试驾。

客户刘刚打电话来一汽-大众华阳4S店,询问2017年新迈腾价格、配置及优惠活动,销售顾问小王根据之前所做准备,将刘先生邀约到店,进行热情接待。之后,刘先生非常高兴地和销售顾问小王攀谈了起来。

销售顾问小王带领刘先生看过车,重点向客户展示能体现安全性和舒适性的相关装备,也向客户展示了天窗、导航、发动机等领先技术,现在客户刘先生准备在试乘试驾专员的带领下进行试乘试驾。

在分析了客户需求,并进行车辆展示后进行试乘试驾,要想让客户的重点需求得到强化,印证销售顾问所推销的车辆能满足客户的需求,还需要销售顾问做好试乘试驾准备、掌握试乘试驾路线和试乘试驾技巧等。

1. 试乘试驾阶段目标
2. 试乘试驾准备
3. 试乘试驾流程
4. 试乘试驾技巧

客户通过试乘试驾能体验到所选车型带来的真实感受,这对于成交有着至关重要的作用。因此,经销商应主动提供试乘试驾,让客户亲自感受,以便提高销售成功率。

有的销售顾问介绍说:"我们在向客户进行介绍的时候,一般都会向客户发出试乘试驾的邀请,当客户同意后,我们就会带他去绕一圈,之后我们会问客户感觉如何。"客户可能回答一般、很好,或者不怎么样。有的销售顾问介绍说:"我们试乘试驾活动结束之后,感觉客户的兴趣好像没有得到多大提高,对我们的销售业绩也没有多大的帮助。这可能是其中某个环节出现了问题。"这些问题在我们汽车销售过程中是普遍存在的。客户试乘试驾后,感觉和之前没什么两样;特别是有的客户回来以后,车停在专营店的门口,说声"谢谢"或者"再回去考虑一下",就走了。

出现上述问题后,销售顾问也好,试乘试驾专员也罢,都应该反思:是不是做好了试乘试驾前准备,试乘试驾中有没有按固有的流程和规范去做,有没有印证和强化客户的需求。

一、试乘试驾阶段目标

(一) 试乘试驾的重要性

1. 从客户角度看

某咨询公司曾经对客户购买行为进行调查，调查结果显示：客户在购买过程中通过试乘试驾获得购车信息的占全部消费者的65.4%，可以说很大一部分客户将试乘试驾作为最重要的购车信息获取渠道；另有83.8%的消费者对试乘试驾持肯定、认可态度；通过试乘试驾印证客户需求，可以提升客户满意度。

因此，经销商应主动提供试乘试驾，说明试乘试驾能够给客户选车带来真实的感受，让其了解到这种直观的感受能够帮助其选到适合自己的车辆。

2. 从经销商角度看

经销商提供试乘试驾，可以更好地宣传经销商的产品和服务，在客户心里建立产品价值和经销商价值；试乘试驾可以增强客户的购买欲望，如果暂时没有可用的试驾车或者客户有意愿但暂时没有时间进行试乘试驾，可进行试驾预约，给客户提供超出预期的额外服务，同时也可以通过试乘试驾预约成功邀请客户再次到店，从而增加新车销售机会。

(二) 试乘试驾环节客户的期望

销售顾问只有了解客户的心理预期，才能想办法达到自己的阶段目标。在试乘试驾环节客户的期望主要表现在如下方面：

1) 试乘试驾的办理过程顺畅高效，没有因为书面手续或车辆准备而耽搁。客户时间宝贵，很多时候客户没想到要试乘试驾，这就需要销售顾问主动邀约或者主动引导。如果试乘试驾办理过程缓慢低效，就有可能导致客户的不满或者抱怨。因此，销售顾问要尽量高效快速做好试乘试驾准备。

2) 经销店提供不同选择的试驾路线、路况、时间等，并邀请家人，满足个性化的体验要求。由于客户的需求不同，经销商应该准备两条或者两条以上试乘试驾路线供客户选择，大多数时候是销售顾问根据客户的需求来推荐路线，目的是最大限度展现车辆性能；有些经销商的位置在城市里比较繁华的地段，因此试乘试驾时间的选择应尽量避开上下班高峰时段，以便让客户更明显地体验加速性能等；购车是一件大事，所以看车的时候会有多个人参与，因此销售顾问要主动邀约客户的家人试乘试驾，帮助购买者出谋划策，从而提高销售后的满意度。

3) 通过试乘试驾，验证产品的实际表现，满足客户的需求。试乘试驾可让客户对车辆有一个真实、直观的感受，从而进一步增强客户的购买欲望。

(三) 试乘试驾环节的阶段目标

1) 让客户在真实道路状况下进行试乘试驾，有利于消除客户的疑虑，促进其购买的信心，同时也有助于提升客户的满意度。

2) 试乘试驾可充分调动客户对于新车的感官体验，有利于培养客户对品牌和新车的感情。

3) 通过提供与客户需求相匹配的试乘试驾服务，更深入地介绍展品特点，可让客户感到对需求的满足。

4）试乘试驾会使客户产生拥有的感觉，从而激发客户的购买欲望，进而导向具体的销售活动。

二、试乘试驾准备

1. 试乘试驾方案的准备

由于客户需求不同，试乘试驾体验的重点也不一样，为了使客户的重点需求通过驾乘感受得以强化，销售顾问要提前和试乘试驾专员沟通客户需求重点，从而准备相应的试驾方案。目前汽车销售更多地推崇销售顾问来带领客户试乘试驾，这样能更好地保证客户的需求在试乘试驾中印证、强化。

2. 试乘试驾车辆的准备

准备试乘试驾车辆，保证车辆外部整洁，内部清洁无异味；保持车内音响适度，准备CD（3张不同风格的CD）并预先放在试乘试驾车内，试乘试驾时可以供客户选择；确保车内空调适宜（一般温度为25°C）；准备瓶装水；保证燃油充足（半箱油以上）；确保车贴完好。整备完毕后，将试驾车停在展厅门口，下车等待客户。

3. 试乘试驾时间的准备

根据客户时间而定，如果客户没有要求，那么我们就按合适的时间，如前文我们提到的只要避开上下班高峰期或夏季天气比较炎热的时段就可以，如果客户只有比较炎热的时段有时间，那么我们一定要调节好空调温度，保证客户的舒适度。

4. 客户驾驶资格的确认

需要向客户求证是否带驾照，还有询问客户是否有两年以上真实驾龄，以保证试驾的安全，如没有，建议其试乘或者再约时间试乘试驾。

5. 签订试乘试驾协议

向客户解释试乘试驾协议内容以及签署试乘试驾协议的必要性。然后复印驾照或者拍照并签署协议。文件的准备和签署要迅速，避免让客户长时间等待。

三、试乘试驾流程

本任务之初我们就说了两个目前在试乘试驾环节存在的问题，为了达到试乘试驾的目的和阶段目标，试乘试驾要按照一定的流程和规范去做，那么问题就会迎刃而解。下面向大家介绍试乘试驾流程（我们按成功邀约并顺利完成试乘试驾全过程来介绍），如图2-30所示。

1. 邀请客户

车辆展示结束后销售顾问可以主动邀约客户试乘试驾，也可以主动电话邀约客户到店试乘试驾，寻找销售机会。

2. 准备工作

试乘试驾的准备内容在前面已经阐述过。

3. 迎接客户

客户到店后，销售顾问应按照接待礼仪迎接客户，引导客户落座，并提供3种以上饮品。随后复印驾照，签订协议。

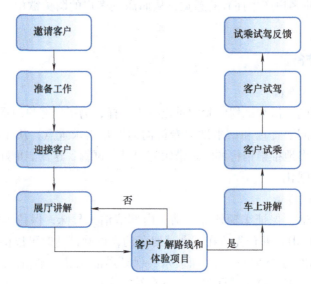

图 2-30　试乘试驾流程

4. 展厅讲解

向客户介绍试乘试驾路线以及所需要的时间，介绍每条路线的体验点，给客户一个推荐建议，并询问客户的选择。之后讲解具体路线长度、时间、每一路段的体验重点以及注意事项等信息。

5. 客户了解路线和体验项目

完全了解，引导客户上车；不了解，重新讲解。

6. 车上讲解

陪同客户到试乘试驾车前，主动向客户介绍试乘试驾专员，将路线选择和客户重点体验点告知试乘试驾专员。试乘试驾专员邀请客户进入主驾驶位置，采取半蹲式在车外讲解车辆的基本操作。重点介绍包括多功能仪表、座椅、内外后视镜以及多功能方向盘等的调节方法，同时对客户感兴趣的设备进行有针对性的介绍，销售顾问陪同。需要注意的是引领的商务礼仪和蹲姿。

7. 客户试乘

邀请客户进入副驾驶位，提醒前后排客户系好安全带，保证客户安全，必要时可协助客户系好安全带。重点体验原地起步加速、直线加速、紧急制动、连续转弯、坏路通过，对客户感兴趣的功能予以重点展示。需要注意的是应在每次展示不同体验项目前向客户简单介绍接下来的体验重点，在急加速或者急转弯等体验项目前，提醒前后排客户系好安全带、扶稳座椅。结束后询问客户感受，并寻求认同，同时解答客户的疑问。

8. 客户试驾

试乘结束后在指定的安全地点停车熄火，取下钥匙，邀请客户进入驾驶室，上车后把钥匙交与客户，提醒客户调节座椅、后视镜以及方向盘等至舒适的位置，提醒前后排客户系好安全带，必要时可协助客户系好安全带。在每个试驾路段告知客户体验的重点，适时赞美客户的驾驶技术，寻求客户的认同。

9. 试乘试驾反馈

试乘试驾专员停放整理试驾车，销售顾问陪同客户到洽谈区，询问客户是否需要饮品，并按客户的喜好提供饮品，与客户交谈，了解客户试乘试驾的感受。引导客户做出正面评价，填写《试乘试驾意见反馈表》记录客户的试乘试驾反馈。结合客户的感受进一步介绍车辆性能，同时回答客户的异议，了解客户对车辆的认可程度。

上述试乘试驾流程执行关键点用图 2-31 表示更为直观。

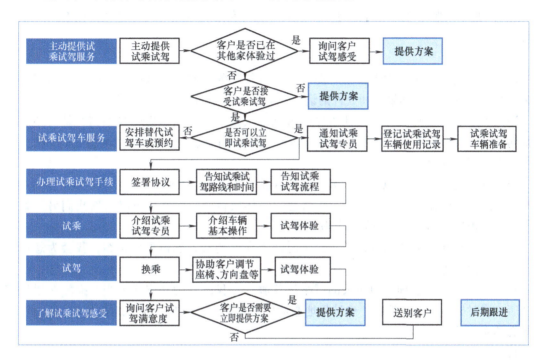

图 2-31　试乘试驾流程执行关键点

1. 主动向客户提供试乘试驾服务

行为规范：

1）主动提供试乘试驾服务。

2）介绍试乘试驾带给客户的好处，告知大概所需要的时间。

3）如果相应车型的试驾车被占用，应告知客户需要等待的时间，询问客户是否等待？或者考虑其他车型试驾。

4）如果客户没时间或者不接受，可以预约下一次到店进行试乘试驾体验，在 CRM 登记试乘试驾预约，并在下一次预约前一天提醒客户。

5）如果客户接受，耳麦通知试乘试驾专员提前准备相应的试乘试驾车辆。

执行参考：

1）如果客户表示已经在其他经销店接受过试乘试驾服务无需再次试乘试驾，建议不要强加客户接受试乘试驾服务，而应询问客户对车辆试驾的感受，并对客户的疑问给予合理的解释，同时尊重客户的意愿。

2）如果客户因未带驾照等原因无法进行试驾，可以主动建议客户体验试乘，但同样需要签署试乘试驾协议。

3) 如果客户和儿童、老人或者孕妇一起来看车,应提前告知客户试乘试驾会有一些较为激烈的操作,不适合以上陪同人员一同体验,可以让儿童在展厅儿童活动区玩耍,老人或孕妇在展厅内休息,店内将安排工作人员悉心照顾,让客户放心体验试乘试驾。

4) 在客户等待试乘试驾期间,应随时关注客户,保证至少一次告知客户还需要等待的时间,避免客户由于等待时间过长而产生抱怨。

5) 在进行试乘试驾预约前,浏览试乘试驾预约安排,避免时间安排冲突让客户产生不满情绪。

推荐话术:

1) "××先生、××太太,本店提供试乘试驾服务,您二位可以通过试乘试驾亲自体验××车的卓越性能。如果时间允许的话,我会立刻为你们安排试乘试驾。"

2) "××先生,您已经在其他店体验过试乘试驾了?不知道您感受如何?是否还有什么疑问我可以帮您解答……如果您希望再感受一次试乘试驾,我非常愿意帮您立刻安排,也许您会有更深刻的感受。"

3) "××先生,非常抱歉,××试驾车目前正在试驾,大概您还需要等待20分钟左右的时间。您可以到休息区稍等片刻,我帮您拿一杯饮料好吗?您也可以试驾我们另一款车型,两款车排量相同,会有相似的驾驶感受。"

4) "××先生,非常抱歉,如果今天时间不允许的话,您也可以预约,我会为您预留车辆,以免让您等待。"

5) "××先生,您预约的明天的试乘试驾服务,我已经为您安排妥当,提醒您尽量按时来店。同时提醒您带上驾照。也诚挚地邀请您的家人或者朋友一同来试乘试驾,我会在店恭候您的光临。"

喜悦点:

如果由于经销商周边道路情况影响试乘试驾,并且道路的状况会影响客户到店,经销商可以开展试乘试驾上门接送客户服务。

温馨贴士:

> 建议经销商对试乘试驾服务备有相应的应急方案,如在雨雪天气、道路修整以及限号等特殊条件下如何满足客户的试乘试驾需求。如果经销商周边修路或雨雪天气等情况不适合进行试乘试驾,这种情况下建议经销商可以告知客户将择日在店外其他地点安排专场试乘试驾会,邀请客户参加。

2. 试乘试驾车服务

行为规范:

1) 接收到销售顾问需求后,在《试乘试驾使用登记表》准确记录试乘试驾车辆使用信息。

2) 准备试乘试驾车辆,保证车辆清洁。

3) 整备完毕后,将试乘试驾车停在展厅门口,下车等待客户。

执行参考：

1）保证车辆外部整洁，内部清洁无异味。

2）保持车内音响适度，准备 3 张 CD（3 张不同风格的 CD）预先放在试乘试驾车内，试乘试驾时可以供客户选择。

3）确保车内空调温度适宜。

4）准备瓶装水。

5）保证燃油充足（半箱油以上）。

6）确保车贴完好。

喜悦点：

试乘试驾专员配备白色手套，车内准备备用湿巾，使客户有宾至如归的感觉。

个性化建议：

经销商按《经销商组织机构标准》中的有关规定配备试乘试驾专员，建议年度合同量小于等于 1200 的经销商也挑选至少 2 名优秀的销售顾问兼职试乘试驾专员，但前提是必须经过厂家认证后方可兼职，以满足客户试驾需求。

3. 办理试乘试驾手续

（1）签署协议

行为规范：

1）向客户解释试乘试驾协议内容及签署试乘试驾协议的必要性。

2）利用销售工具如 iPad 对驾照拍照并签署协议。

执行参考：

文件的准备和签署要迅速，避免让客户长时间等待。

推荐话术：

"××先生，首先我需要复印您的驾照，同时也需要签署一份试乘试驾协议，为了您的安全，有些试乘试驾过程中的注意事项我也会向您介绍一下……"

（2）告知客户提供的可选择的试乘试驾路线（两条及以上）及所需时间。

行为规范：

1）利用 iPad 向客户介绍试乘试驾路线以及所需要的时间。

2）介绍每条路线的体验点，给客户一个推荐建议，并询问客户的选择。

执行参考：

1）试乘试驾路线必须是可选择的，至少提供两条及两条以上路线。

2）试乘试驾路线图应包含以下内容：路线长度，时间，每一路段的体验重点以及注意事项等信息。

喜悦点：

经销商至少提供 25min 试乘试驾服务，让客户能够充分体验并产生满意感受。

（3）向客户介绍试乘试驾流程

行为规范：

告知整个试乘试驾流程。

执行参考：

强调先试乘后试驾。告知客户在试乘试驾结束后回到展厅，为客户提供更为详细的方案介绍。

4. 试乘

（1）销售顾问向客户介绍试乘试驾专员

行为规范：

1）陪同客户到试驾车前。

2）主动向客户介绍试乘试驾专员。

3）将路线选择和客户重点体验点告知试乘试驾专员。

执行参考：

1）遵循尊者为先的介绍原则。

2）引领客户时要与客户并排而行。

推荐话术：

"××先生、××太太，这是试乘试驾专员小李，小李，这是××先生、××太太。今天小李将带我们一同体验试乘试驾。"

（2）邀请客户进入车内，在试乘试驾前由试乘试驾专员向客户介绍车辆的基本操作

行为规范：

1）邀请客户进入主驾驶位置。

2）采取半蹲式在车外讲解车辆的基本操作。重点介绍包括多功能仪表、座椅、内外后视镜以及多功能方向盘等的调节方法。同时对客户感兴趣的设备进行有针对性的介绍。

3）协助客户调节座椅、后视镜以及方向盘，以达到理想、舒适的驾驶位置。

4）询问客户座椅、后视镜以及方向盘舒适程度。

5）打开娱乐系统，并根据客户喜好播放 CD 音乐，营造轻松的氛围。

6）如果有陪同客户，邀请他们坐在后排座椅上。

执行参考：

尽量邀请客户亲自动手体验。

推荐话术：

"××先生、××太太，很高兴今天能与您二位分享这次试乘试驾体验，在试乘试驾前，我们先熟悉一下车的性能，您看……"

（3）进行试乘（试乘试驾专员）

行为规范：

1）邀请客户进入副驾驶位，提醒前后排客户系好安全带，保证客户安全，必要时可协助客户系好安全带。

2）重点体验原地起步加速、直线加速、紧急制动、连续转弯、坏路通过，对客户感兴趣的功能重点予以展示。

3）每次在进行不同体验项目前向客户简单介绍接下来的体验重点。

4）在进行急加速或者急转弯等体验项目前，提醒前后排客户系好安全带、扶稳座椅。

5）结束后询问客户感受，并寻求认同，同时解答客户的疑问。

执行参考：

1）针对客户感兴趣的车型，如宝来运动款或高尔夫 7 旗舰版配备 17 英寸轮毂，试乘试驾专员应在试乘试驾过程中告知客户此轮胎在使用过程的中的注意事项。

2）销售顾问全程陪同客户进行试乘试驾，对于客流量较大的经销商，为保证展厅的接待能力充足，建议销售顾问把客户的需求提前告知试乘试驾专员，由试乘试驾专员单独全程陪同客户进行试乘试驾，但试乘试驾结束后试乘试驾专员务必把客户的感受告知销售顾问。

5. 试驾

（1）试乘结束后，邀请客户进行试驾体验（试乘试驾专员）

行为规范：

1）试乘结束后在指定的安全地点停车熄火，取下钥匙。

2）邀请客户进入驾驶舱，上车后把钥匙交与客户。

3）提醒客户调节座椅、后视镜以及方向盘等至舒适的位置。

4）提醒前后排客户系好安全带，必要时可协助客户系好安全带。

执行参考：

试乘试驾换乘为临时停车，因此为保证人员安全，应提醒客户注意安全。

推荐话术：

"××先生，刚才给您介绍了车辆的基本操作，现在您可以自己亲自试着调节一下座椅至合适的位置……方向盘和外后视镜您也可以自己试着调节一下。"

（2）向客户介绍车辆性能，回答客户的提问，记录客户的异议

行为规范：

1）在每个试驾路段告知客户体验的重点。

2）在不妨碍客户试驾的情况下，回答客户提问，强调车辆的优势。

3）观察客户的驾车特点，发现并记住客户的兴趣点和评论（至少 3 条，如销售顾问没有陪同，结束后需传达给销售顾问）。

4）适时赞美客户的驾驶技术，寻求客户的认同。

5）如果试驾路线不能满足客户的体验需求，解释原因并在试乘试驾结束后充分利用销售工具如 iPad 等辅助工具进行展示和解说。

执行参考：

可根据客户的兴趣具体调整试驾的侧重点。

推荐话术：

"××先生，马上我们将进入快速路段，体验车辆加速性能和制动性能。请注意来往车辆。"

喜悦点：

试驾结束后，请客户体验车辆高端配置（如自动泊车）。

6. 了解试乘试驾感受（销售顾问）

（1）询问客户试乘试驾感受

行为规范：

1）陪同客户到洽谈区，试乘试驾专员停放整理试驾车。

2）询问客户是否需要饮品，并按客户的喜好提供饮品。

3）与客户交谈，了解客户试乘试驾的感受。引导客户做出正面评价。

4）利用销售工具如 iPad 中的《试乘试驾意见反馈表》记录客户的试乘试驾反馈。

5）结合客户的感受进一步介绍车辆性能，同时消除客户的异议，了解客户对车辆的认

可程度。

推荐话术：

1）"××先生、××太太，我们刚才已经体验了××车的性能，不知道二位对××车还满意吗？哪些方面比较喜欢？"

2）"希望二位能够对我们本次试乘试驾服务给予评价和建议，以便我们今后能够为客户提供更优质的试乘试驾服务。"

（2）积极推动客户成交

1）营造轻松环境。试乘试驾结束后，是一个非常重要的成交时刻，销售顾问一定要抓住这个时机。因为在这个时候，客户的理性思考和感性体验第一次得到融合，在销售顾问的引导下，通过封闭式的问题强化了客户的感受后，在展厅环境中，客户做出购买决定的可能性非常大。为了促成客户在试乘试驾后的成交，销售顾问需要创造有利的成交环境，如可将客户带回展厅，进入一个不受干扰的环境，让客户填写《试乘试驾意见反馈表》。

2）关注成交信号。在整个试乘试驾环节都要主动识别客户的成交信号。语言方面，客户会询问具体配置、售后服务、交车时间、操作方法；肢体语言方面，客户表现出专注某项配置、与别人交换意见、仔细观看车辆、点头肯定等。在试乘试驾结束后，销售顾问要充分利用这些信号。"我刚才看到您试驾结束后，又详细地看了高尔夫的介绍资料，刘先生，您看您还有什么疑问吗？如果没有疑问，您就可以签订单了。您来看一下刚才我给您拍的照片，您和这辆车在一起，非常和谐。"

3）积极推动成交。赞美客户。"您真的很懂车，只有真正懂车的人才会开出您刚才的感受。对了，您比较喜欢什么颜色？深色系还是浅色系？"

"您是要带天窗的吗？您还要加其他配置吗？您先坐下来休息一下，要不我帮您详细算一算？"

4）未能成交时如果以上努力失败，则一定在客户离开前强化感情，表达真诚，给客户留下良好的印象，保持跟进，善用为客户拍摄的试乘试驾照片。"刘先生，虽然您通过刚才的试乘试驾对××车非常满意，但是买车的确是一件大事，您还真要仔细考虑一下，没有关系，您也可以再看看其他车，有什么事情需要我帮忙的，您直接给我打电话。对了，这是您试乘试驾时我给您拍的照片，您把您的邮箱给我留一下，待会儿我给您发过去。"

试乘试驾时拍的照片一定要通过相应的途径发给客户，这样客户看到照片时，就会产生相关的回忆，重新回来进行购车的可能性会变大。

（3）维护信息，制订后续跟进计划

行为规范：

客户离店后，销售顾问要及时在CRM系统中上更新维护客户试乘试驾信息，包括体验关注、试驾抱怨等，并在CRM系统中制订下一步后续跟进计划。

四、试乘试驾技巧

（一）建立客户价值技巧

试乘试驾很重要，它可以为客户建立价值，得到客户对产品和经销商等方面的认可，促进销售成功。那么如何建立价值？可以尝试运用FAB话术，具体见表2-8。

第二部分　汽车销售流程

表 2-8　试乘试驾中 FAB 话术使用

路　段	体验项目	建 立 价 值		
		F	A	B
直线路段	制动性保持	本车采用浮动式制动钳以及多连杆的悬架系统	能保证左右轮的制动片和制动盘间隙始终一样，同时稳定的多连杆悬架系统可保证车辆大力制动时底盘系统不会剧烈变形	车辆制动时不易跑偏，保证车辆的稳定性，提高行驶安全性
		本车采用 EBD，也就是电子制动力分配系统	能够在制动时自动计算所需要的制动力	
	ABS 效能	ABS 也叫作防抱死制动系统	车辆紧急制动时，ABS 会采用点刹的形式来防止车轮抱死，使得车辆在制动时仍然处在可控的状态下	在车辆发生危险的瞬间，保证车辆的安全

（二）寻求认同技巧

在试乘试驾过程中，销售顾问应在每个路段告知客户体验的重点，寻求客户的认同，建立价值。如何寻求客户认同？前面需求分析环节讲了提问技巧的运用。提问有两种形式，其中封闭式问题的作用是得到客户肯定的回答。所以这里销售顾问就要引导客户进行封闭式问题的肯定回答，从而赢得客户认同，建立价值，为谈判环节进行价值说明做准备。具体做法用以下话术来体现。

销售顾问："王先生您看，前方我们就要进入笔直的直线路段，我们来体验车的瞬间加速性能。我们的车 0～100km 加速时间为 9s，加速后您会感觉到有明显的推背感。接下来保持安全状态您感受一下。"

销售顾问："王先生您刚才感受了车的瞬间加速性，您看我们的车提速是不是很快，而且还有明显的推背感？"

整个交流过程要抓住客户的心理。如果销售顾问询问"王先生您看我们的车瞬间加速性怎么样？"客户的回答可能就会是"还行"，这样就无法获得认同感。所以，在每一个路段，要让客户感受什么，应该结合客户需求进行提前告知，并告知可能会有哪些感受，接下来让客户体验，体验后进行封闭式问题验证。

（三）营造氛围技巧

在试乘试驾过程中，为了营造良好氛围，请大家记住适时应用赞美技巧、展现亲和力技巧，并合理运用手势等。

任务专项实训

实训项目

试乘试驾

实训目的

通过试乘试驾，学生应掌握试乘试驾流程及要点，学会运用试乘试驾技巧，完成试乘试驾。

实训内容

销售顾问小王在车辆展示环节向客户展示了体现安全性、舒适性等的技术装备，如车身电子稳定系统（ESP）、独立悬架、紧急制动系统、预碰撞系统、自适应系统、无钥匙进入、一键启动、座椅的人体工程学设计、方向盘的12项可调节功能等。请根据客户需求重点，运用试乘试驾技巧，陪同客户试乘试驾。

实训步骤

◎ 将学生进行分组，5人一组，结合客户需求进行需求重点体验话术设计（FAB话术）。

◎ 不同路段展示技巧应用，寻求客户认同感话术设计。

◎ 套用试乘试驾流程，应用FAB话术和寻求客户认同感话术，完善流程脚本。

◎ 每组5人中，一位扮演试乘试驾专员、一位扮演客户、一位扮演销售顾问，营造良好氛围进行模拟演练，另外两人扮演观察员，记录优点和不足，轮换进行角色扮演。

实训评价

◎ 小组内评价。

◎ 完成试乘试驾过程视频拍摄。

营销小策略

销售就是一种人与人之间的交流，两个人在交流的时候注视着对方的眼睛是对别人尊敬的表现，同时也能从对方的眼睛中读懂一些东西，这些东西也许就是话语没有表达出来的。因此，在销售中销售人员要学会关注客户的眼睛，读懂客户眼睛里所表达的意思，学会以眉语与其进行交流，使彼此通过各种无声的语言相互感染，有效地传达自己的意思，尽量让客户接受自己及自己的观点。

任务九　提供方案

任务九知识框架展示

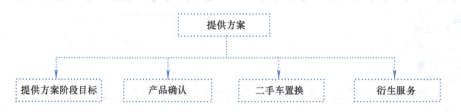

第二部分 汽车销售流程

1. 掌握提供方案环节的阶段目标
2. 掌握提供方案环节工作重点：产品确认、二手车置换、衍生服务等

1. 能够根据店内情况、客户需求灵活给出客户购车建议并推荐二手车置换及衍生服务等
2. 能够根据客户需求提供合理优化的购车方案，促进销售

销售顾问小王充分了解了客户的需求，并进行了静态和动态展示，客户对所推荐车型很满意，那么接下来你该如何为客户提供一份合理优化的购车方案呢？

销售顾问小王在长城4S店内，热情接待了客户刘鹏，并进行了详细的需求了解，得知客户想要一辆白色SUV车型，对动力、安全、舒适等方面有较高要求，而且客户刘鹏是私营企业老板，生意规模不大，但自己经济条件还不错，准备购买一部预算为15万~20万元的汽车，可以用来接送客户也可以自驾旅游。销售顾问小王最终为客户推荐了长城哈弗H6，并带刘鹏看了车，安排了试乘试驾，客户刘鹏表示很满意，但还要进行比对。接下来销售顾问小王给刘鹏提供了一份购车方案，经过具有多年销售经验的小王的建议和讲解，最后刘鹏成功在销售顾问小王处购买了长城哈弗H6。

从上述资料我们可以看到，销售顾问小王之所以能够成功销售，除了得力于多年的销售经验，还在于掌握了丰富的专业知识，从而成功赢得客户的认同。

1. 提供方案环节阶段目标
2. 提供方案环节产品确认
3. 提供方案环节二手车置换业务推荐
4. 提供方案环节衍生服务推荐

对于大多数客户来说，试乘试驾后是热情度最高的时刻，因此这是推荐新车的最佳时

刻。在提供方案环节，推荐一款合适的车辆对于后续成交尤为重要，要想推荐一款适合客户的车辆，就务必要了解客户真实的需求和感受，从而给客户提供合理、优化的购车方案。

在提供方案环节主要执行关键点如图2-32所示。

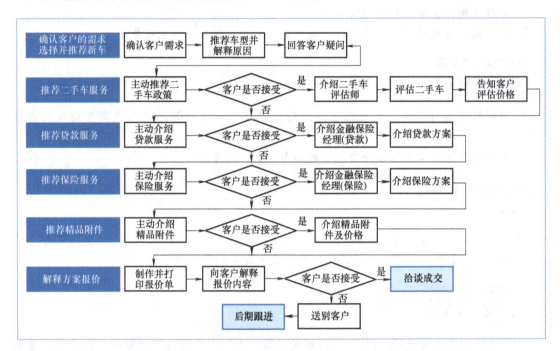

图2-32 提供方案环节执行关键点

也就是说在提供方案环节销售顾问会再次根据客户需求选择推荐车辆，并和客户确认车辆颜色、配置等，除此之外还会询问客户关于二手车置换、贷款、保险、精品等方面的需求及汽车4S店内的优惠政策，作为报价成交的优势，抓住机会促进销售成功。

一、提供方案环节阶段目标

（一）提供方案环节阶段目标

当销售顾问成功和客户接触建立良好关系，并了解客户的需求，车辆展示环节在客户心里也成功建立起厂家、品牌、产品、经销商及销售顾问等方面的价值，而且试乘试驾结束后客户也很满意，那接下来就会顺利进入提供方案环节。此环节的阶段目标如下：

1）在车辆展示和试驾后，客户认同产品的价值，有效管理客户价格预期，便于提供详细、专业的报价方案。

2）充分诠释方案，包括贷款、保险、二手车置换等增值服务，并将这些转化为报价的优势。

3）通过向客户清楚解释报价，让客户以合理的价格买到合适的车辆和服务。

（二）提供方案环节客户期望

为了达到上述目标，销售顾问必须深入挖掘提供方案环节客户的心理期望，并想尽办法超出客户心理预期，这样才有利于销售顺利推进。通过实践调研观察，该环节客户的期望总结起来主要有如下几点：

1）期望专业、坦率和诚实的销售顾问为自己提供服务，满足其需求。
2）自己的购车价格不高于其他客户的购买价格。
3）清楚地了解（包括所需额外配置价格在内的）最终价格是如何构成的。

（三）提供方案环节工作要点

1. 确认客户的需求选择并推荐车型

该环节销售顾问要再次和客户确认车型，并解释推荐该车型的原因，如客户有疑问，我们要耐心解答，帮助客户消除疑虑，抓住合适的机会推进成交。

2. 推荐二手车服务

此时销售顾问要主动向客户介绍汽车4S店二手车置换优惠政策，询问客户置换与否，如果需要可向客户推荐二手车评估师进行车辆评估，并给出评估价格，作为购买新车的一部分资金。

3. 推荐贷款服务

不管客户是否进行二手车置换，销售顾问都应该主动向客户推荐贷款服务，告诉客户贷款优惠政策及好处，并根据客户实际情况进行贷款方案介绍。

4. 推荐保险服务

客户购车后都需要有一份安全的保障，此环节销售顾问要主动向客户推荐新车保险，告诉客户在汽车4S店购买保险的好处，努力说服客户在店内购买保险。

5. 推荐精品附件

此环节销售顾问需要进行产品确认，其中也包括根据客户需求合理推荐的精品及附件，这也是汽车4S店增加收入的一个渠道。

6. 解释方案报价

在完成上述工作要点后，销售顾问要制作并打印报价单，向客户解释本次购车的价格组成。客户认同，进入洽谈环节，否则客户会离店，此时要切记热情送别客户离店，并进行后续跟进。

二、提供方案环节产品确认

销售顾问在充分了解客户需求后才能进行产品确认，而客户在最终确定产品配置时，会希望销售顾问提供专业的意见，而专业的意见必须是基于客户的需求出发，并且该产品配置"适合"客户的预算。另外，在精品及选购件上，销售顾问不能进行"强行推销"。

（一）产品确认前提

1. 销售顾问动态化掌握车辆库存

在新车销售中，销售顾问必须对店内车辆库存、车辆在途状况等有清晰的了解，这样才能在销售中合理利用店内资源进行推介。

2. 准确把握客户的需求与预算

销售顾问推荐车型必须符合客户需求和预算两个因素，因此在销售中销售顾问要紧紧围绕这两个因素进行合理优化推荐，以便提高客户满意度。

3. 在需求分析、车辆展示、试乘试驾等环节引导客户的需求

需求分析、车辆展示及试乘试驾环节，销售顾问可以根据店内车辆库存状况对客户的需求进行引导，尽量让客户购买有现车的车型。

(二)产品确认内容

在提供方案环节,销售顾问和客户进行产品确认的内容主要有:发动机和变速器搭配(发动机和变速器如何搭配能给客户带来最大利益)、车辆颜色(和客户探讨车辆不同颜色优缺点,让客户选择车辆颜色)、精品及选购件(选择哪些精品及选装装备,会给客户带来哪些利益,对于不购买或者不在店内购买精品或附加装备的客户,销售顾问应该全面了解客户需求,从客户需求出发进行推荐。对于新手,可以推荐导航和倒车雷达;还可利用客户爱护新车的心理,推荐底盘装甲、发动机护板等)等。

(三)产品确认方法

在客户的需求和预算两个因素的制约下,为了避免客户想要的产品没有货,必须做到:实时了解车辆库存情况,然后根据库存情况,在产品确认前的几个环节中,有意识地引导客户购买现车,清楚客户的预算,如果有现车的车高于客户的预算,可以适时提及贷款购车业务。可以利用的方法为:首先可以和客户分享不同发送机和变速器组合的独特优点,引导客户,让客户认可你所推荐的车型;另外,还可以和客户分享关于车辆各种颜色的优缺点(见表2-9),引导客户,让客户认可你所推荐有现车车型的颜色,但不能欺骗客户。

表2-9 不同颜色优缺点

颜　色	优　点	缺　点
白色	安全性高/耐脏	非金属漆/漆面软/易发黄
银色	中庸、不惹眼/耐脏 视觉扩张性好/车显得大	无个性
红色	活跃/有活力 视觉冲击力强/回头率高	不适合商用/不太适合男性
黑色	庄重/比较适合商用	安全性低/不耐脏 视觉收缩性好/车显得小
蓝色	中性色	后褪色/易产生视觉错觉

三、提供方案环节推荐二手车置换服务

在欧、美、日等成熟的汽车市场,二手车的交易量要远远高于新车的交易量;虽然短期内国内二手车置换和买卖的成交量不会很大,但是从发展的角度看,二手车业务所占的比重必将会越来越高;而且从整体的角度分析,二手车经营还能够带动包括新车销售和售后维修等其他相关业务的增长。因此,有实力的企业都会选择在市场的成长期就进入,并逐渐树立企业的二手车经营品牌。

目前,在美国、德国、瑞士、日本等国家,二手车的销售量分别是新车销售量的3.5倍、2倍、2倍、1.4倍,其中美国二手车销售利润占汽车销售利润总额的45%。二手车销售会促进新车销售,旧车的客户是潜在的新车客户。

我国汽车市场的发展较欧美国家落后,但也意识到二手车置换业务对促进新车销售的作用,因此也大力发展二手车业务。目前,我国二手车交易规模持续增长,预计2018年后二手车交易量将超过新车交易量,如图2-33所示。

第二部分　汽车销售流程

图 2-33　2018 年后二手车交易量将超过新车交易量

（一）二手车置换环节的客户期望

客户希望在 4S 店进行二手车置换时，能够得到公平合理的估价，而且在整个交易中 4S 店都能够做到规范、诚信。同时在估价的过程中，希望评估师能够讲明所估出的价格依据，做到估价流程透明。在二手车置换中，旧车的价格往往会成为新车价格谈判的一个影响因素，销售顾问需要对此有认识。

（二）二手车置换的多赢局面

二手车置换可以给厂家、经销商、销售顾问及客户带来诸多好处，可以说二手车置换业务很容易创造一个多赢的局面，具体好处见表 2-10。

表 2-10　二手车置换业务带来的好处

对象	利益
厂家	以德国大众为例，德国大众对二手车置换和新车销售的相关性进行了统计，发现二手车业务的下滑，会对新车销售产生影响。因为，如果不把旧车卖掉，就不可能买新车。因此，活跃、频繁的二手车交易，使市场不断地处于更新状态，可以促进厂家新车的销售业绩
经销商	1）通过旧车的回购，可以在旧车的二次交易中获利，增加新的利润增长点 2）通过旧车的二次交易，可以提升售后维修业务的增长 3）客户卖出旧车、购买新车的可能性非常大，可以促进新车的销售
销售顾问	引导客户卖旧，客户换新的可能性就很大，可以增加自己的销售业绩
客户	客户通过卖旧，获得购车的另外一笔资金，购买更高档次车的可能性会增大

（三）销售顾问在二手车置换业务中的职责

1. 主动推荐二手车置换服务

"我看您是开车过来的，您现在开的是什么车？"

"如果您买新车的话，旧车是保留还是卖掉？"

"我们店有二手车置换业务，可为您提供一条龙服务……"

销售顾问可通过这样的方式主动向客户推荐二手车置换业务，并强调在 4S 店进行车辆置换的好处，让客户省心；详细讲述二手车置换的流程，让客户安心；让客户感受透明的估价和协商流程，使客户放心。

根据销售经验得出结论：一般情况下，客户会在 5 年左右更换新车。当您了解到客户的旧车开了 5 年左右，就可以主动向客户推荐二手车置换业务了。了解客户对于旧车的态度，需要在需求分析环节就着手。在整个二手车置换环节中,客户的关注重心在旧车上,一般情况下,如果旧车交易顺利,接下来购买新车应该就是顺理成章的事情了,剩下需要进一步协商的问题就是新车价格问题了。相反,如果旧车处理上有问题,则会影响到新车的销售,甚至客户会对××品牌产生怀疑。

2. 介绍二手车评估师和客户认识

在需求分析环节尽早了解客户对于旧车的态度,公正讲述目前二手车置换三种不同途径的优缺点。强调在4S店进行置换的方便、节省时间、规范、专业、流程透明等特点,积极利用店内所举办的各种二手车置换的优惠活动。客户如想置换,介绍二手车评估师与客户认识,进行车辆评估。在客户有二手车进行置换时,尽管很多专业的问题需要二手车评估师来处理,销售顾问最好也能在场,关注客户在这个过程中可能出现的问题,及时进行外部沟通和内部沟通,以免失去客户。

根据新华信关于中国市场二手车处理的调查显示(见图2-34),在中国主要的处理方式有三种:有36.5%的人选择卖给二手车经纪公司;有35.6%的人选择卖给朋友;约21.4%的人选择通过4S店进行旧车置换。这三种方式的优缺点可见表2-11。

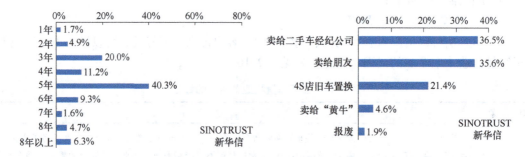

图2-34 新华信关于中国市场二手车处理的调查

表2-11 二手车置换三种方式优缺点

序号	方式	优点	缺点
1	卖给二手车经纪公司	卖车价格可能比较合理	消费者很难把全车手续交给一个陌生的人
2	卖给朋友	利用朋友间关系实现交换,省去中间环节	因碍于朋友面子,以这种方式卖车的价格往往低于市场价格。车辆在后期使用中出现问题,有可能会产生一些不愉快,影响朋友之间的关系
3	通过厂家品牌置换业务处理二手车	卖旧换新同步进行。4S店置换新车,消费者图的是方便通过置换购买新车,不仅为消费者节约了出售旧车所需要花费的时间、精力和费用,而且由于专营店品牌化经营的特点,消费者在专营店置换二手车过程中不必有受骗上当的担心	—

经过表2-11的比对,客户会更加安心地在汽车4S店内进行二手车置换。

四、提供方案环节推荐衍生服务

（一）客户对衍生服务的期望

1）衍生服务主要包含的内容为汽车贷款和汽车保险，无论客户选择哪种衍生服务，都希望能够了解清楚状况，希望能够给自己带来方便。因此，客户会希望专业、便捷。

2）至于客户是否会选择上述衍生服务，则需要销售顾问首先了解客户的情况，主动地进行推荐，并能够有效应对客户在衍生服务环节的反对意见。

（二）衍生服务的多赢局面

衍生服务——汽车贷款和汽车保险对经销商、销售顾问及客户都会有诸多好处，大力推荐汽车贷款和汽车保险将会形成多赢的局面。具体好处见表2-12。

表 2-12 汽车贷款、汽车保险带来的多方利益

服务对象	利益		
	衍生服务	汽车贷款	汽车保险
经销商	增加整车销量 提升新车投保率 增值服务与盈利	通过向客户提供贷款服务，经销店可以卖出更多的车，增加销售额	通过向客户提供车险服务，当客户发生交通事故或车辆受损时，会到4S店进行定损和维修，从而增加经销店维修服务的收入
销售顾问	提升销售业绩、绩效收入，完成KPI 提高客户满意度	通过向客户提供汽车贷款服务，使部分预算不够充足的客户也可购买到车，或者使原本购买低端车的客户可以购买中高端车，从而增加销售量	通过向客户提供汽车保险服务，销售顾问可以提升自己的销售业绩和收入
客户	选车较少受资金制约 可选升级或高配车型 提前拥有汽车	通过汽车贷款购车，对于预算不足的客户而言，可以及早拥有汽车；对于预算充足的客户，可以将钱用于其他收益高的领域获取收入；对于想购买高配置车辆的客户，可以及早用上高配置的汽车	在4S店购买车险，定损、理赔、维修不用耗费太多的精力，非常省心

（三）销售顾问在推荐衍生服务方面的职责

衍生服务的采用，最终产生的是一个多赢的局面，而推荐衍生服务的人则是销售顾问，他们是直接和客户接触的人，因此，销售顾问有责任和义务在销售中推荐衍生服务。

来自一线销售人员的一个案例：

有一次接待一个客户，想要购买速腾1.4TSI，全款落地18万元，但当时速腾这款车一直缺货，客户十分失望，说要去别家订货，销售顾问告诉客户，即使去别家一汽-大众店，速腾1.4TSI也是没有货的。可令销售顾问没有想到的是，客户去了另外一家一汽-大众汽车4S店，按揭贷款购买了一辆比速腾1.4TSI贵2万元左右的速腾冠军，并另外选配了近1万元的配饰，这让销售顾问懊恼不已。

通过上述案例，我们可以得出如下结论：客户如何及何时产生购买行为，在很大程度上取决于销售顾问如何进行引导。因此，销售顾问在推荐衍生服务方面有一定的职责。

1. 主动向客户推荐衍生服务

销售顾问有责任和义务，也应该有动力主动向客户推荐衍生服务。那么应向哪些客户推荐汽车贷款呢？或许所有客户都可能期望被询问是否对贷款购车感兴趣，他们或许期望被告知有关贷款购车的可选方案，并期望与全款支付的客户享受同等礼遇，希望在各种贷款购车方案的优缺点分析上得到销售顾问专业的帮助，以便获得所有必要信息做出明智决定。

尽管现金付款仍是中国最普遍的付款方式，但贷款购车正吸引越来越多的人改变原有的消费理念。因为这部分客户的考虑是：贷款购车，可将购车节省出的资金用作其他收益高的投资；对于无法立刻承担整辆新车价格的客户，可以通过月付款立刻享受到自己喜欢的配置更高的车型。

所以，销售顾问要主动推荐汽车衍生服务，给需要衍生服务的客户带来更专业、便捷、有利的服务。

2. 能够应对客户在贷款购车前提出的常见反对意见

对于销售中客户在贷款购车方面常常会提出的很多反对意见，销售顾问应该给予灵活应对，具体的应对策略见表2-13。

表2-13 贷款购车常见问题及应对策略

序号	常见问题	应对策略
1	汽车是消费品，没有必要通过贷款的方式购买	的确您所说，汽车和房产相比，不会保值增值，属于消费品。但拥有一辆汽车可以给生活提供很多方便，上下班、外出郊游都会变得很轻松。您采用贷款购车，不会给您增加成本，剩下的钱，如果您用于投资的话，同样可以保值增值。这样您既享受了生活，手头上的钱又可以灵活支配
2	贷款手续太烦琐	我非常理解您的想法，您讲的这个问题，很多客户在一开始都有这样的担心。但他和我们的衍生服务经理沟通后，会发现只是准备一些证明文件就可以了，其余的事情交给我们处理就好了
3	会造成个人信息的泄露	我非常理解您的想法，现在个人信息泄露问题的确很严重，泄露了相关信息会被各种电话和短信骚扰。一汽-大众和它的金融公司都属于规范运作的大企业，绝对不会泄露您的相关信息。其实，很多时候个人信息的泄露都是通过一些不经意的渠道泄露的，比如发名片、网站注册等，绝对不会通过我们4S店和金融公司泄露出去的
4	我的条件能够申请贷款吗？	关于您的情况是否符合贷款购车的条件，您和我们的衍生服务经理沟通一下，他会详细告诉您的，不会占用您很多时间，大概一刻钟就可以了
5	贷款购车和全款购车会享受同样的待遇吗？	我非常理解您的想法，其实贷款购车和现金购车只是购车费用的支付方式不一样而已，其他方面的待遇完全一样，这个您不用担心
6	增加我的购买成本	您有这样的想法，我非常能理解。现在采用贷款购车，×期是免利息免手续费的，没有任何额外的成本。如果您采用×期的贷款购车服务，与现金购车相比，只是多××元钱，但是您可以提前享受方便很多年，而且剩下来的钱可以用于其他的投资，假设收益率为×的话，您可以多赚××元钱，您看是不是非常划算，不仅不会增加成本，还会增加您的收入呢

(续)

序号	常见问题	应对策略
7	贷款购车和全款购车相比,哪种方式更加合算?	现在采用贷款购车,×期是免利息免手续费的,没有任何额外的成本。如果您采用×期的贷款购车服务,与现金购车相比,只是多××元钱,但是,您可以提前享受方便很多年,而且剩下的钱可以用于其他的投资,假设收益率是×的话,您可以多赚××元钱,您看是不是非常划算,不仅不会增加成本,还会增加您的收入呢

3. 能够利用销售工具向客户介绍汽车保险方案

专业销售顾问要能够利用汽车保险计算公式及销售工具如计算器等,向客户介绍汽车保险,并能够根据客户需求提供合理、优化的汽车保险方案。

4. 介绍衍生服务顾问与客户认识

在涉及汽车贷款专业性问题咨询的时候,销售顾问应主动邀请衍生服务经理与客户见面,让衍生服务经理为客户做专业的讲解、介绍和建议。

为了达到提供方案环节阶段目标,销售人员还要明确提供方案环节各关键点的要求及行为规范。

1. 确认客户需求选择并推荐新车

(1) 认真倾听客户谈话,确认客户的需求

行为规范:

1)倾听客户需求,并随时记录客户需求。

2)总结并确认客户的需求。

执行参考:

在客户讲话时尽量不要打断客户。

(2) 根据客户需求推荐合适车型并解释原因

行为规范:

1)根据客户需求,有针对性地介绍客户意向车型的配置差异。

2)在客户预算范围内,给出重点推荐车型。

3)询问客户对于颜色的要求,包括车身和内饰的搭配组合。

4)使用 iPad 与客户一起搭配,并对相关搭配进行展示。

5)提前通过 iPad 查询库存状态,知晓库存情况。

6)结合客户的需求优先从库存车中推荐适合的车型。

7)如果客户需求的车型没有现车资源,应告知客户需要订车,并告知预估等待时间以及订购流程。

执行参考:

1)确保提供丰富的车型选择。

2)熟知经销店当前的销售重点任务。

3)提高客户的信任度,增加透明度。

推荐话术:

"××先生、××太太,我们刚才已经体验了迈腾车的性能,同时也进一步了解了您二位对车的需求,综合以上信息,我向您二位推荐迈腾豪华款,您二位……"

（3）及时回答客户问题

行为规范：

1）如果客户对某些功能还不熟悉，应采用 FAB 方法突出这些功能对客户的好处。

2）如果客户有异议，应采用 CPR 方法化解客户的异议。

3）如果客户进行竞品比较，应采用 ACE 方法进行竞品比较，不诋毁竞品。

4）如果客户对推荐的车型有异议，应向其解释说明原因，如果客户不满意，要重新确认客户需求，并推荐新车。

执行参考：

回答客户的问题要专业、迅速、有效。

2. 推荐二手车

（1）主动向客户推荐二手车置换服务

行为规范：

1）主动推荐二手车置换服务。

2）强调二手车置换服务给客户带来的利益。

执行参考：

1）告知客户一站式置换服务的理念：价格合理、服务安心、手续便捷。

2）告知客户店内提供免费且专业的二手车评估服务，可随时预约。

3）告知客户车辆评估使用专业的检测设备和标准的检测流程，评估定价有依据。

4）告知客户二手车评估师为经过培训和认证的有资质的专业评估师，评估结果权威、有保障。

推荐话术：

"××先生、××太太，你们在用的宝来车用得怎么样？……有没有打算换购呢？我们店目前可以提供二手车置换，有相应的置换补贴。如果您打算换购的话，我也可以为您介绍一下二手车置换的情况。"

（2）引荐二手车评估师

行为规范：

1）为评估师的出场做好铺垫，且相互配合。

2）向客户介绍二手车评估师。

3）进行二手车评估前，告知客户评估预计等待时间，对客户时刻保持关注。

4）销售顾问邀请客户参与评估，提供良好的评估体验。

执行参考：

1）评估师着装、言谈举止体现专业性。

2）在二手车评估等待期间，时刻关注客户。

推荐话术：

"××先生、××太太，我们店有专业的并经过厂家认证的二手车评估师为您的车辆进行免费评估。您二位可以在休息区稍作休息，大概需要 10min 的时间。当然，你们也可以亲自和我们评估师一起评估。"

（3）二手车评估。

二手车评估师行为规范：

1）评估二手车。告知二手车经理评估价格。

2）向客户展示《二手车检测评估表》，告知车辆各检测项及最终检测结果。

3）告知客户二手车评估价格组成，并做详细的价格解释。

4）告知二手车评估价格的有效期限，如果在最终成交之前发生变化，可能还需要再一次进行二手车评估。再次进行二手车评估可以预约，按预约流程进行。

5）若客户接受报价结果，完成车辆手续交接后，再转回新车销售环节。

二手车经理行为规范：

审批二手车评估价格。

执行参考：

向客户报价要充分考虑车辆的违章、出险记录、维修记录等综合因素，避免二次报价的发生。

喜悦点：

1）开展免费评估、评估有礼活动，邀请客户到店评估。

2）经销商可以为客户提供二手车车辆手续代办服务，若客户对评估价格不认同，经销商可以为客户提供网上代拍服务。

3. 推荐贷款服务

（1）主动介绍贷款业务

行为规范：

主动向客户推荐贷款购车方式，介绍贷款购车对客户的好处。

执行参考：

重点从低利率和更多的车型选择方面阐述贷款购车的好处。

推荐话术：

1）"××先生、××太太，我们店目前和各大银行均有合作，可以给客户提供贷款服务，如果您二位感兴趣的话，我可以为你们介绍一下……我们这里也有专业的金融保险经理可以根据您的实际需求提供建议以及更详细的方案介绍。"

2）"××先生、××太太，其实选择贷款购车，一方面可以缓解资金的压力，另一方面，用剩余的部分资金进行其他合理化的投资，收益率一定会比贷款利率要高。对您二位而言我觉得是有利的，您二位可以考虑一下。"

（2）提供合理的贷款方案

销售顾问行为规范：

如果客户对贷款感兴趣，介绍专业的金融保险经理。

金融保险经理行为规范：

1）询问客户的意见，根据客户实际情况推荐多种选择方案供客户选择。

2）给客户提供可选择的4S店金融合作伙伴，并告知客户不同合作伙伴的不同政策，为客户提供合理的建议。

3）对每种方案进行详细的解释说明，尤其重点说明首付和每月还款额度。客户如有疑问，及时予以解答。

4）告知客户贷款的流程以及审批所需要的时间。

执行参考：

无论客户是否选择贷款,他们都应获得相同的交易条件,不应让客户产生心理落差。

4. 推荐保险服务

(1) 主动介绍保险业务

行为规范:

主动向客户介绍保险业务。

执行参考:

1) 阐明新车保险的必要。

2) 告知客户经销商保险增值服务。

(2) 提供保险方案及合理建议

销售顾问行为规范:

如果客户对保险感兴趣,向其介绍专业的金融保险经理。

金融保险经理行为规范:

1) 向客户介绍可选择的保险公司,询问客户的建议,根据客户实际情况推荐多种选择方案供客户选择。

2) 对每种方案进行详细的解释说明,尤其要重点说明每种险种的内容。

3) 客户如有疑问,及时给予解答。

执行参考:

无论客户是否选择保险,他们都应获得相同的交易条件,不应让客户产生心里落差。

个性化建议:

建议金融保险经理针对当地客户购车意识、购车习惯及不同群体开发贷款保险产品和租赁产品及销售话术。

5. 推荐精品和附件

(1) 主动介绍选装配件

行为规范:

1) 主动向客户介绍选装配件。

2) 询问客户是否对选装配件感兴趣。

执行参考:

告知客户经销店内提供给客户的精品附件都是通过正规渠道进货的。

(2) 利用 iPad 向客户展示并给予合理建议

行为规范:

1) 及时更新销售工具 iPad 上的精品附件的内容。

2) 利用销售工具 iPad 向客户详细展示精品附件,以及各种精品附件在以后的用车过程中带给客户的好处。

执行参考:

要站在客户的角度帮助客户推荐合适的选装配件,切勿强加买卖,造成客户抵触情绪。

(3) 向客户报价,磋商最终价,并向客户解释说明

行为规范:

精品附件报价各项说明务必详尽,客户如有疑问,应及时给予解答。

6. 解释方案报价

（1）根据客户需求，制作并打印最终的报价单

行为规范：

1）询问客户是否还有其他需求，并确认客户所选车型。

2）在 iPad 中制作并打印最终的报价单。

（2）向客户展示报价单并做详细解释

行为规范：

1）给客户提供不同的报价方案供客户选择。

2）销售顾问针对不同的报价方案给予合理的解释。

执行参考：

说明报价单的有效期。

推荐话术：

"××先生，报价单我已经做好了。这其中包括车价、贷款、车险、选装件价格，还有购置税和上牌费，我为您二位详细说明一下……"

（3）进入洽谈成交环节或后续跟进

行为规范：

1）如果客户同意报价方案，应迅速准备相关洽谈资料并进入到洽谈环节。

2）打印报价单，连同产品资料和名片交与客户。

3）如果客户不想当天成交，应通过合理话术给予引导并感谢客户来店。

执行参考：

如果客户不想当天成交，切勿给客户施加压力。

实训项目

提供方案技巧

实训目的

通过本实训项目，学生应掌握二手车置换、贷款、保险、精品及附件带来的利益及优势等知识，并学会推荐二手车置换、贷款、保险和精品附件。

实训内容

讨论二手车置换、贷款、保险、精品及附件方面的内容、方案及产品类型。

实训步骤

◎ 将学生分成4组。

◎ 每组选择一个话题（二手车置换、贷款、保险、精品及附件）。

◎ 讨论每个话题的项目、利益、技巧。

◎ 讨论时间 10min、陈述 5min、其他组点评 5min、教师点评 5min。

实训评价

◎ 白板纸上呈现结果，并拍照上交。

营销小策略

古代那些能成为皇帝宠臣的人，基本上都具有非常独特的"察言观色"的本领，他们通常能够通过皇帝的只言片语，甚至一个不经意的表情就能够判断出皇帝想听什么，从而读懂皇帝的心理。同理，客户就是销售顾问的"皇帝"，如果不能一眼看穿客户的心理，就不能很好地达到销售的目的。

任务十　后续跟进

 任务十知识框架展示

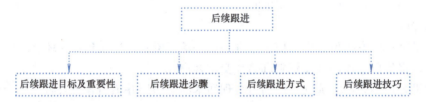

 **知识目标**

1. 认识到后续跟进的重要性
2. 掌握后续跟进步骤
3. 掌握后续跟进方式
4. 掌握后续跟进技巧

 **能力目标**

1. 能够按照后续跟进的步骤开展客户跟进工作
2. 能够利用合理的理由跟进客户
3. 能够根据客户的不同情况设立后续跟进的目标
4. 能够利用跟进技巧有效开展客户跟进

 **任务导入**

客户产生购买需求后，进店看车，在销售人员的引导下进行了需求了解、也进行了静态展示和动态展示，之后又和销售人员就保险、贷款、二手车置换、精品及附件方面进行了简单洽谈后离开4S店。接下来，销售如何安排销售工作？

在长城4S店内,销售顾问小王热情接待了客户刘鹏,并进行了详细的需求了解,得知客户想要一辆白色SUV车型,对动力、安全、舒适等方面有较高要求,客户刘鹏是私营企业老板,生意规模不大,但自己经济条件还不错,准备购买一部预算为15万~20万元的汽车,可以用来接送客户也可以自驾旅游。销售顾问小王最终为客户推荐了长城哈弗H6,并带刘鹏看了车,安排了试乘试驾,客户刘鹏表示很满意,但还要进行比对,最后带着销售顾问小王提供的一份报价单离开了4S店。

上述资料中客户在试乘试驾后离店,没有做出购买决定。客户做出任何决定都是有道理的,销售顾问需要做的就是探究客户未采取购车行为的原因,解决客户购车过程中的疑问,促进销售的成功。那么客户离店后,销售顾问应如何了解客户购车中的疑虑呢?这就需要销售顾问采用一定的方法和技巧对客户进行后续跟进,让客户乐意与我们交流,这样才能发现客户购车的真实想法,投其所好,促进其购买。

1. 后续跟进的重要性
2. 后续跟进的步骤
3. 后续跟进方式
4. 后续跟进技巧

购买汽车对于很多家庭来说,都是一项较大的支出。很少有客户第一次看车就购买,因此,后续跟进环节就显得相当重要。很多客户离开经销店后,也希望能够得到关于自己感兴趣的产品的最新的市场及价格信息,所以,销售顾问需要以客户喜欢的方式与客户保持联系,并及时提供信息。

从另外一个方面来讲,正是因为购车是一项重大的购买决策,所以,客户需要精挑细选,需要一定时间进行对比和决策,销售顾问如果频繁地催促客户做决定,就会招致客户的厌烦。因此,销售顾问在后续跟进环节和客户进行联系时,还需要关心和重视客户的感受,不要让后续的跟进变成客户眼中的电话或者短信的骚扰。

后续跟进客户环节销售顾问工作的关键点主要是两大方面,如图2-35所示。

一、后续跟进阶段目标

当客户在精挑细选目标车型的时候,销售顾问应尽可能地和客户多接触、有目的地"闲聊",掌握客户购车动态,最终达到如下目标:

1) 以合适的理由、方式和时间来跟进客户,为客户提供重要信息,引导客户做出购车决策。
2) 了解客户的决策状态与疑虑,确定客户对产品和报价的态度,并对疑虑进行解释或澄清。

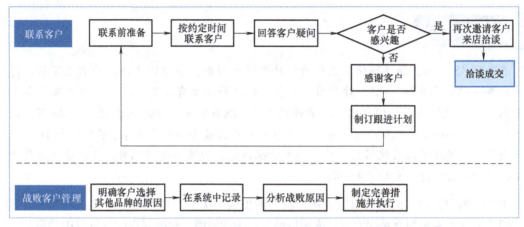

图 2-35 后续跟进环节关键点

二、后续跟进环节客户期望

客户会对哪个品牌的哪款车型做出购买决定，要看客户的购买标准，那么客户购买标准需要销售顾问在了解客户需求的前提条件下为客户制定并让客户接受，所以具有强烈购买欲望的客户在到店看车之后还会有很多渴望，无论在产品信息方面还是价格及优惠政策方面，都期望获得最新的消息，并渴望有人能帮助其快速做出购买决定。因此，在这个环节客户会有很多期望，具体如下：

1）销售顾问很专业，并且在适当的时间通过恰当的方式联系我，关注我的疑惑。

客户离店的时候销售顾问会向客户索要联系方式，并告知对方店里有活动的时候或者优惠力度比较大的时候会及时告知对方，并询问告知客户的最佳时间及最佳方式是电话、短信还是微信等。得到客户应允后，销售顾问要在恰当的时间以恰当的方式联系客户，避免由于联系时间和方式不合适而让客户产生抱怨情绪。

2）理解我可能需要一段时间才能做出购买决定，而不是催促我或给我压力。

对于很大一部分客户来说，做出购买汽车的决定是一个复杂的过程，所以这个环节要给客户足够的时间去考虑是否做出购买决定，这样可以促进销售成功并提高销售满意度。

3）销售顾问主动询问并能够提供我需要的更多信息。

客户不希望被催促，但是会希望得到更多的相关购车帮助，所以销售顾问要做到及时将相关购车政策及信息传达给客户，帮助客户做出购买决定。

三、后续跟进的重要性

后续跟进为什么重要，下面从具体数据进行分析，请看图 2-36。

第一次接触就能做成生意的比例只占 5%；80% 的客户是在 4~11 次跟进中实现成交的。通过这两组数据，不难发现，在销售过程中，跟进的重要性。

当然，持续的跟进可以动态化地了解客户的需求变化，客户的需求变化体现在对车型的需求发生了改变或者是对衍生服务的需求发生了变化上。在持续跟进的过程中，通过跟进频次的增加销售顾问与客户之间的关系进一步密切，站在与客户更近的角度可以加深感情铺垫，为整个交易减少障碍。

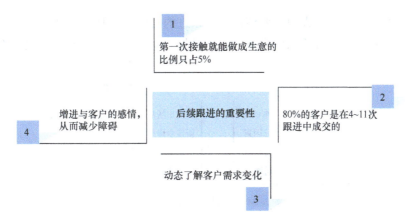

图 2-36　从表述和数据看跟进的重要性

四、后续跟进的时间及步骤

当销售顾问将所接待客户的资料输入 CRM 系统后，CRM 系统会自动提醒要进行后续跟进。开展客户后续跟进工作，首先要做的就是根据对客户需求及相关情况的了解做好准备，确定好客户跟进的时间和方法。

掌握好跟进的时间和时机非常重要，时间间隔太长会造成客户的流失，时间间隔太短则会让客户觉得构成骚扰，觉得厌烦。同时，如果时间间隔太短，有时会显得销售顾问过于急迫，有经验的客户可能会利用销售顾问这种急迫性，趁机提出更多的要求，对后续成交环节造成影响。

另外，销售顾问还需要找到合适的理由和客户进行联系。每一次对客户的跟进都要确定目标，这样才能检测跟进是否达成了目的。和客户联系后，根据和客户的沟通，对客户的相关情况会有进一步的了解，就需要整理资料，做好下一步的跟进计划。销售顾问不能仅仅满足于接待了多少客户，更要注重接待客户后的客户跟进，后者在成交阶段往往会决定销售的成败。具体跟进步骤如图 2-37 所示。

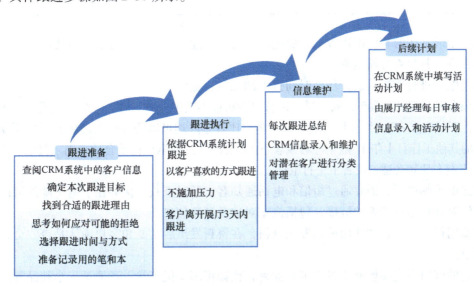

图 2-37　后续跟进步骤

销售顾问在每一次跟进过程中需要锁定此次跟进的目标,同时也需要寻找合适的跟进理由,让客户觉得顺理成章,避免被当成骚扰。后续跟进的目标和理由很多,这里列举几种,如图2-38所示。

跟进目标	跟进理由
邀约客户展厅面谈,预约试乘试驾	新的市场活动,新颜色、新车型到店
了解未购车原因及关注因素	新技术讲座、爱车讲堂
实现客户转介绍	活动邀请(儿童绘画、周年店庆等)
同意上门拜访、送资料	试驾体验

图2-38 跟进目标和理由

五、后续跟进的方式

后续跟进方式有多种,在整个跟进的过程中,最为主要的跟进方式依然是电话、短信。除此之外,还有相关的辅助方式如微信、QQ、拜访等。而在实际的跟进过程中,要想达到预期的跟进效果就要求我们考虑到跟进方式与跟进对象的匹配度。那么,接下来我们将通过表2-14剖析每种跟进方式的优势、劣势及适用的人群。

表2-14 跟进方式、优缺点及适用人群

方式 优劣 适用人群	电话	短信	微信	QQ	拜访
优势	直接、迅速	强化印象、信任感	了解更多信息	方便登录、建立关系、迅速、互动性更强	更加深入、拓展点较多、容易获得信任
劣势	客户反感情绪	到达率低	延迟性、滞后性	延迟性、滞后性	局限性、花时间长
适用人群	大部分人群	大部分人群	相对年轻人群	上班族、年轻人群	公司、大客户

电话是最常用的客户跟进方式,要把握好度,不能过于频繁,打电话时要注意客户的环境需求,询问其是否方便接听。

通过电话进行跟进的话,什么时间打电话比较合适?

如果客户周末过来看车,周一早上进行电话跟进不是很合适,因为这个时间段客户可能会比较忙,下午2点~3点则比较合适,如果客户比较感兴趣可以约客户下班后到展厅详谈。除周一外的其他工作日上午11点半左右或者下午3点~4点打电话比较合适,周末打电话不要太早,11点左右比较合适,或者下午打电话。

发送电子邮件后,需要通过短信和电话通知客户及时查收。优势在于电子邮件可以附加一些能够对客户施加影响的链接,包括汽车对比及评测信息。

传真用得比较少,如使用传真发送资料,在资料发出后需要和客户确认是否收全,是否清晰完整。

邮寄的资料一定要能够给客户带来惊喜,比如可邮寄优惠券、邀请函、小礼品等。

六、后续跟进技巧

(一)电话跟进三步法

所有的客户跟进方法中,电话跟进是最常用的方法,它及时、有效、成本比较低。在进行电话跟进时,仍需要遵循后续跟进的步骤进行,电话跟进步骤如图 2-39 所示。

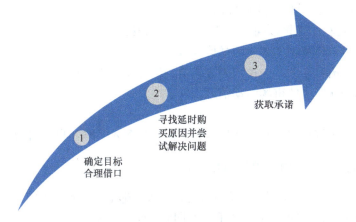

图 2-39　电话跟进三步法

具体跟进步骤、方法及应对话术见表 2-15。

表 2-15　电话跟进步骤、方法及应对话术

步　骤	方　法	话　术
确定目标、合理借口	在进行电话跟进前一定要根据前期和客户的接触情况,确定电话跟进要达成的目标,比如:邀约客户到展厅试乘试驾、上门拜访等	"刘先生,您好。我是××店的销售顾问张××。您现在讲话方便吗?" "今天给您打电话主要是因为上次您想看的车型到店了。"
寻找延时购买原因并尝试解决问题	通过问"是什么"和"为什么"搞清楚客户迟迟未做决定的原因 客观评价客户的疑虑并予以影响与改变	"您上次看过车之后,一直没有消息,我想您是在比较不同的品牌,如果您信得过我,可否听听我的建议?" "当然,和竞争品牌相比,××车型的价格可能稍微有些高,但是如果从性价比的角度来看,××车型的性价比是最高的。"
获取承诺	与客户确定下次接触的时间和方式	"您上次来店比较匆忙,也没有来得及进行试乘试驾,周六和周日,您哪天不忙?您来看车的时候,我给您安排一次试乘试驾,相信通过试乘试驾您一定会对××车型有新的认识。" "周六上午还是下午?我好给您预约试乘试驾的时间。" "谢谢您,刘先生,祝您工作愉快。周六上午见。"

(二) 微信跟进技巧

智能手机时代，短信到达率低，且客户只能被动接受，体验差，如果可以通过即时语音、视频、文字、图片等形式进行沟通，就可以为客户提供更完美的体验，这种方式就是微信。

利用微信关注客户的朋友圈，销售顾问便可以实时了解客户的动态。这样做有两方面的好处：一是可以基于客户生活状态把握其对车型的需求，二是可以通过微信维系与客户的关系，提升客户黏度，为后续的成交做好铺垫。

在微信回访的过程中销售顾问可以从以下几点出发：

1）尽可能在留档环节添加客户的微信账号。
2）通过文字、语音、图片、视频等方式恰当地传递相关信息。
3）转发公司公众账号的市场活动信息。
4）传播公司公众账号。
5）通过朋友圈了解客户日常生活现状，从而达到深入了解客户的目的。

七、后续跟进环节客户拒绝的应对策略

面对客户的拒绝时，最重要的是要有同理心，所谓同理心是指换位思考，设身处地地站在客户的角度考虑，让客户觉得销售顾问是在和他共同面对问题，这样客户才会愿意与之交流。但面对别人的反对和拒绝，进行反驳和辩解是正常反应，要抑制这样的冲动，可采取如下策略：

第一步：站在客户角度考虑问题。

常用的句式有：

"我非常理解您的想法，……"

"您这样想我非常理解，……"

"很多客户一开始也有这样的想法……"

"很少人会想到这些问题，您还真是这方面的专家……"

第二步：转移客户关注点。

所谓转移不是推诿，而是将客户的关注点从拒绝转移到对问题的思考和解决上。

常用的句式有：

"您这样说，是不是说明您更关注车辆的动力性……"

"您是否不愿意和您的好朋友购买同一款车……"

"您太太的意见呢？"

"是不是您的朋友给您提了一些其他的建议呢？"

第三步：提出合理的请求。

了解客户拒绝的理由后，销售顾问可根据客户的实际情况给出合理的解释，使客户抛弃拒绝态度，再次考虑购买。最好的方法是，提出一些客户感兴趣的话题，吸引客户到展厅来。

常用的句式有

1）"我建议您带着您的朋友来体验一下，您看本周六可以吗？我提前给您预约一下周六下午的试乘试驾。相信您的朋友体验完之后也会改变主意的。"

2）"您的太太如果有空的话，我建议您带她到我们的展厅来看一下实车，毕竟她也是主要的用车人。您看，周六下午可以吗？"

下面给大家列举一些销售实践当中客户拒绝的案例及应对话术（见表2-16）供大家参考。

表2-16 客户拒绝及应对话术

案 例	话 术
"我最近很忙,没有时间处理这件事"	"不好意思,打扰您了,我知道您很忙,所以今天不会占用您很长的时间,您只需抽出一点时间,全当是休息一下了。"或"非常抱歉打扰到您,我也知道您很忙,我只占用您2min的时间和您沟通一下,因为上次向您提到过的优惠活动就要结束了"
"我觉得丰田凯美瑞挺不错的"	"您真的很有眼光,丰田的凯美瑞的确不错,空间大、油耗低、内饰也不错。而迈腾的优势在于发动机和变速器,德国车和日本车的关注重点不一样,主要看您看中哪个方面了。当然,像您这么专业的人,肯定知道发动机和变速器是一辆车的核心部件,我记得您上次没有进行试乘试驾,如果您这周六有时间,我帮您预约个迈腾的试乘试驾,您看好吗?"
"你们的价格超出了我的预算"	"根据那天我们沟通的结果,从价格上看,符合您配置要求的车的确比您的预算高了一点,但如果从性价比来看,相信您也同意,它的性价比是最高的。不过,这个不应该成为阻碍您决策的因素。我们这边有车贷服务,现在您选择的话,可以享受免利息免手续的优惠"
"我还得再考虑考虑"	"我非常理解您的想法,购车毕竟是一项重要的决策,需要您花费时间来考虑。这段时间,您肯定也看了其他的车,也需要进行对比衡量。如果您相信我的话,不妨说给我听听,我也给您一些建议"
"我对你们的车已经很了解,等我决定买的时候再联系你吧"	"很多客户看完车之后都会这样说。上次,有个客户对我说这样做的目的是避免在冲动的情况下做出不理性的选择。不知道您是否也是因为这个原因才决定再考虑的?"
"我还需要和我太太商量一下"	"您这样说我非常能够理解,购车毕竟是一项重要的决策,肯定需要考虑您太太的意见。刘先生,不知道您太太有什么样的考虑?"或"您这样说我非常能够理解,购车毕竟是一项重要的决策,肯定需要考虑到您太太的意见。不过,上次您来看车的时候,好像您太太没有来,如果您对车感兴趣的话,您看本周六上午是否方便?如果方便您可以带您太太过来亲自体验一下,我现在就可以给您做一个试乘试驾的预约"

八、后续跟进要求及行为规范

后续跟进环节我们工作的主要关键点有两个:一是联系客户,二是战败客户的管理。前面我们讲过,在跟进环节用得最多也最方便的一种跟进方式就是电话。客户接到销售顾问的来电,希望从销售顾问那里获得更多有利于自己的信息。因此,销售顾问在联系客户前务必有所准备,真正找到打动客户的关键点,而不能简单地为完成工作而工作。

客户离店后第一次电话跟进十分重要,这也许就是客户能否成交的关键一步,如何打动客户,如何激发客户的兴趣,使客户再次到店尤为重要。具体要求和行为规范如下。

(一)联系客户

1. 联系客户

行为规范:

1)回忆上次与客户交流情景,确认并分析客户未成交原因,准备话术,同时思考本次电话的主题。

2)在48h内通过客户偏好的联系方式与客户联系。

执行参考:

务必按时联系客户。.

2. 与客户沟通

行为规范:

1）从客户感兴趣点出发跟进，消除客户的异议。

2）如果客户表示感兴趣，应再次为客户安排预约。

① 安排再次试乘试驾。

② 邀请客户再次来店协商价格。

③ 提供活动信息并邀请客户参加，如邀请参加品牌活动、市场促销等。

3）对于暂时不想成交的客户，告知客户后续如有优惠活动等情况会及时通知，最后表示感谢。

4）在 iPad 中更新客户信息并进行跟进。

执行参考：

1）与客户建立良好朋友关系，亲切询问客户近况，多倾听，消除客户疑虑或抵触情绪，尽量不要直接切入购车事宜。

2）跟进不仅是简单地了解客户的想法，更重要的是要通过采取进一步的措施激发客户再次到店的兴趣，但避免给客户施加压力。

3）在与客户沟通过程中，力求扮演一个客户购车顾问的角色，这样能更好地与客户交流。

推荐话术：

"××先生，下午好！我是一汽-大众××经销店的销售顾问×××。您现在方便说话吗？……周日的时候您和您太太在我们展厅看了××车型，请问您现在还需要了解其他的信息吗？"

（二）战败客户管理

销售顾问：

1）询问过程中，如果客户表示不能成交，应表示理解。

2）询问客户不能成交的原因，如果客户选择其他品牌或者同品牌其他经销商，应了解原因，并祝贺客户。

3）在 CRM 系统中做记录，标记为战败客户，记录原因。如：

① 无原因放弃购买。

② 预算不足。

③ 限牌。

④ 无现车。

⑤ 对外观不满意。

⑥ 对车辆配置不满意。

⑦ 对车身颜色不满意。

⑧ 对内饰颜色不满意。

⑨ 对二手车报价不满意。

⑩ 无金融方案支持。

⑪ 对价格不满意。

⑫ 对服务不满意。

展厅经理：

对战败客户信息进行汇总，组织销售顾问研讨分析不同类型的战败客户的战败原因，明确改善方向。

第二部分　汽车销售流程

实训项目
后续跟进演练

实训目的
通过本实训项目，学生应掌握后续跟进方式中电话跟进步骤、方法，并学会应对。

实训内容
后续跟进情景演练。

实训步骤
◎ 将学生分成4组。
◎ 每组选择一个话题。
◎ 准备时间5min、演练时间10min、观察者点评5min、教师点评5min。

实训评价
◎ 录制视频。

营销小策略

销售顾问要和形形色色的人打交道，不同的客户有不同的性格特征，这就要求销售顾问把握客户内心真实的需求，最终达到交易的目的。如何让客户把内心的小秘密告诉你呢？语言交流是最简单的方法。但是多数情况下，客户不愿意也不希望把自己的真实想法告诉你，那怎么办呢？销售顾问可以通过观察客户的肢体动作来洞悉客户的真实想法。据心理学研究发现，一个人向外界传达的信息中，单纯的语言成分只占7%，语音和语调占38%，剩下的55%信息来自非语言的肢体形态。而且肢体语言很少有欺骗性，因为肢体语言通常是下意识的，所以最能反映人的真实想法。

任务十一　洽谈成交

任务十一知识框架展示

后续跟进
├── 洽谈成交目标及重要性
├── 洽谈成交信号
├── 洽谈成交方法
└── 洽谈成交价格处理

1. 了解洽谈成交的阶段目标
2. 掌握洽谈成交的重要性
3. 掌握主动洽谈成交时机
4. 掌握洽谈成交价格处理方法

1. 能够利用主动成交的方法主动成交
2. 能够灵活应对客户的议价促成销售

试乘试驾结束或者后续跟进顺利后，销售人员应如何根据客户状态及成交信号灵活处理谈判成交环节客户的问题，促成交易？

销售顾问小王对刘先生的需求已经了解过，也引导其了解了新车并完成了试乘试驾，回到展厅后刘先生依然频频回头看试乘试驾车，之后自己又到试乘试驾车里坐了一会，返回展厅后又向销售顾问询问了售后服务等事情。如果你是销售顾问小王，你应该如何推进销售，依据是什么？最终你要达到什么目的？

从上述材料中我们看到刘先生对××车型很感兴趣，此时销售顾问应该根据客户的状态、表情、语言及客户所关注的问题初步判断客户成交的心理，而自然推进谈判，以便在恰当的时间抓住成交的机会，促进销售成功。

1. 洽谈成交的阶段目标
2. 洽谈成交的重要性
3. 主动洽谈成交
4. 洽谈成交价格处理

1. 洽谈成交的阶段目标

2. 洽谈成交条件
3. 报价前的准备
4. 洽谈成交环节异议处理
5. 洽谈成交方法与价格处理技巧

有销售顾问说,"在我从事汽车销售工作这几年来,经常遇到这种问题,就是在完成客户的咨询、产品介绍、试乘试驾以后,等到交定金之前,我会感觉很轻松,但有时候还是怕出现一些其他的问题,心情比较复杂。"

还有销售顾问说,"一般到了最后这个关键环节,会特别紧张。有时候甚至因为经验不足,不知道该怎么办。这时候我非常希望客户能够自己表态,主动成交。"

上述心理都不利于成交,那么如何处理会更好呢?除了掌握必要的洽谈知识外,销售顾问还应掌握洽谈成交环节的几个关键点,如图2-40所示。

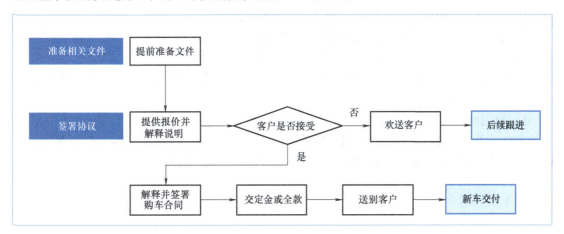

图2-40 洽谈成交环节关键点

一、洽谈成交的阶段目标

(一) 谈判成交环节客户的期望

在此环节,客户会更多地关注能反映价格、价值的相关事宜,无论销售顾问做什么,客户都会事先有一个心理预期。

1) 客户希望专业、坦率和诚实的销售顾问为自己提供服务,满足自己的需求。特别是和蔼型客户和表达型客户对这方面的期望会更高。

2) 在洽谈过程中,客户希望销售顾问能给出所有必要的信息以便自己能做出明智的决定。

此过程销售顾问应该和客户站在同一立场,让客户觉得你是为他着想,给出符合客户需求的建议,当然这要源于对客户需求的准确把握。

3) 客户希望自己的购买价格不高于其他客户的购买价格,而且要清楚地了解最终价格(包括所需额外配置价格)是如何构成的。

客户最担心的就是被骗,所以销售顾问要给客户合理的理由,告诉客户他们的钱都花在了什么地方,每一项都要有合理的解释,让客户信服、信赖,这样利于成交并保持较高的满意度，并最终转化为忠诚度。

4）销售顾问明确告知交车时间或给出合理的时间范围，并让客户提前了解交车流程。

客户来购车，就说明对该款车比较感兴趣，因此一旦走入洽谈成交环节，客户的购买欲望也就达到了极限，想在价格合理的条件下以最快的速度拥有自己的爱车。因此，销售顾问要对库存和在途等状况有比较准确的把握，这样才不至于在客户交钱后承诺的交车时间内违约，造成客户不满或者抱怨。

（二）洽谈成交环节的阶段目标

1）通过车辆展示和试乘试驾，客户对产品价值充分认同，在此基础上，给客户提供包括贷款、保险和二手车置换等增值业务在内的解决方案。

在这个阶段，销售顾问除了报价外，要做的工作还很多，包括制定提案、把握成交条件、谈及交车时间、再次强调车辆配置的基本状况及告知客户经销商能提供的服务，根据客户需要，还要做融资服务，如保险、贷款、二手车置换等。

2）通过向客户解释报价，让客户感到物超所值。此次购买，客户不只是买到一辆车，还包括诸多服务。我们都知道，购车后的保养对车辆性能有很大的影响。基于此，客户对经销店还有需求，所以客户宁愿为自己未来享受周到热情的服务买单，当然，这些服务要在合理范围内。

3）通过对成交信号的把握，主动、积极促成交易。由于购车是一件大事，张口就说订车的客户不多，大部分客户很难当机立断就做出购买决定，因此销售顾问应该学会观察，把握成交信号，适时推动成交，恰到好处地抓住机会，促成交易成功。

二、洽谈成交条件

（一）洽谈成交的前提

从初次接触开始，经历了需求分析、车辆展示、试乘试驾，一路走来，销售顾问全力以赴，做了很多工作。那么什么时候可以进入洽谈成交环节呢？看是否具备以下三个前提？

1. 决策者（们）必须在场

客户买车，购买决定来自决策者。到了谈判成交环节，如果决策者不在，那么任何谈判都是无效的，所以，从客户进店那一刻起，销售顾问就要通过观察了解和识别哪位是购买决策者，如果决策者今天没到场，那我们就要问"今天能定吗？"通过客户的回答来再次判断决策者是否在谈判现场。

2. 客户对品牌、车型已经明确表示认可

任何消费者在做购买决定时，都要对购买的品牌、购买的产品、购买数量及购买地等做决策。如果客户对品牌和产品都认可，便可洽谈进行。道理很简单，咱们去商店买衣服，不管你试了哪件、试了几件，最后问销售人员多少钱，销售人员的回答一般都是："你看中哪件了？""衣服相中了吗？"为什么这么问，这就是在确认产品，你认可了产品才能进行下一步的洽谈。对待客户也是一样，待其对车的颜色、配置、特殊装备和精品附件，及不同发动机、变速器的特点等都有比较扎实的认可度后，洽谈才更有效。如果此时客户还说："你看某某品牌的某个车型，它的那个外观我觉得更适合我，您觉得是不是？"这时候我们就要重新梳理，看到底哪里出了问题，只有上述谈到的关于产品的各个方面都得到客户认可，方可继续执行销售流程。

3. 如有置换，需完成评估

近几年，随着我国经济的持续稳步增长，在汽车销售中，很多客户已不是第一次购车，在此环节，客户如果考虑进行置换的话，必须完成评估，如不在本店评估，也要在其他地方进行评估。客户对自己原有车辆的评估价格心中有数，知道如果购买新车自己还需要加多少钱，此时客户购买汽车的可能性非常大，所以谈判可进行。反之，如果客户只是说自己的车很值钱，而不做评估，那么谈判就不能进行，回过头还要进行梳理，看客户还存在哪些疑虑、问题，导致客户没有做评估，评估后再进行洽谈环节。

（二）洽谈成交信号

在接待客户的过程当中，讲了很多有关汽车产品方面的知识，消除客户异议之后，突然有一个轻松的环节出现了，就是对于客户来讲，想问的问题都问了，此时，销售顾问应该往前推进，促成交易。那么什么时候推进比较合适，要观察和揣摩客户发出的信号，看到或者听到这些信号销售顾问就要向前推进。接下来要向大家介绍的就是谈判成交环节，客户会发出哪些成交信号。我们分两大方面探讨：一是语言方面；二是肢体语言方面。

1. 语言方面

客户决定要购买了，会更多地关注做出购买决定后的相关事宜。所以此时他会向销售顾问追问各种问题，根据实战经验，我们发现客户问的大多为如下内容：

（1）谈及与付款相关的问题

"怎么交款，现金还是刷卡？""××银行的卡可以吗"诸如此类的问题。

（2）谈论颜色、内饰、装备并做肯定

客户会再次强调，"颜色就要红色""内饰颜色为黑""别忘记装导航"等。

（3）谈论交车时间

客户到此时就希望能够快点拥有自己的爱车，所以他会关注什么时候有车，最快什么时间能提到车。一般销售顾问都会在此环节降低客户的期望，把时间说得比真正交车时间长点，以防万一交不上，客户会产生抱怨或者不满情绪，影响满意度。

（4）谈论售后和备件等问题

买车和买其他商品不一样，车是高档耐用品，购买后需要定期进行维修和保养，所以涉及售后技术、保养价格、维修的备件是不是原厂生产等，这些都是客户关注的。

（5）谈论定金、合同

客户会问"交多少定金""最少要交多少""如果出现退订状况，怎么处理"等问题，还有关于购买合同，他们可能会要求先看看合同是不是合法等。

（6）谈及其他细节

例如，"你们能提供一条龙服务吗""如果买这辆车的话，你们可以送我什么东西呢？"另外，此时客户会特别关注价格，当一切都谈妥了之后，客户还想在价格方面得到一些实惠，最后关头客户还会奋力一搏，寻求店内领导级人物的优惠权限。

2. 肢体语言方面

每位客户，不管是豪华车的购买者还是中低档、经济型轿车购买者，只要最后涉及付款了，客户的情绪都会相对紧张，充满压力，气氛凝重，在这种高压下，客户一定会有不自觉的肢体语言呈现出来。这个阶段客户的肢体语言表现如下：

1）双腿交叠抖动。

2）两腿交叉来回换。
3）女士喝水。
4）男士不停地吸烟。
5）托腮沉思。
6）沉默不语。
7）两个人避开销售顾问在远处好像说什么。
8）打电话询问。
9）拿出银行卡或钱夹……

以上语言和肢体语言的表现，都是在实战工作中总结出来的，可能还有很多，等待大家去观察发现，进而指导实战工作。另外提醒销售顾问，如果听到或者看到上述现象就要向前推进，抓住成交的大好时机。

（三）主动洽谈成交的重要性

1）对于销售顾问来说，主动成交意义非凡。我们形容主动成交为临门一脚，机不可失。

2）主动成交可使销售顾问与客户实现双赢，我们都知道，4S店的现车是有限的，主动成交可使客户提早享受拥有新车的生活。

3）随着市场竞争的白热化，在实际的成交过程中，客户更加理性化，如果销售顾问没有主动成交的意识，客户将很难主动提及成交。

4）销售顾问如果不在合适的时机主动成交，便会给对手可乘之机，从而造成销售机会丢失。

（四）主动成交时机选择

销售的最终目的就是帮助客户解决购买中的问题，最后成功将产品销售给客户。那么，这就需要销售顾问在结束每一个重点销售步骤或者解决了客户每一个重大异议后都应主动提出成交，表2-17为销售顾问提供了在销售流程各关键环节中抓住成交时机主动推进成交的话术。

表2-17 主动成交时机选择

销售环节	话　术
需求分析	"刘先生，通过刚才和您的谈话，了解到您关注迈腾已经很长时间了，这款车的确非常适合您。你喜欢的那款我们正好有货，要不您先交些定金，把车预订下来。"
产品展示	"刘先生，通过我的介绍，您对迈腾又有了进一步的了解，从各方面来讲，它都非常适合您，最近这款车销量很好，您喜欢的那款正好有货，我建议您先把车订下来，免得到时又要等车。"
试乘试驾	"刘先生，经过刚才的试乘试驾，您是不是觉得这款车完全符合您事先的想象？最近，我们店正在举办'购车送购置税'的优惠活动，这个活动到月底就结束了，您现在订的话，可以为您节省一大笔购车费用呢。"
洽谈成交——产品确认	"刘先生，根据我们刚才的沟通，您选择的这款车的总价为14.8万元，麻烦您和我一起到财务先交一下定金吧。"

(五) 主动成交方法

做任何事情都讲究方法技巧，销售中主动成交的方法很多，表 2-18 推荐给大家一些具体方法及话术。

表 2-18 主动成交方法及话术

方　　法	话　　术
主动询问 获得认可	"我还有什么介绍得不清楚的地方吗？" "还有什么事情我没有说清楚？" "刘先生，您看您还有什么疑问吗？"
坦诚直言 主动成交	"刘先生，如果您对我的服务还满意的话，您今天就下定金吧。" "刘先生，您已经是第三次来我们展厅了，如果没有什么问题的话，我建议您还是先把车订下来吧，最近您看中的红色迈腾车卖得很快，这样，我也可以提前给您留一辆。"
渲染"问题" 放大"担忧"	"刘先生，马上就夏天了，每天挤地铁上下班的痛苦，我可是深有体会，我猜您来看车也是想摆脱这样的生活。" "刘先生，您太太这样挺着大肚子，每天都去乘坐公共交通工具，我想您肯定是很担心的。"
展示期待	"我的一个朋友最近刚买车，周末的时候经常带着家人到近郊去玩，我们都很羡慕他的。" "这款车刚刚上市，路上跑的还不多，您每天开着它上下班，绝对有很多人羡慕您。"

三、报价前的准备

洽谈成交前我们需要做好准备工作。准备工作主要包含以下几方面：

1. 环境准备

我们应尽量引导客户到洽谈间、贵宾室，进行价格的洽谈。因为以上环境从语境和氛围上就传递出一种成交的意识，当然也会让客户感受到洽谈环节价格的私密性、针对性。另外，谈判中洽谈桌的选择最好是圆形桌，因为进行朋友式、伙伴式的洽谈，更利于促成交易。

2. 工具准备

在到店接待的环节，已经同大家交流了关于销售工具的准备。完备的工具可以使整个价格谈判的过程事半功倍，而且也能体现销售顾问的专业性。

3. 心态准备

在成交的过程中销售顾问要保持足够自信的心态。自信主要体现在以下两个方面：一是对自己要自信；二是对产品要自信。自信的心态可以感染客户，让客户感觉更安全踏实，从而有效地促进成交。

4. 信息准备

信息准备主要是成交前提和成交信号的准备。

四、洽谈成交环节的异议

前面在车辆展示环节谈到了异议处理，此处又谈到客户异议，下面分析一下二者的区别。车辆展示环节客户的异议多为真实异议，为了顺利过渡到试乘试驾和谈判成交，要从根本上解决客户大多数的产品或者品牌方面的异议；此处又一次谈到异议，根据客户的心理，我分析此处的异议大多为虚假异议，更多的偏重于价格方面，往往是客户为自己最后的购买争取更大的利益。所以，此处还是要分析客户异议提出的心理。异议产生的原因主要有以下几方面：

1. 来自于销售方

1）客户对公司、产品、销售顾问及公司提供服务等方面产生不满。

2）经过车辆展示和试乘试驾环节后，销售顾问对客户提出的问题，如承诺、产品质量、报价等，都认真予以解释和解答，但是客户还是表现出疑虑、不信任。

3）销售顾问的介绍和客户的需求没有完全对接，或者销售顾问介绍产品时，客户听不懂。

以上是来自于销售方的异议，需要经销商或者销售顾问不断提高和完善。

2. 来自于客户方

来自于客户的异议，很多时候是消费者想以一个最为合理和最便宜的价格买到物超所值的产品。主要有如下几方面：

（1）客户试探销售顾问，以确认是否受骗

举生活中的案例说明：我们去可以讨价还价的地方买衣服，销售人员说一件衣服要 700 元，最便宜也要 600 元，你怎么还价？我们可能会说 300 元吧。300 元是试探价，不是我就想 300 元拿走，而是看销售人员会有什么反应，如果很生气，不理我，那就可以再抬抬价格。如果销售人员说，"不行，我们也有成本管着，300 元还不够成本呢，您再给加点。"通过销售人员的两种反应，我们就可以总结出客户的心理——试探销售人员。汽车销售中客户经常会说"人家给我便宜 10000 元，你能给我便宜多少？"这就是试探，面对这种情况，销售顾问要保持清醒的头脑，灵活应对。另外，销售顾问还要清晰了解市场价格行情，以充分应对。

（2）讨价还价的借口

客户此处的表现是挑剔、专挑你没有的产品与你讨价还价。如客户说："你们有红颜色的车吗？"销售人员："没有"。客户："要是有，我今天就定。"如果销售顾问说："有，马上就到。"客户可能会说"那我还是看看白色的吧。"或者客户说你们有××配置吗，如"有倒车影像吗？""有导航吗？""没有，那赠送一个吧，赠送我就买。"以上都为讨价还价的借口。

面对上述情况，正确的处理方法是先询问原因，然后再给出合理解释。如客户对红色车的需求，销售人员要问问客户为什么需要红色，如果客户回答说要作为婚车，那红色对客户来说便是必需的。如果客户说因为喜欢红色，那颜色问题便可商量。

3. 想炫耀自己的能力

有些客户会在销售顾问面前表现自己知道得多。面对这种情况，要给足客户面子，而且态度要好，赞美客户，并表示希望向客户学习。

总之，在此处我们要分析好客户的心理，进行合理应对。另外，还要把握成交要点。例如，发现成交信号，主动试探；推销自己和其他经销商的与众不同；使用旁证。在解决客户异议后增加客户对自己和经销商价值的深层次认同。

五、洽谈成交方法与价格处理技巧

(一) 客户议价三阶段

客户的价格异议在每一个销售阶段都可能遇到,在此,我们对其做了一个大概的总结分类。将其分为初期问价、中期问价、后期问价。三个阶段与销售流程对应情况如下:初期问价对应获取客户、展厅接待、需求分析环节;中期问价对应需求分析后产品展示、试乘试驾环节;后期问价对应产品确认至成交等环节。客户询价的具体动机、问题及解决策略分别见表 2-19 和表 2-20。

表 2-19 客户议价三阶段

	初期问价	中期问价	后期问价
动机	购买习惯	理性比对	"低价"购买
问价目的	了解产品的价格信息,为购买做准备	对比竞争产品衡量最优选择	节省资金,尽量以最低的价格满足需求
客户问题	"这款车手动挡的多少钱?""自动档的呢?"	"我也看了丰田的花冠,给我的价格是 13 万元,你能给我多少?""你们的报价水分太大,太没有诚意了"	"如果你能再便宜 3000 元,我现在就付款。""如果能够免费送我加装倒车雷达的话,我今天就能付款。"

表 2-20 销售顾问议价策略及话术

	初期问价	中期问价	后期问价
应对策略	给出区间价格 报价不议价	示弱 拖延 获取承诺	确定底线 TMD(时间—金钱—决定)策略
应对话术	"这款车有 4 种不同的配置,价格从 10 万元到 15 万元不等。"	"我非常想帮您,但是您说的这个价格,我真的没有权限给您,每个车型厂家都是有指导价的,低于指导价,我们会被处罚的。" "我还是先给您介绍一下吧,如果它的性能不能满足您的要求,那么多少钱也没有意义呀!" "如果您能决定今天就买的话,我可以去问一下经理。"	"我也想帮您争取一个好的价格,但是这个价格已经是最低价了,昨天我去帮一个客户申请价格,就被经理骂了一顿。" "如果这个价格可以的话,您今天能定下来吗?" "如果这个价格可以帮您申请下来的话,您今天就能交定金吗?" "如果我帮您申请了这个价格,您就可以做决定吗?别一会儿您对我说,还得和您太太商量一下。"

➢ 即使涉及价格谈判,也要保持足够的尊重和理解。
➢ 决定谈判成功的因素:50% 是价格因素,50% 是感情因素。

(二) 价格洽谈的方法

1. 假设法和压力法相结合

现在很多汽车公司都在用各种各样的方法来促成客户成交。如销售顾问会这样运用假设法:"先生,如果您要买的话,您是选择黑色的还是选择白色的?"你把这个问题抛给客户。如果这个客户的回答是肯定的,就直接顺理成章地进入买卖;如果是否定的,就说明这个客户肯定有什么问题没解决,就想办法再去解决那个问题。毕竟这是一个试探性的问题,客户可根据他自己的需要回答,黑的不要,白的也不要,要银色的。那么话题就来了,就按照银色的车往下谈。销售顾问可以告诉客户,"这款银色的车,库存还剩两辆,星期一刚到的货,六辆车现在只剩两辆了。"如果客户真想买,听到销售顾问这么说会有些紧张,担心再不买过两天又没了。假设法与压力法结合起来,促成交易就容易多了。

2. 二选一法

销售顾问也可以说,"这几款车你选择哪款,你喜欢哪款?",或者说"此次购车您是现金还是刷卡、是全款还是用分期按揭?"等,让客户自己去选择。

3. 诱导法

比方说公司目前搞促销活动,从×月×号到×月×号,此时间段要买车的话,公司会有一些优惠。

4. 赞美法

比方说,客户正在看×款车,销售顾问可说:"先生,您真是很有眼力啊,这款车销量特别好,好多客户选择。"

5. 团队配合法

销售顾问在展厅里面要互相配合。比如,利用给客户倒茶和递送资料的机会夸奖一下正在洽谈的销售顾问:"小张是我们这里最资深的销售顾问了,他很有经验,通过他购车您会很省心。"这样可以加快成交的速度;客户犹豫不决时,也可以借助团队的力量,如可请同事帮忙查库存,同事反馈信息如下:"小张(正在洽谈的销售顾问),咱们库存就一辆,××销售顾问的客户也在就这辆车洽谈,不知道他付钱了没有。"这样也可以加快成交的速度。

可见,销售成功,既需要销售顾问个人的努力,也需要同事之间相互支持和配合。当然,在关键时刻,如果销售顾问能主动帮忙效果会更好。

6. 转移法

客户谈价格,销售顾问便要和客户谈产品;客户谈产品,销售顾问便要和客户谈服务。避免迎合客户的价格要求,使自己陷入谈判僵局。此时给客户多少优惠,客户都会觉得贵,所以销售顾问要进行转换,通过建立价值应对客户的价格要求。

7. 成本比较法

产品的成本包括车辆购置成本、车辆使用成本、车辆养护成本、二手车残值等。一般情况下,维修成本和风险成本不可控,所以一般只考虑前三项成本。购置成本包括产品的价格、保险、购置税、上牌手续费等。使用成本主要是指油费。销售顾问要使用这个方法,需要掌握竞争车型的相关数据。

(三) 价格处理技巧

1. 理性谈判

销售顾问和客户在经历了初次接触、需求分析、车辆展示、试乘试驾,到谈判成交环节,双方相处往往已经比较融洽,但是在谈判环节,销售顾问一定要保持清醒的头脑,只能在不违背经销商利益和法规政策前提条件下，给予客户适当的优惠。

2. 巧用资源

洽谈成交环节可以和客户谈车型紧张、可以利用客户从众心理、可以凭借已有客户订单促进销售成功，而不能依靠让价来挽回客户。另外，还要巧用经销商店内可利用的资源，如小礼品、油卡、售后保养代金券等。

3. 不轻易让价

客户讨价还价，销售顾问不能轻易做出让步，你轻易让步了，客户就会步步紧逼，总觉得你还会有让步余地。

4. 策略性降价（让价要有代价）

客户："您再便宜点吧？"销售顾问："如果您能够在我们店购买保险的话，我可以试着向经理申请这个价格。"要彼此互做让步。

推荐话术：

1)"如果您能够在我们店购买保险的话，我可以试着向经理申请这个价格。"

2)"我们不妨换个思路，如果您能够选择在我们店贴膜的话，我们就可以送您全套的原厂座套。"

3)"关于您讲的赠送精品的要求，我们可以考虑这样的方案，您购买多少精品，我们就可以送您同等价值的精品。"

5. 让价不超过三次

在谈判成交环节，销售顾问要尽量坚守给客户的价格，如果非要进行让价，我们遵循的原则是先大后小，不超过三次。

6. 使用"加减乘除"的策略方式

所谓"加"就是强化经过产品展示和试乘试驾后产品能够给客户带来的利益，可采用FFB语法，将产品突出的特点转化成利益后总结在一起提醒客户。

"减"就是在强化利益后，客户的担忧依然存在，需要去解决，不能仅局限于价格的争执之中，而应将客户的关注点从价格引导到客户的需求上来。

"乘"指扩大现有的优势，这些优势可以是产品与竞争对手相比所具有的优势，也可以是现在促销政策或价格优惠的优势。总之，要让客户认识到经销店为了成交已经做出了相应的让步。

"除"的目的是消除自己的产品和竞争对手产品的价格差异，价差消除的主要方法就是将现存的价差在产品的使用寿命内平均到每一天，这样就使原本显得较大的差异，通过除法的效应缩小了。这种方法是我们在销售过程中谈到价格问题时，经常使用的方法。

依据价格谈判技巧总结得出结论：谈判的本质和核心就是让客户有赢的感觉，通过艰难的谈判，让客户觉得销售人员再没有让价的余地，客户才能对价格非常满意。

六、洽谈成交要求及行为规范

通过后续跟进再次成功邀请客户到店洽谈是成交的关键一步，这时候客户往往对再次到店满足他们的需求有着强烈的期望，也期望经销商能够给他们提供额外的附加价值。销售顾问应充分重视本次洽谈，在与客户洽谈前务必提前准备好所要洽谈的内容、提供的方案及相

关文件,这样在客户到店后才能做到胸有成竹。做好洽谈这些关键点的要求及行为规范如下:

(一) 准备相关文件

行为规范:

1) 在客户到店前,要对客户的异议和需求进行分析,并制订相应的解决方案。

2) 准备相关文件,包括合同、报价单等,可提前在 iPad 中按与客户的约定制作并打印输出。

执行参考:

相关文件一定要提前准备,可设定多种方案,不要在客户到店后再仓促准备而给客户留下不好的印象。

个性化建议:

从联系客户、接待客户、跟踪客户甚至是成交整个过程中,销售顾问要承担大量的工作,因此有必要让销售顾问从一些烦琐的基础工作中抽离出来,建议经销商可以让销售顾问助理负责一些文件资料的准备工作。

(二) 签订协议

1. 提供报价并做详细介绍

行为规范:

1) 在确认车型配置与颜色基础上,结合二手车估价、衍生服务、精品附件等制作报价单。

2) 对方案和报价单加以解释,耐心回答客户的问题。

3) 强调客户可以获得的利益和附加价值。

4) 如果客户不接受,送别客户,在 CRM 系统中更新客户信息并制订跟进计划。

执行参考:

1) 应有一个议价权限空间,在该权限范围内给客户的报价应该有技巧,不应一次报底价,以避免客户对报价有异议时,无法议价。

2) 避免频繁向上级申请价格而给客户造成还有议价的空间,以及交易价格不公开透明的错觉。

3) 在此环节不要过多地给客户施加压力。

推荐话术:

"张先生,我们已经提前为您准备了报价单,请您过目。我为您详细说明一下其中的内容……"

2. 签约成交

行为规范:

1) 在与客户达成一致意向后,与展厅经理一起对合同进行确定。

2) 向客户解释合同细节,请客户签约。

执行参考:

1) 完成所有购车书面文件一定要及时、快速。

2) 如果客户最终选择的车型,如宝来运动款或高尔夫 7 旗舰版配备 17 英寸轮毂,销售顾问除了签订销售合同之外,还需要向客户额外提供 17 英寸轮毂告知函并解释告知函的内容。

推荐话术：

"××先生，这是购车合同，我为您详细说明一下其中的内容……如果没有异议，请在这里签字。"

喜悦点：

1）如果客户时间有限，经销商也可以提供上门咨询或者签单服务，为客户提供方便。

2）制作精美的带有一汽-大众Logo和经销商名称的文件袋，把报价单、合同等相关文件放在文件袋中提供给客户。

3. 陪同客户交定金或全款

销售顾问行为规范：

1）合同签署后，引领客户前往财务付款。

2）向收银员介绍客户。

3）与客户确定剩余款项的付款方式，根据付款方不同，提醒客户携带不同的证件和资料。

4）如果有现车，进入交车环节，如果没有现车，销售顾问向客户介绍大致的交车时间和流程。

收银员行为规范：

面带微笑，祝贺客户成为一汽-大众车主。

执行参考：

遵循尊者为先的介绍原则。

客户如刷卡输密码，应回避。

4. 交车事项沟通

行为规范：

合同签署后，与客户确定合适的联系方式，并告知客户后续的车辆交付流程和手续材料。

任务专项实训

实训项目

洽谈成交环节制订提案，促成交易。

实训目的

通过制订提案，促成最后交易，培养学生及时发现成交信号的能力，并使其学会充分利用谈判方法和谈判技巧，主动推进，达成交易。

实训内容

根据所给资料进行情景模拟演练。资料如下：

一汽-大众华阳大众4S店销售顾问郑丽媛接待了预约客户林先生，了解需求、看车、试乘试驾后，林先生给朋友打电话询问其他店价格，朋友告知能便宜5000元，并有送赠品、免费保养两次等优惠项目。林先生由于家离一汽-大众华阳大众4S店比较近，为了方便日后的维修保养等，准备在该店购车，但是销售顾问开始并不知情，不知道客户到底怎么想的。在需求分析环节，销售顾问了解到客户的家庭住址离4S店比较近，经过一番艰难的洽谈，最后成功促成交易。

实训步骤

◎ 将学生进行分组，5人一组，根据所给资料进行角色分配。

◎ 以组为单位，进行情景设计。

◎ 每组选派一人扮演销售顾问，一人扮演客户，进行组内演练，要求组内轮流扮演上面两个角色。其他人作为观察员，记录优点和不足。

◎ 选派组长抽签，选中者，在班级进行模拟演练，时间为10min；本组其他人和其他组员作为观察员，进行点评，时间为5min；教师点评5min。

实训评价

◎ 完成情景设计。

◎ 完成谈判成交环节视频拍摄。

营销小策略

不少人都知道脸部表情和手势会表露心事，却未发现双脚动作正将心事一点一点泄露出去。脸部的秘密语言可在很大程度上表露我们的性格特征、对谈话对象的看法、心情和心理状态。双脚是非语言沟通的一个神奇渠道。脚部让我们"露出马脚"的原因可能是因为它是反馈最少的身体部位。大部分人知道自己的面部表情是怎样的，可以戴上微笑面具，可以掩饰眼神；有人注意到自己的手正在做什么；但除非我们刻意去想，否则完全不知道自己的脚在干什么。所以销售中我们还可以通过观察客户双脚的动作，来观察、判断和总结客户的心理。

任务十二　新车交付

任务十二知识框架展示

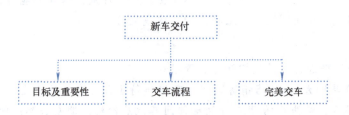

第二部分　汽车销售流程

1. 了解车辆交付的阶段目标
2. 认识到车辆交付的重要性
3. 掌握车辆交付流程

1. 能够按照车辆交付流程交车
2. 能够发挥创意创造让客户欣喜的交车仪式

模拟销售顾问，完成客户的车辆交付工作，设计完美的交车流程。

销售顾问梁东预约客户李先生明天交车。李先生准备和妻子、朋友等一起到店提车。预约中李先生提醒销售顾问尽量快点、别忘记之前的承诺。

上述材料中客户李先生到店提车并提出了自己的想法。要想完美交车，满足客户的期望，需要销售顾问做好交车前的一切准备工作，且要快速执行销售流程，给客户及朋友意外的惊喜，让客户高高兴兴离店，后续客户的朋友如果还能回头来买车，那整个交车过程就达到了目的。

1. 车辆交付的阶段目标
2. 车辆交付的重要性
3. 车辆交付流程

车辆交付环节，首先会探讨新车交付的重要性。新车交付意义非凡，要想在实际的销售过程中做到完美交车，需要关注车辆交付环节的主要关键点，如图2-41所示。

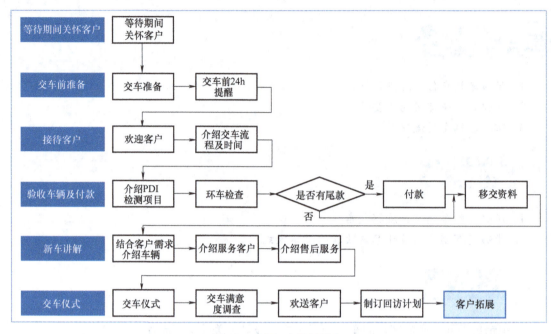

图 2-41　车辆交付关键点

一、车辆交付的阶段目标

（一）车辆交付环节客户的期望

客户对新车有期待，对销售顾问也有期待。

1）新车整洁干净、无缺陷，已配有承诺过的各种选装件或精品。

客户一进店就看到自己的汽车干净、亮丽地摆在交车间，会很高兴。

2）销售顾问做好充分准备，客户进店后依然能保持热情状态，并提前准备好各种文件资料，节省客户的时间。

由于销售顾问很重视此次交车，也很细心，所以交车过程很顺利，客户会非常满意。

3）在交车过程中掌握新车各项功能的操作，了解保修范围、保养间隔及成本。

客户购车，交车前接触的最多的就是销售顾问。由于汽车 4S 店有售前和售后服务，所以新车交付后，客户面对的更多的就是售后人员，比如服务顾问等。客户对新车的使用功能往往不是很了解，为避免客户未来由于使用操作方面出现问题引起抱怨，应该向客户介绍服务顾问；使用过程中可能会出现事故，所以还要向其介绍保险专员等。上述人员会为客户讲解所有后续车辆使用过程中的注意事项及遇到问题后如何处理等。

汽车销售中，客户购车交款提车，为什么要特别强调交车环节呢？因为刚才我们谈到了交车环节客户的期望很多，为了满足甚至超越客户期望，我们会做很多准备工作，希望客户都能看得到、感受得到，并拥有如下体验：

（1）正确的选择

通过交车环节，让客户感受此次购买是正确的选择。正确的选择包括：对品牌和产品的选择、对销售顾问的选择、对经销商的选择等。

客户提车，和之前自己预想的完全一致：见到爱车，干净整洁；看到销售顾问依然热情为自己忙前忙后；经销商提供的服务也始终如一、所选品牌的价值充分体现出来了。

（2）信赖感

交车环节前是新车销售，客户信任销售顾问，所以通过他购车；交车后，由于经销商有售后服务部门和售后服务流程，服务顾问的出现和介绍，会让客户感受到售前到售后服务的连续性，使得客户心里踏实，从而产生信赖感。

（3）美好回忆

客户打算购买新车到拥有爱车的过程如同寻找心爱的伴侣一样，如果有一个完美的交车仪式会如同拥有一个完美的结婚典礼，给客户留下深刻印象。

那么如何实现上述目的呢？

（1）预想客户期望

销售顾问应把自己当成客户，站在客户角度考虑问题，想客户所想。

（2）创造感动

进行交车准备时，销售顾问应该根据客户特点，创造感动，如赠送小礼品等。当然，小礼品要彰显个性、富有特色。

（3）意外惊喜

例如，一位客户给妻子的生日礼物是一辆奥迪 Q3，他拿着妻子的身份证办理手续时，销售顾问留意了一下他妻子的出生年月，在交车环节送给客户一个与他妻子属相一致的平安挂件。收到礼物后客户特别高兴，没想到销售顾问这么细心。

（二）车辆交付的阶段目标

1）创造令人难忘的新车交付仪式，强化客户的明智选择，巩固并提升客户关系。通过交车仪式，可让客户感受倍受重视，创造客户感动，让客户觉得自己的选择没有错，从而加强客户对经销店和销售顾问的认可。

2）让客户了解如何使用和发挥新车性能，树立口碑，从而为个人和经销店带来更多销售机会。车辆交付的时候，安排服务顾问出现，会让客户觉得心里更加踏实。客户会感受到，虽然完成了整个购买过程，付款结束，但销售顾问对自己依然如初，值得信赖，亲戚朋友买车会帮助推荐。

3）确保客户较高的忠诚度。车辆交付环节很特别，之前销售流程的各个环节，都探讨了阶段目标，大家会发现，阶段目标是否都能达到，销售顾问自己都能看到或者体会到，但是交车环节看不出来，所以只能尽量做到面面俱到，创造感动，提升客户体验，为赢得较高忠诚度努力。

二、车辆交付的重要性

1. 销售满意度的考核

汽车生产厂家对经销商销售顾问的考核中包含很多因素，新车的车况和整洁程度，交车过程中对客户的关注程度，完成交车所需时间，是否对新车功能、用户手册进行详细解释，是否介绍售后服务顾问或告知售后服务顾问的联系方式，整个交车过程是否感觉愉快等，所占考核比例大概会占到 1/3。一些销售顾问销售满意度（SSI）比较低就是因为交车环节做得不够好。因此，每一个销售顾问都需要非常重视新车交付环节。

2. 保持客户的忠诚度

一般来说,交车环节客户会很兴奋,如果销售顾问和客户不在一个频道上,就会使客户形成心理反差,导致情绪低落,形成不良后果。

案例:

王女士去商店买服装。一进店销售人员热情高兴、满面春风地迎接了她,接下来给王女士倒水、拿椅子让她先坐坐,不着急,然后又帮她选衣服,王女士试了 6 件衣服,最后买了一件,付款交钱,销售人员依然热情。这时候又进来一位客户,销售人员面对店内的已经购买了的客户和刚进来的客户,有了这样的接待方式:销售人员对待刚进来的客户如同对待初进店的王女士,而对王女士则不再理会,听任其悻悻地离开了。

试想,如果销售人员留下王女士的联系方式或者加微信、QQ 等后,告诉王女士以后有新品到店会告知,高高兴兴地把王女士送出门,然后挥手告别,欢迎她下次光临,然后再接待下一位客户会有什么不同的效果。

交车也是一样,交车环节可以说是一次销售的终结,此环节非常重要。如果销售流程是一个圆环的话,要保证它一直是一个闭合的圆环,关键看能否顺利交车。

对于客户而言,新车交付环节才是自己梦想实现、拥有爱车的时刻,此时其兴奋度达到最高。如果销售顾问已经开始为下一个客户忙碌,而不理会已经成交了的客户,势必会引起客户心理上的变化。我们重视交车,最终目的是让客户保持高的忠诚度,然后才能转介绍或者重复购买。

三、车辆交付流程

车辆交付不是客户交钱后就可以提车,即使有库存也不能。原因是我们要按照具体的交车流程来操作,执行交车流程规范,尽最大努力保证客户拥有爱车那一刻是完美的。

车辆交付流程如图 2-42 所示。

1. 交车前准备

车辆交付的准备工作包括销售顾问店内准备和销售顾问对客户的提醒告知。

(1)销售顾问店内准备

交车前的准备工作尤为重要,一定要在交车前做好所有准备工作,包括车辆状态、文件资料准备及人员协调等,避免客户到来后由于准备工作未完成造成抱怨。

① 交车前委托服务顾问进行 PDI 检查。

② 检查车辆随车文件资料及工具的完整性,将整理好的所有文件资料放到交车文件袋内。

③ 提前为客户车辆加好油,确保 10 升以上。

④ 提前准备小礼物(准备充分,参加交车的客户都要赠送)。

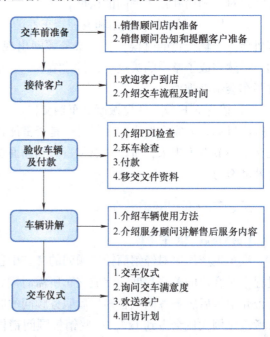

图 2-42 车辆交付流程

⑤ 预先进行洗车，保证内外清洁，预定交车位，并保证交车位清洁。

如果有条件建议经销商专门配备若干名交车人员，负责需交付车辆的整备工作，包括车辆检查、清洁、加油、礼品准备，及交车位预定的协调工作。

（2）销售顾问对客户的告知和提醒准备

提前告知客户交车的流程以及所需时间，让客户提前有所准备，避免交车当天由于客户时间紧张未及时安排，而造成仓促交车。交车前提醒客户带齐所需要的相关证件，避免客户到店时由于手续不全无法提车而产生抱怨。

① 交车前提前24h电话提醒，欢迎客户前来参加交车仪式。

② 与客户确认交车时间、付款方式及金额，并温馨提醒客户携带相关证件与文件，包括发票、出厂证、保险单、保修单及说明书等。

③ 向客户简要介绍交车流程及所需时间，强调对客户的好处，提醒客户交车当天提前安排好时间。

④ 邀请客户的家人或者朋友一同参加交车仪式，并询问是否有特殊要求。

⑤ 在当天进行短信提醒。

2. 接待客户

（1）客户迎接与接待

① 销售顾问提前30min把车辆停在交车区。

② 整理仪容仪表，准备好相关文件。

③ 面带微笑，热情欢迎客户到达。有条件的经销商，最好在门口立一个上面写着"欢迎××到店提车"字样的展示架，营造客户到店提车的温馨氛围。所有与客户接触过的经销商员工都以客户姓氏问候客户，自然微笑并恭喜客户，与客户分享喜悦。

④ 引导客户到休息区。引导客户到休息区，根据客户习惯和爱好主动提供饮品，并请其落座休息。

（2）向客户介绍交车流程以及所需时间

这是比较容易引起客户抱怨的环节，因此在交车时要注意降低客户的期望值，预约交车时间要比实际交车时间稍长，这样如在预约时间内提前完成交车，可提高客户满意度。

3. 验收车辆及付款

（1）介绍PDI检查

① 告知客户已按照PDI检查表对车辆提前做好车辆整备，让客户了解新车在交给他们之前已经全面检查，并完全具备交车条件。

② 按照PDI检查表（见表2-21）向客户说明解释相关检查项目，最后请客户签字确认。

（2）环车检查

① 引领客户到新车旁，陪同客户进行新车检查。

② 利用《新车交车确认单》（见表2-22）进行确认，说明相关内容，请客户确认。

（3）付款

付款主要考虑两方面：一是销售顾问方面；二是收银员方面。

1）销售顾问：

① 询问客户是否可以付款，与客户确认金额。

表 2-21　北京现代汽车有限公司 PDI 检查表

北京现代汽车有限公司

经销商代码＿＿＿＿＿

经销商名称＿＿＿＿＿

新车交付前 PDI 检查表

车型		颜色		出厂日期		交车日期	
VIN 号				发动机号		里程显示	

第一部分：内/外部环车目检 安装护车套件，除掉车身保护膜 □检查车内部与外观是否有缺陷 □检查漆面、电镀件、车内/外装饰是否有缺损	□车内/外灯的操作 □车内音响设备的操作与状况 □风窗玻璃清洗器和刮水器的操作 □倒车镜/后视镜的调节 □仪表显示及点烟器 □时钟与空调
第二部分：发动机舱与轮胎 □发动机舱盖锁扣及支架 □蓄电池状况 □发动机配线的连接 □发动机舱软管的连接 □散热器冷却液的液位 □风窗玻璃清洗液的液位 □制动液的液位 □发动机油位 □自动变速器油位 □离合器液的液位 □轮胎状况/气压（包括备胎）（2.1kg/cm²） □轮胎螺母转矩（900～1100kg·cm）	第四部分：路试 □发动机噪声 □仪表板警告灯 □ABS/气囊警告灯 □制动踏板的操作 □驻车制动器操作 □加速器踏板操作 □离合器踏板操作 □变速器换档装置操作 □加热器与通风装置操作 □后窗玻璃除霜器 □喇叭操作 □异常噪声与振动 □转向操作（方向盘转到中心位置） □发动机性能 □自动变速器液位（热态检查） □怠速/排放
第三部分：车内操作与控制 □离合器踏板高度与自由行程 □制动器踏板高度与自由行程 □加速踏板 □驻车制动器的高度与行程 □座椅/安全带的调节 □遮光 □熔丝 □儿童锁 □门锁/车窗 □眼镜盒/天窗	第五部分：车辆交接 □检查随车物品、工具、备胎、千斤顶、用户手册、保修手册、合格证、钥匙是否齐备 □全车内外清洁/清洗，检查车辆是否漏水

车辆使用常识
□汽车油耗（行车电脑特点）；　□安全气囊；　□车灯雾气；　□轮胎使用注意事项；　□其他客户通信

交接确认
以上车辆经双方验收车况完好，各项工具及必要附件齐全，用户手册、保修手册、合格证等随车资料齐全。特此证明

（盖章）

检查员签字	销售员签字	销售经理签字	车主签字
日期	日期	日期	日期

经销商地址：　　　　　销售电话：　　　　　服务热线

说明：1. 检查项目正常打"√"，不正常打"×"。2. 此表一式两份，销售部和服务部各一份。

② 引领客户到收银处进行付款。
③ 先将收银员介绍给客户，再将客户（姓氏尊称）介绍给收银员。
2）收银员
① 面带微笑，以客户姓氏问候客户，并表示祝贺。
② 唱收唱付，处理收款事项。
③ 将付款材料（发票等）装入一汽-大众文件夹，双手呈递给客户。
（4）移交文件资料
客户接车前希望销售顾问能够把所有的随车文件及收据整理好并交予他们，因为交车时资料繁多，因此将资料整理好并向他们详细说明十分必要。
1）依据各车型的首保里程，让客户在免费保养凭证上签字。
2）车辆合格证、发票、车辆钥匙及条码、纳税申报表、保险手续等，当面核对并要求保管好。
3）移交随车资料，包括《保养手册》《服务网通信录》《首次免费保养凭证》《售前检查证明》《安全使用说明》《三包凭证》（仅向家用汽车用户提供，非家用汽车用户不提供，须将《三包凭证》从随车文件中取出）。
4）向客户介绍有关三包条款，并告知只有家用汽车享受三包服务，介绍保修期和三包有效期的内容，并请客户在《三包凭证》上签字确认，当日将《三包凭证》上的存档联交索赔员存档，《三包凭证》上加盖 PDI 章。
5）向客户介绍应当使用一汽-大众认可的备件，4S 店是提供原装备件的唯一渠道。
6）陪同客户当面检查新车外观、内饰状况及随车工具/备件和随车文件完整性，逐项核对。
7）向客户介绍《服务网通信录》，告知均为一汽-大众授权服务网点，都能提供专业的服务。
8）请客户在《新车交车确认单》上签字确认。
9）将所有文件装在文件夹里，然后交给客户。
以上文件要在有限的时间内快速完成递交，并请客户确认签字。

4. 车辆讲解
（1）销售顾问讲解介绍车辆使用
1）介绍新车，重点介绍客户感兴趣的功能和操作，在有限的时间内让客户熟悉爱车的基本操作。
2）解释产品配置和功能，解答客户的疑问。
3）使用《安全使用说明》，讲解车辆规范操作要领，并将客户感兴趣的内容即时贴做标记。同时提醒客户阅读《安全使用说明》中的安全注意事项，按使用说明书的要求进行使用和维护保养。
（2）向客户介绍服务顾问，服务顾问讲解售后服务内容
服务顾问递交名片，主动向客户介绍服务透明车间。服务顾问介绍的内容有：维修保养常识；维修保养周期；质量担保规定，告知客户最新 DSG 变速器质量担保政策；24h 的救援热线；预约服务以及好处。

表 2-22　新车交车确认单

车主姓名：		证件号码：		交车日期：	年 月 日
车型代码：		底盘号码：		发动机号码：	
合格证号码：		联系地址：			
固定号码：		手机：		销售顾问：	
车况检查					
外观良好		车内外整洁		装备齐全	
随车附送的资料和物品核对					
保养手册		服务网通讯录		首次免费保养凭证	售前检查证明
备胎		主、副钥匙		天线	千斤顶
螺钉旋具		故障警示牌		烟灰缸	点烟器
安全使用说明书					
证件及单据点交					
发票		纳税申请表		合格证/行驶证	身份证/暂住证
保养单		三包凭证			
车辆使用讲解					
座椅/方向盘调整		后视镜调整		电动窗操作	空调、除雾
音响系统		灯光/仪表		发动机盖/油箱盖操作	刮水器、喷水
油/玻璃水/防冻液及燃油标号				其他装备、安全气囊/GPS 导航/DSG/ESP/行车电脑	
一汽-大众热线电话				24h 救援热线	服务中心电话
服务顾问					

祝贺您拥有一汽-大众品牌汽车，能为您提供真诚的服务，是我们华阳大众汽车销售服务有限公司的荣幸。
祝您用车愉快！

车主签字：　　　　　　日期：　　　　　　销售顾问签字：　　　　　　日期：

5. 交车仪式

充满喜悦的专属的交车仪式会给客户营造出一种良好的氛围，表达经销商对客户的尊重。参加交车仪式的人员有：销售总监（展厅经理）、销售顾问、服务顾问、客户顾问等。以"鞍山何佳奥迪"的交车仪式为例：

鞍山何佳奥迪交车仪式

◆ 在交车间准备好车，红布放好，车轮系红布条。

◆ 当客户来时销售顾问陪同客户在展厅聊天，通知其他同事准备交车仪式用品（10L 汽油、两瓶水或者饮料、客户喜欢的 CD 等）。

◆ 主持人（销售顾问）："今天是最尊贵的车主××的交车之日，请工作人员做好交车准备。"（此时放倒计时音乐）音乐结束后主持人宣布：销售顾问×××陪同车主×××进入交车现场（走红地毯）。所有工作人员站在门口鼓掌欢迎，销售顾问送花（在交车间门口）。

◆ 送花的话术："今天给您交车，我特意为您订了一束鲜花，来祝贺您喜得爱车。"

◆ 客户进入交车间后，播放歌曲《恭喜发财》。销售顾问介绍销售经理、服务顾问、客服人员及同事。销售顾问陪同客户掀开车的红盖头，其余人员共喊口号——何佳购车、家和万事兴！然后告诉客户我们给您加了10L汽油。

◆ 销售顾问及在场人员合影留念。

◆ 送客户开车离店，挥手告别。

(1) 交车仪式的行为要点

1) 交车仪式和礼品的准备应尊重当地风俗，营造客户满意的氛围。

2) 交车小礼品，切勿采用假花，礼品并不一定贵重，但一定要让客户感受到我们的诚意。

(2) 交车满意度回访

交车仪式后，邀请客户进行满意度调查，告知客户接下来的回访，是为更好地了解客户的用车感受。

(3) 欢送客户

提醒客户选择就近的加油站加油，提醒燃油标号，并示意加油站的位置。（加油站若太远，经销商可以制作加油站路线卡提供给客户），出席人员列队挥手送别客户，直至客户远离，从视线中消失。

(4) 回访计划

送走客户，我们要核对、完善 CRM 系统，制订回访跟踪计划。

任务专项实训

实训项目

按交车流程预约客户交车。

实训目的

通过交车，让学生认识到交车环节的重要性，掌握交车流程及如何提升客户满意度。

实训内容

销售顾问周冬雪接待了预约客户王先生明天9点交车。销售顾问做好了一切交车准备，并询问客户是否有特殊事项，邀请家人和朋友一起来提车。客户一到店就看到了自己提车的展示架，步入展厅就听到销售顾问"欢迎李先生及家人和朋友到店提车"，同时配有欢快的音乐，李先生及家人和朋友被引领到休息区。经过2h的时间，销售顾问提前完成了交车各个环节，进行了交车仪式后，顺利同李先生及其家人和朋友告别。

实训步骤

◎ 将学生进行分组，10人一组。

◎ 以组为单位，分配扮演角色，包括客户、客户家人及朋友；销售顾问及经销商代表。

◎ 以组为单位，不同角色各自分工，准备材料、进行交车仪式设计等，然后模拟交车活动。

实训评价

◎ 完成谈判成交环节视频拍摄。

> **营销小策略**
>
> 销售顾问要多为客户考虑,这样不仅有利于获得客户的信任,还能从与客户的交谈中获得有用的信息。而且,真心实意地为客户利益考虑,客户才会信任你,进而购买你的产品,并在购买产品后转介绍更多的客户前来购车。

任务十三　客户维系

任务十三知识框架展示

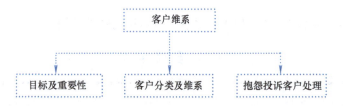

知识目标

1. 了解客户维系的阶段目标
2. 认识到客户维系的重要性
3. 掌握如何进行客户维系
4. 掌握抱怨投诉客户处理技巧

能力目标

1. 能够进行有效客户维系
2. 学会处理客户抱怨投诉

任务导入

模拟销售顾问,完成车辆交付后对客户进行回访。

任务资料

客户李先生拥有爱车一周,他购买的是一辆2017全新迈腾豪华版。销售顾问梁东当天给客户打了电话，询问了李先生对爱车的感受，还问及有没有不会用的装备，欢迎随时打电话咨询，后又告诉李先生，有朋友想买车的话，介绍给他，而且转介绍公司还有礼品赠送。彼此交流非常愉快，并承诺客户，公司有好消息会及时通知到本人。电话结束后梁东又更新完善了 CRM 系统中客户的相关信息。

从上述材料中我们看到销售顾问与客户进行了回访，那么要想尽量使客户开心愉悦，跟踪也有跟踪技巧。有的销售顾问懒于跟踪，这对未来销售不利，因此我们要充分重视交车后的客户维系环节。

1. 客户维系的阶段目标
2. 客户分类及客户维系
3. 客户抱怨和投诉处理

客户提车后一段时间内会对车辆比较好奇，也会有很多疑问，这个时候销售顾问和客服专员及时电话回访客户，大多数客户是表示欢迎的，他们会感受到来自经销商的关怀。另外，从汽车销售角度看，目前各大汽车品牌存在着竞争，这种竞争不仅是产品本身的竞争，很多时候是一种服务的竞争。销售顾问可通过客户维系提供个性化的服务，满足或者超出客户的期望，从而使客户由购车时候的满意转化为购车后的忠诚，或者转介绍客户，帮助销售顾问进行新客户开发。那么如何做好客户维系呢？还需要掌握客户维系的主要关键点，如图 2-43 所示。

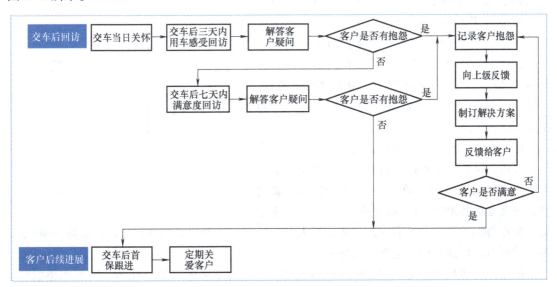

图 2-43　客户维系关键点

一、客户跟踪的阶段目标

（一）跟踪环节客户的期望

交车后一段时间内，客户刚拥有爱车，比较有新鲜感，由于交车时间有限，客户对车的了解不一定全面，所以交车后联系意味着销售顾问会对客户保持持续的关注。而且交车后与客户保持联系可以及时发现问题，及时处理问题。在此环节客户的期望如下：

1）销售顾问在购车后继续关注我，每次联系时都提供一些有用的信息，让我感觉到有价值。

客户提车后销售顾问和客户保持持续的联系，证明不是客户买了车销售顾问就不理他们了，要让客户感受到经销商和销售顾问对客户的持续关怀。而且每当经销商有什么活动，如新车型上市、自驾游、试乘试驾活动等都会及时通知客户，为客户提供值得信赖的信息。这均有利于客户的忠诚。

2）在回访中，继续与我建立友好的关系，使我感觉到这家经销店始终欢迎我。

汽车销售和其他产品的销售不同，比如家电的购买，大家会发现，我们在购买家电的时候哪里便宜我们就会去哪里购买，因为我们对购买地点没有期待。但是汽车销售中客户购车使用后，需要保养，如果出现事故需要维修，汽车4S店销售顾问经常和客户保持联系，换角度看也说明他们始终如一地欢迎客户，想和客户建立友好关系，以实现售后环节的双赢。

在销售中，重复购买的客户也被称为回头客。回头客占客户总数的比率，我们称之为"回头率"，它反映了企业对客户的保持能力以及客户对企业的忠实程度。那么客户为什么会重复购买，这和什么有关系，也就是客户的回头率和什么有关系？请大家看图2-44。

通过图2-44我们会发现客户的回头率与产品和服务有关系：服务和产品都好，客户的回头率会达到97%；服务好，产品不好（这里的不好是指一般，如果特别不好就谈不上回头），回头率会达到67%；产品好，服务不好，回头率会达到30%；产品和服务都不好，还是有人买，回头率会达到20%。深入分析67%和30%这两个数据，大家就会发现，回头率的高低与服务的好坏息息相关。

提高客户回头率，保持已获得的客户，对汽车企业来讲，是极为关键的，没有客户，汽车企业就无法经营下去。不过，许多企业只注意争取新客户，并向他们推销产品，而忽视了老客户。事实上，企业得到的客户总是有限的，为了扩大经营场所，不断提高经济效益，就必须在争取新客户的同时，加强巩固对老客户的服务意识。

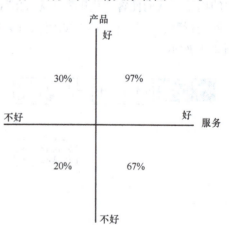

图2-44　客户回头率影响因素

所以，新客户提车后我们的跟踪回访就是一种极为细腻的服务，让客户时刻倍感温馨，使其变成老客户、永久的老客户。

(二) 跟踪环节的阶段目标

1) 交车后持续关爱和维系,赢得客户。

目前通信发达,销售顾问可以通过各种通信工具,对客户保持持续的关爱和联系,让客户感觉我们随时都在他们身边。

2) 通过合适频次的回访,与成交客户保持长久关系,寻找新的销售机会。

销售机会是以销售为目的的每一次见面或者联系,通俗地说就是只要能带来利润增值的任何一次沟通都可以算做销售机会。例如,重复购买、转介绍、维修保养、旧车加装等。

3) 及时了解客户用车过程中的不满意因素,及时响应并予以解决,以提高客户的满意度。

任何产品在使用过程中都会出现这样那样的问题,有问题不可怕,可怕的是出了问题无人回应。销售顾问通过回访及时发现问题并快速解决客户用车问题,才能赢得客户的满意。

二、客户分类及客户维系

(一) 客户分类

在客户维系阶段,我们主要把客户分为三类。

1. 潜在客户

对潜在客户进行跟踪和维系的主要目的是促进成交。潜在客户又分为两大类:一是基本潜在客户;二是即将成交潜在客户。

(1) 基本潜在客户

面对基本潜在客户,比如我们在包括车展、网站、微信、QQ等处找到的客户,要主动问候邀约到店,一次邀约不来,还要进行二次邀约,所以和基本潜在客户沟通更能够体现销售顾问的耐心和工作的有效性。销售顾问要定期整理CRM系统,把客户进行分类,制订定期的跟踪计划。只要我们做了,做得足够多,就一定会有收获,关键在于坚持。

(2) 即将成交潜在客户

面对即将成交潜在客户,我们的跟进频率要快些,每次电话前都要做好跟进准备,查看我们的CRM系统,明确上次沟通时间、客户的异议、客户的表现,依据最近一次的沟通内容深入联系,想办法帮助客户解决目前他正困惑的问题;或者向客户传递有价值信息,引导客户需求,促进成交。

2. 保有客户

保有客户又被称为现实用户。对保有客户进行维系主要是为了提高客户满意度,使客户从片刻欣喜达到长久的忠诚,并希望客户能够成为该品牌的宣传者,为经销商推荐更多的新客户。所以,在销售中销售顾问要积极寻求保有客户的转介绍。

扩大客户量的方式有两种,一种是维系老客户,另外一种就是开发新客户,而在新客户的开发中,老客户的介绍是一个重要的途径。

目前我国汽车销售的集客方式主要有两种:一是被动等待。老客户告知新客户相关的信息,新客户与销售顾问主动联系;二是主动出击。销售顾问主动向老客户寻求新客户的信息,销售顾问主动与新客户进行联系,了解购车事宜。老客户在此期间也会与新客户进行联系，做些说明。

销售顾问要采用主动方式，主动向老客户索取新客户的信息，主动与新客户进行联系。能否从老客户处获取新客户的资料，主要在于销售顾问和客户信任关系的建立程度。如果销售顾问能够充分获取客户的信任，就可以得到老客户的帮助。一般保有客户转介绍流程及话术见表2-23。

表2-23 寻求保有客户转介绍流程及话术

步骤	话术
客户关怀	"王女士，最近工作怎么样？" "王女士，您的奥迪车现在开着还好吗？"
主动寻求	"王女士，您周围有没有朋友也打算要买车？" "王女士，您能把您朋友的联系方式告诉我吗？" "王女士，如果您对我的服务还算满意的话，能否帮我一个忙？"
新客户详情询问	"您的朋友陈小姐现在开什么车？" "根据您对陈小姐的了解，她可能会选择哪一款车？"
主动出击	"陈小姐，您好，我是××店的销售顾问×××。您现在讲话方便吗？" "您的朋友王女士前两天在我们店购买了新车，对车的质量很满意，王女士提到您也正打算购买一款新车，今天冒昧地给您打电话，主要是想了解一下您的想法。"

通过老客户了解新客户的相关信息后，一般应在3天至一周之内与新客户进行联系（原因：老客户与新客户见面的话，老客户会"预售"销售顾问）。

当与新客户进行联系的时候，一定要给出推荐人的名字。

与新客户进行联系后，与老客户进行沟通，告诉他你与新客户联系的结果，表示感谢，这样客户会积极地给销售顾问更多的推荐。

3. 流失客户

对待流失客户，销售顾问应努力改进服务，对流失客户主动进行关怀和问候。

（二）客户维系技巧

1. 车辆交付后的三次维系

不同品牌要求不一样，有的要求第一次客户维系是在24h内，有的则要求在48h内；第二次客户维系时间基本为3天，第三次客户维系为7天，以后一个月、三个月、半年、一年等都要定期进行客户维系。不同时段跟踪话题的选择和技巧也不一样。

客户提车后一段时间内会接到来自经销商、厂家及我们销售顾问的回访电话，有时候客户会很烦。那么销售顾问通过什么样的方式和手段通过电话与客户进行回访，才能让客户感觉我们是出于关心才打电话的呢？给出大家如下建议：

（1）交车后第一次维系（24h或者48h内）

发送短信关怀客户（电话、短信、微信、QQ等）。内容可涵盖：感谢客户选择本经销商产品；服务顾问以及售后的联系方式，以便客户在今后用车过程中，如果有车辆保养的相关疑虑可以及时联系经销商的相关人员；告知今后如有任何疑问，可随时提供帮助。销售顾问一般都会在 2h 左右，估计客户到家就进行第一次客户维系。

(2) 交车后的第二次维系（3 天）

第二次维系应更多地从客户用车感受上给予关注：了解客户用车感受并能够及时帮助客户解决问题，让客户感受到经销店始终如一的服务热情；对客户的疑问及时解答；若客户进行投诉或抱怨，相关人员要做好记录，24h 之内提供解决方案并了解客户对处理结果的满意度，及时向上级主管进行反馈，及时进行内部分享，还要及时在 CRM 系统中更新客户信息。

(3) 交车后的第三次维系（7 天）

第三次维系应更多地关注客户在经销店的购车体验：询问客户的满意度，核算首保时间，进行首保提醒，告知客户售后服务预约的价值与优惠；若客户进行投诉或抱怨，处理方法同上，还要及时在 CRM 系统中更新客户信息。

2. 车辆交付三次维系以外，客户的维系举措

1 个月、3 个月、半年、一年，销售顾问至少要有两次维系动作。维系理由在这里举例说明，具体还要根据店内情况和客户情况而定。目前销售顾问可以从如下几方面入手：

客户关怀式维系：生日祝福、车辆使用如年检提醒、天气变化温馨提示等。

客户利益式维系：优惠政策、活动提醒、新车型投放提醒等。

客户业务式维系：续保提醒、保养提醒等。

总之，客户对销售顾问适当的关心和问候是可以接受的。但是过多地打电话干扰客户的正常工作和生活，会被视为骚扰。因此，经销店在和客户保持联系的时候，需要掌握好时间和次数的"度"，每次进行客户维系都要有合适的理由，由表 2-24 可以更加直观地看出对客户维系的时机、方式和理由。

表 2-24 客户维系时机、方式及理由

时 机	方 式	理 由
客户离开 1~2h	电话/短信/微信	询问客户是否安全到达
车辆交付 1~3 天后	电话	询问客户是否满意
定期选择时机联系客户	电话/短信/生日卡	销售满意度回访，提醒首保
开展俱乐部活动	电话/短信/邮件	以车辆维护讲座、自驾游、车友会、俱乐部等形式维系老客户

3. 流失客户回访

流失客户的回访对于销售顾问来说意义重大，有助于找到自身差距和需要改进的地方。当然，也有很多客户之所以流失完全是因为个人对产品和品牌的偏好问题，对于这类客户我们可以请他进行转介绍。

在进行流失客户回访时，电话回访是最常用的手段，但应注意通电话的礼仪和通话时间的选择。

无论客户做出什么样的选择，销售顾问都要恭喜客户，以拉近和客户之间的关系。因为客户购买其他品牌的汽车，客户和其他品牌销售顾问的关系和信任程度很可能比您要好，所以销售顾问就必须通过进一步主动提供服务的方式拉近和客户的关系。当客户愿意进行沟通时，销售顾问可适时主动询问客户购买其他品牌汽车的原因，并根据情况主动向客户寻求转介绍。具体话术参考表2-25。

表2-25 流失客户回访

回访技巧	回访话术
电话联系 恭喜客户	"刘先生，您好，我是一汽-大众××4S店的销售顾问×××。您来我们店看过速腾，是我接待您的，您还记得吗？""您现在讲话方便吗？" "刘先生，您最终购买的是什么车呀？" "恭喜您买到了一款心仪的汽车。"
温馨提醒 加深感情	"刘先生，尽管您没有购买一汽-大众的汽车，但是这并不妨碍我们成为朋友，您一定要记得按照厂家的标准定时进行保养。" "您在用车过程中，有什么问题可以随时和我联系，只要我能够帮上忙的事情，我一定会尽力的。"
弄清原因 寻求介绍	"刘先生，我真心想请教您，您觉得我们的服务或者产品有哪些做得不够好的地方，您帮我指出来，给我们一个改进的机会，好吗？" "谢谢您的意见，今后我一定会努力改进的。" "刘先生，如果您有朋友要买车的话，请您帮忙推荐一下。" "谢谢您，刘先生，我就不打扰您了，有什么事情，您给我打电话，保持联系。"

三、客户抱怨投诉处理

客户的抱怨与投诉可划分为两类，分别是现场投诉和在回访过程中的投诉。具体处理原则如下。

（一）正确认识客户的抱怨和投诉

1）要正确认识客户抱怨和投诉，只有客户发出声音，销售顾问才能收集到更多的信息，并据此不断改进和完善。

2）在遇到客户抱怨时，不要推诿逃避，以防止抱怨扩散。

3）对于客户的抱怨和投诉，要积极应对、快速响应、按照流程及时处理。

美国白宫全国消费者协会对客户的投诉和抱怨状态与销售人员处理及时与否对客户重复购买产生的影响做过一个调查，具体分为四大类投诉，统计数据如下：

1）客户不满意，也不投诉，但还会继续购买我们商品的有9%，而91%的客户不会再回来。

2）投诉过但没有得到解决，还继续购买我们商品的客户有19%，而81%的客户不会再回来。

3）投诉过但没有迅速得到解决，会有54%的客户继续购买我们的商品，而46%的客户不会回来。

4）投诉后迅速得到解决，会有82%的客户继续购买我们的商品，只有18%的客户不会回来。

上述数据说明，面对客户的投诉和抱怨，不管是哪种状态，销售顾问都要做出及时回应、积极处理，这样有助于保有客户对品牌持续的忠诚。

(二) 客户抱怨和投诉处理流程

抱怨和投诉分为当面现场投诉和电话回访投诉。当面现场投诉的处理流程如图 2-45 所示。

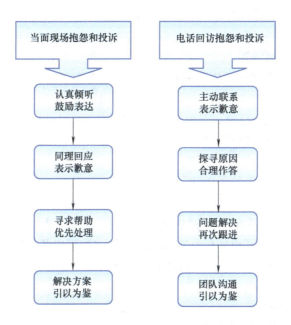

图 2-45　客户现场抱怨和投诉与电话回访抱怨和投诉处理流程

1. 客户当面进行现场投诉

这类问题的处理流程要求销售顾问做到认真倾听，让客户充分地表达投诉的原因，接下来要做到同理心的回应，对于硬件或软件所造成的瑕疵表示歉意。当然在处理投诉的过程中如遇相关的技术疑问，应第一时间寻求相关部门的帮助，优先处理客户的抱怨和投诉。最后，给出相应的解决方案，同时，团队内部分享，做到引以为鉴。

2. 电话回访客户中的抱怨和投诉

客户的抱怨和投诉问题是在回访过程中，或者是客服部门回访过程中出现的。这就要求销售顾问主动联系客户，对给客户带来的不便和不良影响深表歉意。基于客服部门所反馈的问题进一步与客户确认，以确保我们的认知是正确的。确认后需要给出相应的解决方案，并且后续跟进相应的处理结果。最后，销售顾问需要与客服保持沟通，确认投诉、抱怨消除。在夕会或者是周例会上与部门分享，规避同样的问题再次发生。

最后，和大家分享客户维系主要关键点的要求及行为规范：

1. 交车后回访（销售顾问）

（1）交车当日关怀

行为规范：

交车后 2h，发送短信关怀客户。

执行参考：

内容涵盖：感谢客户选择一汽-大众产品，留下服务顾问以及售后的联系方式，以便客户在今后用车过程中出现车辆保养的相关疑虑能够及时联系经销商的相关人员。

(2) 交车后 3 天内电话回访

行为规范：

1) 交车后进行跟踪准备工作。

2) 了解客户用车感受并及时帮助客户解决问题，让客户感受到经销店始终如一的服务热情。

3) 对客户的疑问及时解答。

4) 若客户提出投诉或抱怨，应做好记录，24h 之内提供解决方案，并跟踪了解客户对处理结果的满意度。

5) 及时向上级主管进行反馈，及时进行内部分享。

6) 在 CRM 系统中维护客户信息。

执行参考：

更多地从客户用车感受上给予关注。

推荐话术：

"××先生，您好，我是××经销店的销售顾问××。请问您现在方便接听电话吗？……最近一切都好吧？新车开得如何？有没有什么疑问我可以帮您解答。"

(3) 交车后 7 天内电话回访（客服顾问）

行为规范：

1) 询问用户的满意度。

2) 核算首保时间，进行首保提醒。

3) 告知客户售后服务预约的价值与优惠。

4) 若用户提出投诉或抱怨，客户顾问应做好记录，24h 之内提供解决方案，跟踪了解用户对处理结果的满意度。

5) 及时向上级主管进行反馈，及时进行内部分享。

6) 在 CRM 系统中维护客户信息。

执行参考：

更多地关注客户在经销店的购车体验。

推荐话术：

"××先生，您好，我是××经销店的客户顾问××。请问您现在方便接听电话吗？……我代表我们店想了解一下您对我们的销售的满意度，大概需要 5 分钟的时间，不知道您是否方便？"

2. 客户后续维系

(1) 交车后 3 个月内，首次保养提醒和邀约（客服顾问）

行为规范：

首保到期前 3 日，联系客户，邀请客户到店首保，并进行预约安排。

(2) 定期关爱客户，增进与客户的关系，赢得客户的满意（客服顾问/销售顾问）

客户顾问行为规范：

1) 客户顾问利用生日、节假日、天气变化等温馨祝福或者温馨提示，增进与客户的情感。

2) 可以通过提醒客户车辆保养、年检或者保险续保等方式定期关怀客户。

销售顾问行为规范：

1）销售顾问每年至少 2 次与交车客户进行接触，包括新车上市、区域车展的告知和邀约。

2）当客户表达出对车辆和售后服务的好感时，可不失时机地请客户推荐潜在客户。

3）在 CRM 系统中维护客户信息，将沟通和反馈信息详细地记录在系统中。

喜悦点：

1）客户购买新车一周年纪念日建议由销售顾问邀约客户回店，领取精美礼品一份。

2）客户在后期来店进行车辆维修保养时，服务顾问通知之前接待客户的销售顾问，销售顾问可来售后客户休息区与客户寒暄，表示对客户的关心，让客户有一种温馨的感受。

个性化建议：

建议经销商成立车友俱乐部，定期举办车友活动，设定一个主题，如交通法规的讲解、爱车知识讲堂、自驾游等活动。

（3）客户投诉及抱怨处理（客服顾问/销售顾问）

行为规范：

1）明确客户投诉和抱怨的处理流程。

2）在遇到客户抱怨时，不要推诿逃避，应防止抱怨扩散。

第一时间以正面积极的态度去协助客户处理客户抱怨，按照流程去处理。

任务专项实训

实训项目

电话回访。

实训目的

通过电话回访，学生应了解、跟踪回访时间和要求，掌握跟踪技巧，顺利进行回访。

实训内容

客户常先生拥有爱车——奔驰一周，用车愉快。销售顾问在需求分析环节了解到，常先生有一个儿子，今年参加高考，还知道常先生喜欢钓鱼。基于上述情况，销售顾问周冬雪进行了电话回访。

实训步骤

◎ 将学生进行分组，5 人一组。

◎ 以组为单位，分配扮演角色。一个人扮演客户，一个人扮演销售顾问。

◎ 以组为单位设计回访问卷。

◎ 以组为单位，进行回访模拟演练，演练时间 10min；组内及其他成员当观察员，点评 5min；教师点评 5min。

实训评价

◎ 完成回访话术脚本设计。

营销小策略

"兴趣是最好的老师",对于销售顾问而言,客户的兴趣则是销售顾问成功实现销售的重要突破口。销售人员应找到客户的兴趣所在,并以此建立共同的话题,缩短彼此之间距离,化解双方心理上的隔阂,使销售顾问得到客户的认同和接受。在这种情感投资的基础之上,抱怨和投诉成功处理、实现交易便都是水到渠成的事情了。

第三部分 汽车销售衍生服务

任务十四 汽车金融服务

任务十四知识框架展示

知识目标

1. 认识汽车金融
2. 掌握保险险种及计算方法
3. 认识消费信贷及租赁
4. 掌握二手车置换特点及流程

能力目标

1. 能够向客户推荐保险险种并准确计算保险金额
2. 能够帮助客户完成贷款方案选择
3. 能够帮助客户完成二手车置换

任务导入

在需求分析环节,了解客户对具体车型、颜色、配置、款式及性能等方面的需求后,发现购车预算不是很充足。根据汽车 4S 店一条龙服务体系，作为销售顾问的你还应该做哪些方案推介呢？

销售顾问小王了解到客户刘刚对 2017 年新迈腾豪华版价格、配置、动力等方面都比较满意，但购车预算不足。客户刘刚是私企老板，资金暂时被占用，因此销售顾问小王建议刘刚贷款，无息分期，客户刘刚很高兴地采纳了销售顾问的建议，很快做出了购买决定。

由上述资料可以看到，销售顾问向客户推荐了贷款，让购车预算不足的客户开心购买了自己心仪的车型。那么，在日常销售中销售顾问还可以根据客户需求及个人背景信息推荐哪些业务，从而使经销商、销售顾问和客户形成一种多赢的局面呢？

1. 汽车保险认知
2. 汽车消费信贷
3. 汽车租赁
4. 二手车置换

近年来，汽车产业已经成为我国经济增长的支柱性产业之一。金融作为现代经济的核心，必然成为支持汽车产业发展的重要力量。同时，汽车产业的发展也对金融业提出了新的要求。从国外的经验看，发展汽车金融服务业是促进我国汽车业和金融业良性互动的最有效的途径。

另外，汽车金融业务开展得好，还可以提高销售人员的利益，让客户节省更多的成本用于其他创造利益的用途，对经销商来说还可以培养更多的忠实客户、获取更多收益，从而获得持续发展。

（一）汽车金融业务认知

1. 汽车金融的含义

汽车金融主要指与汽车产业相关的金融服务，是在汽车研发、设计、生产、流通、消费等各个环节中所涉及的资金融通的方式、路径，或者说是一个资金融通的基本框架，即资金在汽车领域是如何流动的，从资金供给者到资金需求者的资金流通渠道。

2. 汽车金融的分类

目前，中国的汽车金融渗透率不到 20%，不仅远低于美国、日本，甚至低于巴西、印度和俄罗斯。而在欧美发达国家，通过信贷买车和租车，是汽车市场交易的主要方式，平均比例达到 70%、80%，甚至更高。未来几年，我国乘用车销售市场将以每年超过 7% 的增长率增长，而二手车市场的年均增长率将会超过 15%。汽车金融服务早已在多年的市场考验中成熟壮大，发达国家的融资购车比例平均都达到了 70%~80%，可见我国汽车金融服务有着非常广阔的市场发展空间。目前汽车金融分类见表 3-1。

表 3-1 汽车金融分类

序号 \ 名称	保　险	贷款/融资	租　赁
1	新车保险	汽车贷款	经营性租赁
2	续保	信用卡分期	融资性租赁
3	延修保险	经销商存货融资	—
4	品牌车险	—	—

（1）保险

1）汽车保险的分类如图 3-1 所示。

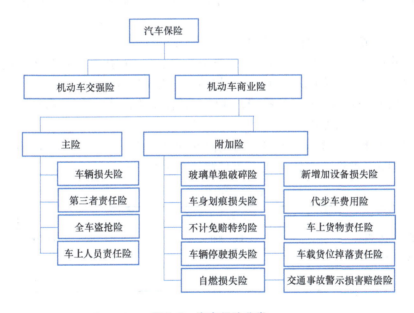

图 3-1 汽车保险分类

2）汽车保险含义及特点

我国机动车保险分为两大类：交强险和商业险，其含义和特点见表 3-2。

表 3-2 机动车保险分类含义及特点

分　类	含　义	特　点
机动车交强险	全称"机动车交通事故责任强制保险"，是我国首个由国家立法规定施行的强制保险制度；指由保险公司对被保险机动车发生道路交通事故造成本车人员、被保险人以外的受害人的人身伤亡、财产损失，在责任限额内予以赔偿的强制性责任保险	强制投保，所有上路行驶的机动车车主或管理人必须投保"无责赔付"，但凡发生交通事故，造成人身伤亡、财产损失，保险公司就要先行赔付，即使驾驶人无责赔偿范围几乎涵盖所有道路交通责任风险统一的保险条款和基础费率，分项责任限额保险期限为 1 年，每辆车只需投保一份，最高责任限额为 12.2 万元

(续)

分类	含义	特点
机动车商业险	若投保人需要除了交强险外更高的责任保障，则可选购商业车险，分为主险和附加险。主险：构成保险合同的主题，可以单独购买。附加险：必须随附在主险上的品种	自由选择投保"有责赔付"，根据投保人或被保险人在交通事故中应负的责任来确定赔偿责任，不同程度地规定有免赔额、免赔率或责任免除事项，保险期限为1年

交强险制度有利于道路交通事故受害人获得及时的经济赔付和医疗救治，有利于减轻交通事故肇事方的经济负担，化解经济赔偿纠纷。

交强险是依据《道路交通安全法》《保险法》以及《机动车交通事故责任强制保险条例》而设立的。责任限额指被保险机动车发生交通事故，保险人对每次保险事故所有受害人的人身伤亡、医疗费用和财产损失所分别承担的最高赔偿金额。责任限额分为：死亡伤残赔偿限额、医疗费用赔偿限额、财产损失赔偿限额以及被保险人在道路交通事故事中无责任的赔偿限额。

◇ 死亡伤残赔偿：丧葬费、死亡补偿费、受害人亲属办理丧葬事宜支出的交通费用、残疾赔偿金、残疾辅助器具费、护理费、康复费、交通费、被抚养人生活费、住宿费、误工费，以及被保险人依照法院判决或者调解承担的精神损害抚慰金。

◇ 医疗费用赔偿：医药费、诊疗费、住院费、住院伙食补助费，以及必要的、合理的后续治疗费、整容费、营养费。

◇ 财产损失赔偿：基础保费×(1＋与道路交通事故相联系的浮动比率)×(1＋与交通安全违法行为相联系的浮动比率)。有无责任赔偿金额见表3-3。

表3-3 有无责任赔偿金额

限额数额	被保险人有责任	被保险人没有责任
死亡伤残赔偿限额	110 000元	11 000元
医疗费用赔偿限额	10 000元	1000元
财产损失赔偿限额	2000元	100元

机动车商业险又分为主险和附加险。主险种类、含义及保险限额见表3-4。

表3-4 机动车主险种类、含义及保险限额

主险种类	含义	保险限额
车辆损失险	车损险是指在保险期间内，被保险人或其允许的合法驾驶人在驾驶被保险车辆时发生意外事故而造成保险车辆受损，保险公司在合理范围内予以赔偿的一种汽车商业保险 这是汽车保险中最主要的险种。若不保这个险种，车辆碰撞后的修理费保险公司不负责赔偿，全部得由自己掏腰包。有些车是可以考虑不投保车辆损失险的。比如快报废的破车，修理费很便宜，撞坏后自己修也花不了多少钱。如果想投保不计免赔责任险，就一定要投保车辆损失险。因为它是后者的附加险，必须投保了车辆损失险后才能投保不计免赔责任险	保险金额由投保人和保险人从下列三种方式中选择确定： 1) 按投保时被保险机动车的新车购置价确定（现款购车价格×1.2%） 2) 按投保时被保险机动车的实际价值确定 3) 按投保时被保险机动车的新车购置价协商确定

(续)

主险种类	含　义	保险限额
第三者责任险	此险是指被保险人或其允许的合法驾驶人在使用被保险机动车过程中发生意外事故，致使第三者遭受人身伤亡或财产直接毁损，依法应当由被保险人承担的损害赔偿责任。主要实行"有责赔付" 第三者责任险是最有价值的险种，也是国家规定的必保项目。开车时最怕的就是撞车或撞人了，自己车受损失不算，还要花大笔的钱来赔偿别人的损失。尤其撞人是最可怕的，一旦把人撞残或撞死了，恐怕把车卖了都不够赔的。投保了这个险种后就不怕了，赔给别人的钱大部分会由保险公司来支付 注：第三者是指除投保人、被保险人、保险人以外的人	责任限额，由投保人和保险人在签订本保险合同时按保险监管部门批准的限额档次协商确定，分为5万元、10万元、15万元、20万元、30万元、50万元、100万元等
全车盗抢险	此险是指保险期间，因下列原因造成保险车辆的损失或发生的合理费用，保险人按照本保险合同的规定在保险金额内负责赔偿 1. 全车被盗窃、抢劫、抢夺，经出险当地县级以上公安刑侦部门立案侦查，满两个月未查明下落 2. 全车被盗窃、抢劫、抢夺后受到损坏或车上零部件、附属设备丢失需要修复的合理费用 3. 全车被抢劫、抢夺过程中，受到损坏需要修复的合理费用	保险金额由投保人和保险人在投保时对被保险机动车的实际价值协商确定（新车购置价×1.0%）
车上人员责任险（驾驶人、乘客意外伤害险）	此险是指在保险期间内，被保险人或其允许的合法驾驶人在使用被保险机动车过程中发生意外事故，致使车上乘客遭受人身伤亡，依法应当由被保险人承担的损害赔偿责任，保险公司按照合同约定负责赔偿 保险车辆发生交通事故，导致车上的驾驶人或乘客人员伤亡造成的费用损失，以及为减少损失而支付的必要合理的施救、保护费用，由保险公司承担赔偿责任。如果您已由单位投保了团体人身意外伤害保险或在个人寿险中投保了人身意外伤害保险，也可以不保这个险种	车上人员每次事故每人限额和投保座位数由投保人和保险人在投保时协商确定，投保座位数以被保险机动车的核定载客数为限

附加险依附于主险，其种类及保障范围见表3-5。

表3-5　附加险分类及保障范围

序号	附加险种类	保障范围
1	不计免赔率特约条款	赔偿对应投保险种应由被保险人承担的免赔金额［(车辆损失险+第三者责任险)×20%］
2	车身划痕损失险	赔偿无明显碰撞痕迹的车身表面油漆划痕损失（2000/400，5000/570，1万/760，20000/1140）
3	玻璃单独破碎险	赔偿风窗玻璃或车窗玻璃单独破碎损失（新车购置价×0.15%）
4	车辆停驶损失险	赔偿因保险事故造成保险车辆停驶的损失
5	自燃损失险	赔偿因本车电器等系统发生故障及运载货物自身原因起火造成保险车辆的损失（新车购置价×0.15%）

(续)

序号	附加险种类	保障范围
6	新增加设备损失险	赔偿因保险事故造成车上新增加设备的直接损毁
7	代步车费用险	赔偿因保险事故造成车辆修理期间被保险人需租用代步车发生的费用
8	车上货物责任险	赔偿因意外事故致使车载货物遭受的直接损毁
9	车载货物掉落责任险	赔偿所载货物从车上掉落致使第三者遭受人身伤亡或财产的直接损毁
10	交通事故精神损害赔偿险	赔偿因发生交通事故致使第三者或车上人员伤残、死亡或怀孕妇女意外流产的精神损害

3）汽车保险的合作伙伴介绍如下。

◆ 汽车4S店和各保险公司签订合作协议，为客户承保，汽车保险合作伙伴列举如图3-2所示。

图3-2　汽车保险合作伙伴

◆ 汽车保险合作伙伴对比如下：

大保险公司：口碑、信誉好、风险控制能力、赔付能力强。

小保险公司：操作灵活、配合度高、经销商有话语权。

汽车4S店平台上合作伙伴的优势在于有较好的客户积累、运营稳定。平台合作伙伴经过厂家的精挑细选，且与厂家签订战略合作协议，最能够保证服务及经销商收益。

4）汽车4S店投保（经销商）与社会采购保险、电话车险对比如下：

汽车4S店投保（经销商）与社会采购保险、电话车险优势与不足对比见表3-6。

目前，汽车4S店保险业务主要由新车保险、续保、延修保险和品牌车险几部分构成。

5）汽车4S店保险业务——新车保险介绍如下：

◆ 新车保险销售流程：

新车保险的销售主要由销售顾问和金融保险经理负责，具体流程如图3-3所示。

表 3-6　汽车 4S 店投保、社会采购保险、电话车险优势与不足对比

汽车 4S 店投保（经销商）		社会采购保险		电话车险	
优势	不足	优势	不足	优势	不足
它是理赔最为便捷的一种投保方式。由汽车销售店内的专业服务人员提供服务，投保一步到位，出险后还可享受定损理赔一条龙服务，将出险车直接送店维修即可。而且，如果可以全额赔款，车主也不需要垫付维修费，直接在修理费用清单上签字即可。另外，如果在同一家店内购车和上保险，销售员会相应给予一定车价或保费折扣	价格稍贵	价格便宜	1. 定损不准：定损员对我们的车不够了解，他们的原则是能小修绝不大修，能修绝不换 2. 配件有假：例如机器盖蹶起来了，到非 4S 店，要求换新的，工作人员会推荐换副厂件（假的），厚度不如原厂配件，容易产生两大变化：一是钢板薄了容易与发动机产生共振，导致噪声增大；另外会破坏前后质量比，导致稳定性下降 3. 残值受损：二手车置换的时候价格受影响 4. 厂商拒赔 5. 维修质量较差 6. 配件被换 ……	1. 价格便宜 2. 上门出单 3. 部分实现 4S 店维修	1. 投保和理赔分离，电话沟通不充分 2. 电销座席不了解当地市场，无法办理保险直赔 3. 指定部分品牌 4S 店，给客户带来很多理赔局限性和烦扰

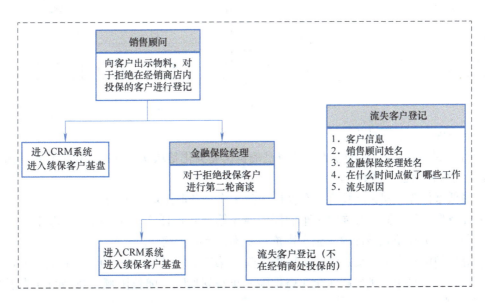

图 3-3　新车保险销售流程

◆ 新车保险销售分工：
新车保险销售的具体分工见表 3-7。

表 3-7 新车保险销售分工

销售环节	岗 位	具 体 分 工
销售前	市场总监	市场宣传中加入保险信息、展厅物料信息
销售中	销售顾问	保险产品的销售、客户信息的留存
销售中	金融保险经理	拒绝投保客户的二次营销、话术的整理与分享
销售中	新保专员	客户信息的录入及出单
销售后	续保专员	客户关系维护

◆ 全款客户新车保险销售流程：

随着汽车金融业的发展，客户购车全款交付，一般销售顾问也会建议客户在店内进行承保，这样既可以为经销商创造价值，也可以提高客户的满意度，对客户日后用车提供保障，避免出现事故后使客户因理赔问题而产生烦恼。全款客户新车保险的销售流程如图 3-4 所示。

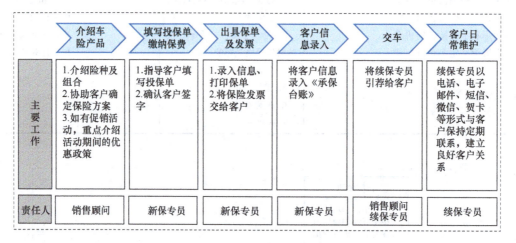

图 3-4　全款客户新车保险销售流程

◆ 新车保险产品差异化：

在保险条款日渐同质化的今天，使自己的营销差异化是从众多投保途径中脱颖而出的关键。常见的险种组合范例如下。

◇ 最低型保障方案：交强险＋车辆损失险＋第三者责任险（10 万元）。

◇ 经济型保障方案：交强险＋车辆损失险＋第三者责任险（10 万元）＋车上人员责任险（1 万元）＋玻璃单独破碎险＋全车盗抢险＋不计免赔特约险。

◇ 尊贵型保障方案：交强险＋车辆损失险＋第三者责任险（20 万元）＋车上人员责任险（1 万元）＋玻璃单独破碎险＋全车盗抢险＋车身划痕险（赔偿限额 5000 元）＋自燃损失险＋不计免赔特约险。

◇ 旗舰型保障方案：交强险＋车辆损失险＋第三者责任险（50 万元）＋车上人员责任险（2 万元）＋玻璃单独破碎险＋全车盗抢险＋车身划痕险（赔偿限额 1 万元）＋自燃损失险＋不计免赔特约险。

在制订投保方案的时候要遵循"因车制宜、因人而异、一对一设计"的原则。另外，还可以设计自己店的标识或名称,让保险产品更突出本店的特色;根据客户投保额及投保年数赠送一些服务、代金券、精品等体现对客户的关怀,提高客户的满意度和忠诚度。

6)汽车 4S 店保险业务——续保介绍如下:

汽车 4S 店续保业务对于提升销售人员和经销商利益将有很大帮助,所以销售人员通过给客户续保后的利益,比如备件、工时优惠、赠送免费保养项目等来提高续保率。

◆ 续保销售分工:

续保销售分工见表 3-8。

表 3-8 续保销售分工

销售环节	岗 位	具 体 分 工
销售前	金融保险经理	客户分析、客户筛选分类、指定活动方案、指标分配
销售中	续保专员	以电话/短信/E-mail 的形式邀约客户来店
	服务顾问	对于不在保、但来店维修的客户进行转化
	呼叫中心(外包)	对保险到期客户进行电话营销
销售后	续保专员	持续的沟通与关怀

◆ 续保准备工作:

要做好续保工作,就要在平时做好以下工作:

◇ 熟悉车辆保险业务:

很多 4S 店车险续保人员往往没接受培训就上岗了,甚至不知道交强险和商业险是怎么回事,那么在和客户沟通中肯定不能让客户放心代理其业务。因此,续保人员一定要学习车辆保险条款,了解保险责任和各险种的名称,知道如何和客户解释车险业务。

◇ 了解投保流程:

客户有投保意向的时候要告知客户投保所需要的资料以及要求。这条看似简单,但在实际操作中会出现很多问题,如车辆行驶证附页年审的要求在一些公司中交强险和商业险要求是不一样的,投保前很多公司都要求投保商业险前车辆年审合格。

◇ 掌握保费计算方法:

这就需要续保人员学习车险的费率规章以及各种费率因子的使用要求,不要求计算的保费和保险公司系统一致,但是最起码能够告知客户大体的保费数额。

要做好续保工作,就要做好客户信息档案整理工作:

◇ 从系统中筛选客户信息至少提前一个月从系统中提取上年度客户信息,了解客户上年投保险种、保费数额、保险到期日,以便设计承保方案,通知客户。

◇ 及时记录与客户的联系情况,也就是说做好日常的工作日志,将与客户的联系情况及时记录,便于跟踪客户,促进达成率。

◇ 保持与客户的沟通联系,4S 店平时的一些优惠活动要及时通知客户,加强与客户的联系。

要做好续保工作,还要掌握话术技巧:

很多人不重视话术的练习,导致在和客户沟通中无法与客户畅通地沟通下去。很多 4S 店往往是通过电话联系客户的,这样的客户往往不会选择 4S 店代理汽车险业务。

◆ 续保业务流程：

续保业务流程如图 3-5 所示。

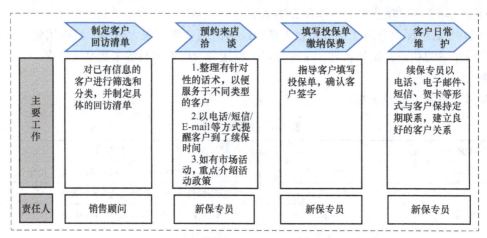

图 3-5 续保业务流程

◆ 续保差异化服务：

为了提高客户续保率，销售人员会提供更多的差异化服务来吸引客户：

◇ 1 对 1 理赔顾问：

保单有效期内出险咨询、查勘定损协助、事故车维系、索赔、回款等服务由一个顾问全程跟进。

◇ 出险直陪：

与合作伙伴深度合作，成为其指定定损中心。

◇ 上门服务：

带 POS 机，客户直接刷卡；取送理赔资料、事故车。

◇ 维修绿色通道：

1000 元以下免出现场；VIP 客户预约修车不需要等待。

7）汽车 4S 店保险业务——延修保险介绍如下：

◆ 延长保修的含义：

延长保修又被称为延保。所谓延保，是指消费者所购买的产品，在制造商提供的质保期满后，通过销售对产品维修费用所做的补偿服务。

◆ 延保与普通保险产品对比：

相同点：全国通赔、新车/二手车均可以购买。

不同点：普通车险保障客户使用中的风险，而延保保障车辆在保质期以外非人为的故障。

◆ 延保业务价值：

销售延长保修可获得销售支持及佣金；延保车辆返店保养，增加零配件销量和工时费收入；厂家为客户购买银质保障，促进二手车的销售；提供此增值服务，以金融方式促销提升销售收入。

◆ 延保范围：

机械与电气故障（如发动机、燃油系统、传动轴、离合器、变速器、转向器、音响系

统、安全系统）

◆ 延保业务对经销商的价值：

例如：某品牌 B 级车上市三个月，销量一直不佳。经调研发现，客户对该品牌产品质量没有信心，因此厂家利用该问题展开营销：厂家推出延保活动——发动机、变速器 15 万公里 5 年延长保修。

质保前提：5 年期间回本店续保、定期回厂日常保养；与此活动相配合，将现金优惠 5000 元转变为现金 3000 元＋保养工时券 2000 元。

期待目标：在消费者心中建立对该品牌 B 级车质量的信心；帮客户养成定时保养的习惯。

经过上述延保活动，直接导致该车型销量一跃成为同级别车型销量第一位。

以上即为延保业务对经销商的价值。

8）保险的注意事项介绍如下：

◆ 投保前的提醒：

◇ 新车为何要上全险。

◇ 保险的费用明细。

◇ 全险不能理赔的 13 种情况，见表 3-9。

表 3-9　全险不能理赔的 13 种情况

序号	具体情况
1	酒后驾车、无照驾驶，行驶证、驾照没年检的不赔：以上这些情形中，驾驶员并不具备上路行驶的资格，严重违反交通法。此外，驾驶员与准驾车型不符、实习期上高速等情形，保险公司也会拒绝赔付
2	地震不赔：遵循了大部分财产保险都不保地震责任的惯例，由于缺少数据和经验，保险监管部门也不鼓励保险公司承保
3	精神损失不赔：大部分保险条款会有类似的规定，"因保险事故引起的任何有关精神赔偿视为责任免除"
4	修车期间的损失不赔：修理厂有责任妥善保管维修车辆，因此，如果车辆在送修期间发生了任何碰撞、被盗等损失，保险公司都会拒赔
5	发动机进水后导致的发动机损坏不赔：保险公司认为该损失是由于操作不当造成的，当车辆行驶到水深处时，发动机熄火后，驾驶员又强行打火才造成损坏
6	爆胎不赔：未发生车辆其他部位的损坏，只是车轮单独损坏的情况不赔。当然，由于轮胎爆裂而引起的碰撞、翻车等事故，造成车辆其他部位的损失，保险公司依然负责赔偿
7	被车上物品撞坏不赔：如果车辆被车厢内或车顶装载的物品击伤，保险公司不负责赔偿
8	未经定损直接修车的不赔：如果车辆在外地出险，也要先定损再修车，否则保险公司会因为无法确定损失金额而拒绝赔偿
9	把负全责的肇事人放跑了不赔：当与其他车辆发生碰撞时，责任在对方，如果放弃向第三方追偿的权利，也就放弃了向保险公司要求赔偿的权利

(续)

序　号	具体情况
10	车没丢，轮胎丢了不赔：如果不是全车被盗，只是零部件如轮胎、音响设备等被盗，保险公司不负责赔偿
11	拖着没保险的车撞车不赔：如果因为开车拖带一辆没有投保第三者责任险的车辆上路，与其他车辆相撞并负全责，保险公司不会对此做任何赔偿
12	撞到自家人不赔：所谓第一者、第二者是指保险人、被保险人（驾驶员视同于被保险人）。除这些人以外的，都被视为第三者。而在保险条款中，将被保险人或驾驶员的家庭成员排除在"第三者"的范畴之外。如果自家人被撞，保险公司视为免责。同理，被同一单位名下的车辆碰撞也不能通过第三者责任险得到赔偿
13	自己加装的设备不赔：车主自己加装的音响、电台、冰箱、尾翼、行李架等，若无对此单独投保，一旦撞了造成损失，保险公司不会对此赔偿

◇ 保险理赔流程。汽车的碰撞事故分为很多种，通常为单方事故和双方事故。一般碰静止的物体叫单方事故；一般和机动车碰的叫双方事故，具体理赔流程如图3-6所示。

拨打报案电话：请立即拨打保险公司报案电话（如：95518 或在有条件的情况下通过传真等方式向保险公司报案），保险公司理赔服务人员将向客户询问出险情况，协助安排救助，告知后续理赔处理流程并指导客户拨打报警电话，紧急情况下请客户先拨打报警电话。

事故勘察和损失确认：在客户的协助下，保险公司理赔人员或委托的公估机构、技术鉴定机构、海外代理人到事故现场勘察事故经过，了解涉及的损失情况，查阅和初步收集与事故性质、原因和损失情况等有关的证据和资料，确认事故

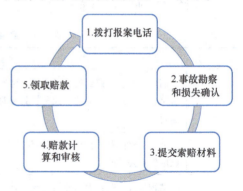

图3-6　保险理赔流程

是否属于保险责任，必要时委托专门的技术鉴定部门或科研机构提供专业技术支持。保险公司将指导客户填写出险通知书（索赔申请书），向客户出具索赔须知。与客户共同对保险财产的损失范围、损失数量、损失程度、损失金额等损失内容、涉及的人身伤亡损害赔偿内容、施救和其他相关费用进行确认，确定受损财产的修复方式和费用，必要时委托具备资质的第三方损失鉴定评估机构提供专业技术支持。

提交索赔材料：根据保险公司书面告知客户的索赔须知内容提交索赔所需的全部材料，保险公司及时对客户提交的索赔材料的真实性和完备性进行审核确认，在索赔材料不完整的情况下保险公司将及时通知客户补充提供有关材料，如对索赔材料的真实性存在疑问，保险公司将及时进行调查核实。

赔款计算和审核：在客户提交的索赔材料真实、齐全的情况下，保险公司根据保险合同的约定和相关的法律法规进行保险赔款的准确计算和赔案的内部审核工作，并与客户达成最终的赔偿协议。

领取赔款：保险公司根据与客户商定的赔款支付方式和保险合同的约定向客户支付赔款。补充说明：因第三者对保险标的的损害而造成保险事故的，在保险公司根据保险合同的约定和相关的法律法规向客户支付赔款后请客户签署权益转让书并协助保险公司向第三方进行追偿工作。

◇ 保单文件要保存好，以备后续出问题后作为凭证。

◇ 提醒客户续保的时间限制。

（2）汽车消费贷款

1）汽车消费信贷内涵。信贷是指以借款人的信誉发放的贷款；消费信贷是指银行金融机构和国家金融监管部门认可的非银行机构向消费者发放的主要用于购买最终有形商品的贷款，是一种以刺激消费，扩大商品销售为目的，用特定商品作为贷款标的的信贷行为；而汽车消费信贷指的则是金融机构向申请购买汽车的用户发放人民币担保贷款，由购车人分期对金融机构归还本息的一种消费信贷业务。

2）汽车消费信贷方式。汽车消费信贷一般有三种方式：以车供车贷款、住房抵押汽车消费贷款、有价证券质押汽车消费贷款。其中住房抵押汽车消费贷款是目前汽车4S店使用最普遍的一种方式。

◆ 以车供车贷款：

申请者如不愿或不能采取房屋抵押、有价证券质押的形式申请汽车消费贷款，并向保险公司购买履约保险，收到保险公司出具的履约保证保险承保确认书，便可到银行申请的消费贷款。

◆ 住房抵押汽车消费贷款：

以出契证的自由产权住房做抵押，提交有关申请材料，交齐首期款并办妥房产抵押登记手续，便可获得的汽车消费贷款。

◆ 有价证券质押汽车消费贷款：

以银行开具的定期本、外币存单和银行承销的国库券或其他有价证券等做质押，可以申请的汽车消费贷款。

3）汽车消费信贷的发展历程。从国际上看：1919年美国通用汽车设立的通用汽车票据承兑公司是世界上最早的汽车消费信贷服务机构。1930年，德国大众汽车公司推出了针对自己旗下的产品——甲壳虫轿车的未来消费者募集资金的业务，此举首开了汽车金融服务面向社会融资的先河。

我国汽车信贷起步较晚，分为四个阶段：

◆ 起始阶段（1995～1998年9月）：

中国汽车消费信贷市场的起步在1995年，当美国福特汽车财务公司派专人来到中国进行汽车信贷市场研究的时候，中国才刚刚开展了汽车消费信贷理论上的探讨和业务上的初步实践。这一阶段，恰逢国内汽车消费处于一个相对低迷的时期，为了刺激汽车消费需求的有效增长，一些汽车生产厂商联合部分国有商业银行，在一定范围和规模之内，尝试性地开展了汽车消费信贷业务，但由于缺少相应经验和有效的风险控制手段，逐渐暴露和产生一些问题，以致中国人民银行曾于1996年9月，下令停办汽车信贷业务。这一阶段一直延续到1998年9月，中国人民银行出台《汽车消费贷款管理办法》为止。

◆ 发展阶段（1998年10月~2001年年底）：

我国央行继1998年9月出台《汽车消费贷款管理办法》之后，1999年4月又出台了《关于开展个人消费信贷的指导意见》，至此，汽车信贷业务已成为国有商业银行改善信贷结构、优化信贷资产质量的重要途径。与此同时，国内私人汽车消费逐步升温，北京、广州、成都、杭州等城市，私人购车比例已超过50%。面对日益增长的汽车消费信贷市场需求，保险公司出于扩大自身市场份额的考虑，适时推出了汽车消费贷款信用（保证）保险。银行、保险公司、汽车经销商三方合作的模式，成为推动汽车消费信贷高速发展的主流做法。

◆ 竞争阶段（2002年以后）：

进入2002年，中国汽车信贷市场开始进入竞争阶段，其最明显的表现为：汽车消费信贷市场已经由汽车经销商之间的竞争、保险公司之间的竞争，上升为银行之间的竞争，各商业银行开始重新划分市场份额，银行的经营观念发生了深刻的变革，由过去片面强调资金的绝对安全，转变为追求基于总体规模效益之下的相对资金安全。一些在汽车消费信贷市场起步较晚的银行，迫于竞争压力，不得已采取"直客模式"另辟蹊径。

◆ 成熟阶段（2003或2004年以后）：

目前，整个中国汽车信贷市场，正在由竞争阶段向成熟阶段发展。我们认为，衡量中国汽车信贷市场是否进入成熟阶段的标准应该包括如下几个：

◇ 汽车信贷市场实现分工分业，专业经营，专业汽车金融公司和汽车信贷服务企业已成为整个市场发展的主导者和资源整合者。银行和保险公司成为上游资金提供者和风险控制保障者。汽车经销商和汽车厂商成为产品及服务的提供者。

◇ 产业趋于成熟，平均年增长率稳定为5%~8%。

◇ 产品设计更能适应市场发展，风险率控制在一个较低的水平。

4) 汽车消费信贷的意义。汽车消费信贷的意义存在于两大方面。一是客户方面，见表3-10。

表3-10 汽车消费信贷对客户的意义

客户分类	现　状	期　望	意　义
长期攒钱准备全款购车的客户	1. 家庭财政相对稳定，有一定的存款 2. 每月有稳定的余钱 3. 对贷款所产生的利息很敏感	正在存款，不愿因攒钱购车而影响家庭生活质量，可以接受用低息贷款来支付部分车款	消费贷款可使远期消费在当前实现，满足了消费需求，提高了生活质量
中小业主	1. 资金流动快，灵活并且量大 2. 对大笔资金的投入（支出）很敏感	收入波动性大，业务不稳定，银行不愿贷款给他们，希望多渠道筹措资金，利用财务杠杆减少对业务的冲击，愿意支付利息，对利率不敏感	帮助消费者解决燃眉之急
个人投资客户	1. 现金收入稳定 2. 当前现金正投资于股票、房产或其他投资渠道中	对自己的投资回报有信心，希望购车消费不会对投资造成冲击，愿意贷款消费，对利率不敏感	汽车消费贷款可以作为一种理财方式

另外一方面就是经销商。汽车消费信贷具有激活功能，一笔消费信贷，可以让客户3年内在购车的汽车4S店内进行投保业务，激活了保险的增值份额；还可以让客户吸引客户3年内在购车的汽车4S店进行持续的维修保养、理赔，从而激活了售后及理赔带来的利润增值；此外对经销商而言，培养了一个长期的忠实客户，经销商还可以对该类客户进行二手车的跟进，激活二手车业务的增值功能。

5）汽车消费信贷的基本要素及相关知识点如下：

◆ 汽车消费信贷的基本要素如图 3-7 所示。

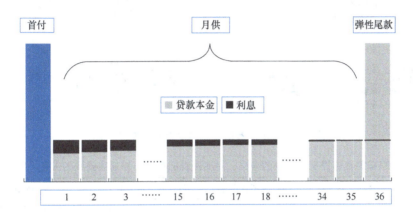

图 3-7　汽车消费信贷基本要素

◆ 车贷产品模型如图 3-8 所示。

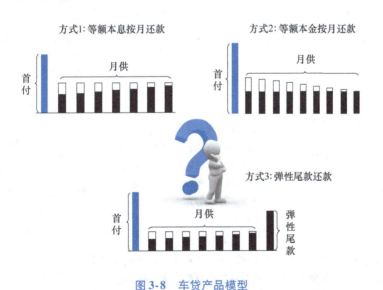

图 3-8　车贷产品模型

◆ 汽车消费信贷基本要素及相关知识如图 3-9 所示：

关于汽车消费信贷基本要素的含义、对消费者的意义、与其他要素的关系及限制条件见表 3-11。

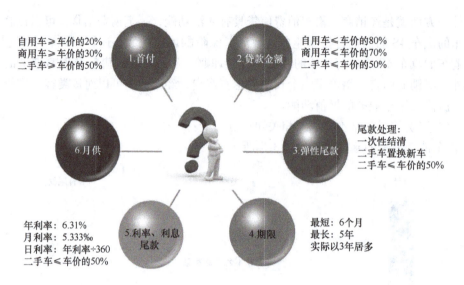

图 3-9　汽车消费信贷基本要素及相关知识点

表 3-11　汽车消费信贷基本要素的含义、对消费者的意义、与其他要素的关系及限制条件

基本要素	含　义	对消费者意义	与其他要素关系	限 制 条 件
首付	首付是指使用贷款购车时，在确定交易后首先支付的一笔款项。接下来将由分期贷款的形式完成其余部分支付	较高的首付意味着相对较低的贷款金额，因此在其他要素不变的情况下，月供的压力也相对较小	在其他要素不变的情况下，首付越高则贷款金额越低，支付的总利息越低	车辆最终的购买价格与贷款金额的差额一般占全款的 30% 左右。《汽车贷款管理办法》中第二十二条规定，贷款人发放自用车贷款的金额不得超过借款人所购汽车价格的 80%；发放商用车贷款的金额不得超过借款人所购汽车价格的 70%；发放二手车贷款的金额不得超过借款人所购汽车价格的 50%
贷款金额	贷款金额是金融机构每笔贷款向借款人提供的授信额度。贷款金额由借款人在申请贷款时提出，金融机构根据情况核定	一般而言，贷款金额高低由消费者选择的汽车的价格以及他所能支付的首付有关，同时也和他对未来收入的预期有关	在其他要素不变的情况下，首付越低则贷款金额越高	《汽车贷款管理办法》中第二十二条规定，贷款人发放自用车贷款的金额不得超过借款人所购汽车价格的 80%；发放商用车贷款的金额不得超过借款人所购汽车价格的 70%；发放二手车贷款的金额不得超过借款人所购汽车价格的 50%
弹性尾款	弹性尾款是为了减轻贷款用户月供压力，在贷款金额中预留一部分，该部分贷款金额无需在贷款期间进行还付，而是保留在贷款月供的最后一个月一次性交付即可	一般而言，弹性尾款金额的高低对贷款客户的月供有较大影响，贷款用户可根据月还款能力以及未来一次性收入情况选择	在其他要素不变的情况下，弹性尾款越高则月供越低，支付的总利息越高	通常弹性尾款比例不超过贷款金额的 25%

（续）

基本要素	含义	对消费者意义	与其他要素关系	限制条件
期限	贷款期限是指从贷款合同生效之日起，到最后一笔贷款本金或利息支付日止的这段时间，一般按照期数（年或月）计	贷款期限一般由借款人提出，经与金融机构协商后确定，并载于贷款合同中	在其他要素不变时，贷款期限越长则月供越低，但所需支付的利息总量也越高	虽然按照法律规定，车贷最长的贷款期限可达5年，在实际操作中，以3年居多。因此车贷通常属于短期或中期贷款，而常见的房贷则多属于长期贷款
利息利率	利息是借款者为取得货币资金的使用权而支付给贷款者的一定代价，利息作为借入货币的代价或借出货币的报酬，实际上，就是借贷资金的"价格"。利息水平的高低是通过利息率表示出来的；利率的全称是利息率，是指一定时期内利息额与借贷货币额或储蓄存款额之间的比率	利息越少、利率越低，对消费者更有利；反之对消费者不利	当其他要素不变时，利率越高，消费者所需支付的利息就越高	常用利率： 年利率：按本金的百分比（%）表示 月利率：月利率按千分比（‰）表示；月利率＝年利率÷12 日利率：日利率按万分比（‱）表示；日利率＝年利率÷360
月供	月供指每月偿还的金额，包括本金和未还贷款金额产生的利息。月供可以固定也可以浮动，随着所选择的还贷方式的不同而变化	月供越高，则每月对消费者的经济压力越大	贷款金额不变时，贷款期限越短，则月供越高	在本金一定的情况下，受常用利率限制：利息越高、利率越高的情况下，月供就多，反之月供就少

6）汽车消费信贷的具体要求如下：

◆ 贷款条件：

对个人：年满18周岁具有完全民事行为能力，在中国境内有固定住所的中国公民；具有稳定的职业和经济收入，能保证按期偿还贷款本息；在贷款银行开立储蓄存款账户，并存入不少于规定数额的购车首期款；能为购车贷款提供贷款银行认可的担保措施；愿意接受贷款银行规定的其他条件。

对法人：具有偿还贷款能力；能为购车贷款提供贷款银行认可的担保措施；在贷款银行开立结算账户，并存入不低于规定数额的购车首期款；愿意接受贷款银行规定的其他条件。

◆ 贷款额度：

借款人以国库券、金融债券、国家重点建设债券、本行出具个人存单质押的，或银行、保险公司提供连带责任保证的，首期付款额不得少于购车款的20%，借款额不得超过购车款的80%。以借款人或第三方不动产抵押申请贷款的，首期付款不得少于购车款的30%，借款额不得超过购车款的70%。以第三方保证方式申请贷款的（银行、保险公司除外），首期付款不得少于购车款的40%，借款额不得超过购车款的60%。

◆ 贷款期限：

最长不超过5年（含5年）。

◆ 贷款利率：

贷款利率执行中国人民银行规定的同期贷款利率，并随利率调整一年一定。如遇国家在年度中调整利率，新签订的《汽车消费借款合同》按中国人民银行公布的利率水平执行。

◆ 贷款程序：

客户咨询与资格初审；资格复审与银行初审；签订购车合同书；经销商与客户办理抵押登记手续及各类保险、公证；银行综审；车辆申领牌照与交付使用；档案管理。

(3) 汽车租赁

1) 汽车租赁含义。汽车租赁是指出租人将租赁标的物交给承租人使用，并收取租金的经营活动。

2) 汽车租赁方式。汽车租赁主要分为融资租赁和经营性租赁两种方式。对于在租赁期间收益及租赁期满后标的物（即车辆）所有权问题，两种租赁方式有相同之处，也有不同之处，具体如图3-10所示。

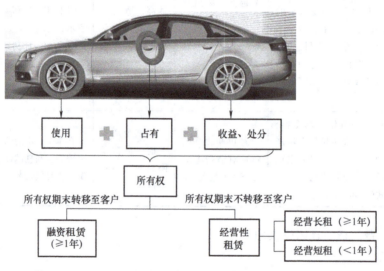

图3-10　融资租赁与经营性租赁异同

融资租赁：租赁资产所有权租期结束后发生转移，由出租人向供货商采购。

经营性租赁：租赁资产所有权租期结束不转移，租期一般较短，出租人要进行多次出租资产，才能收回成本并取得盈利，资产由出租人选择。

3) 汽车租赁产品：致力于满足客户用车需求，现在很多品牌经销商不仅仅停留在贷款服务上，更为机构客户提供租赁服务。针对有购买新车需求的机构客户，经销商一般提供租购通及易租通两款产品。

◆ 租购通：

租购通属融资租赁产品，客户按租赁合同约定支付租金即可使用车辆，租期届满时客户取得车辆所有权。该产品可以帮助客户降低购车时的一次性资金投入，有利于资金周转又不影响银行信贷。

◆ 易租通：

易租通属经营性租赁产品，客户按用车需求时限选择租期，租期届满时将车辆退回或依照需求选择续租甚至更换车型。该产品灵活满足客户用车需求，免于增加固定资产，可使客户在不影响财务指标的情况下轻松用车。

4）汽车租赁交易模式。终端客户租赁的交易模式如图3-11所示。

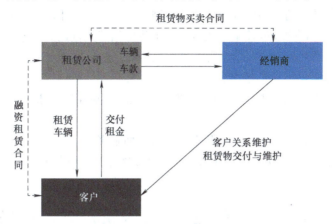

图3-11 终端客户租赁交易模式

其中客户隶属于经销商管理，至少含有一个标的物（汽车）；交易中体现两类合同（买卖合同、租赁合同），三方当事人（出租人—租赁公司、承租人—客户、出卖人—经销商）。

（4）二手车置换

1）置换含义。置换是指用手头的二手车来置换新车，就是将卖旧车和买新车两个过程合并成了一个过程。

2）置换服务流程。二手车置换是将卖旧车和买新车合并为一个过程，因此就应该有先后顺序，称之为流程，具体置换流程如图3-12所示。

图3-12 二手车置换流程

3）置换服务特点。二手车置换逐渐成为厂家的第二战场，多家4S店进军二手车置换市场，与传统二手车交易方式相比，二手车置换业务有自己的特点。

◆ 周期短、时间快：

车主只需将旧车开到4S店，现场评估师20min左右就能对旧车评估出价格，车主选好心仪的新车后，只要缴纳中间的差价即可完成置换手续，剩下的所有手续都由4S店代为办理，并且免代办费，大概1周左右就能完成新车置换。

◆ 4S店二手车置换品质有保证，风险小：

4S店按照厂家要求收购客户的二手车，收购对象涵盖所有品牌及车型。对于消费者而言，4S店的车都是汽车厂商直供销售的，没有任何中间商，车况、车质让车主安心，消除了不懂车不知道怎么挑车的疑虑。

◆ 有利于净化市场，增强市场竞争力：

消费者对4S店的信任，会让一大批违规操作的组织或个人在这个领域没有立足之地。以汽车厂商为主导的品牌二手车置换模式，将打破二手车市场"自由散漫"的传统，重新构建全国二手车交易规则。

◆ 汽车厂商的多重促销手段,让车主受益:

随着汽车国产化技术的成熟以及限购政策的制约,汽车厂商开始把二手车置换作为角逐的主战场,并配合国家出台的政策补贴,在纷纷打出降价招牌的同时,又推出了"原价"置换,置换送高额补贴,再送礼品或免费活动等4重优惠活动,这是打动众多车主换车的根源。

◆ 4S店借助电商平台精准有效推广:

互联网是目前信息传导最快、最有效、性价比最高的新媒体,很多汽车厂商都把它作为推广的主发布地。

4)二手车金融服务。二手车金融服务包括两方面业务:一是二手车贷款业务;二是二手车品鉴业务。前者的贷款审批流程和新车贷款方式相同,这里以流程(见图3-13)的形式表示。

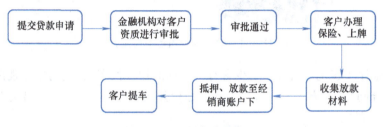

图3-13 二手车贷款流程

二手车品鉴业务,喻示其工作人员应深谙鉴赏之道;同时"品荐"也含有"推荐"之意,是二手车服务平台和服务内容的体现。这方面的发展预示着中国二手车业务的全面升级。该业务的开展有利于开拓更加广泛的业务领域、形成了新的业务增长点、扩展客户资源、提升客户忠诚度、构筑更加稳定的收益模式、保证新车销售目标的长期实现。

任务专项实训

实训项目

洽谈中保险、贷款、二手车推介。

实训目的

通过该实训项目,学生应学会在销售中如何有创意地向客户推介保险、贷款及二手车业务,形成多赢局面。

实训内容

客户常先生现在使用的车为捷达,汽博会将至,常先生来到店内,销售顾问小王接待了常先生,得知其有自己的企业并近期内想购买奥迪Q5。在此情况下,请您以客户为中心,向客户推介保险、贷款、二手车等业务,最终形成多赢局面。

实训步骤

◎ 将学生进行分组,5人一组。

◎ 以组为单位，分配扮演角色。一个人扮演客户，一个人扮演销售顾问。
◎ 以组为单位设计推介金融业务等的问卷。
◎ 以组为单位，进行模拟演练，演练时间10min；组内及其他成员当观察员，点评5min；教师点评5min。

实训评价

◎ 完成回访话术脚本设计。

营销小策略

有些销售人员认为，如果客户提的问题太多就不能完成销售，还有些销售人员不能很好地处理客户疑问，导致不能成交。销售中利用"五条金律"可以解决上述问题：一律，在不能了解客户的真实问题时，尽量让客户说话；二律，同意客户的感受，降低客户的戒备心理；三律，把握关键问题，让客户具体阐述；四律，确认客户的问题，并且重复回答客户疑问，引导客户；五律：让客户了解自己异议背后的真正动机，建立起真正的相互信任的关系。

任务十五　汽车销售其他服务

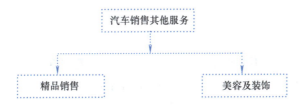

1. 了解精品销售选择
2. 掌握精品消费形式
3. 汽车美容装饰认知

1. 能够根据客户需求合理推介精品

2. 能够以客户为中心引导客户对爱车进行美容装饰

洽谈环节销售人员要进行产品确认，其中就包括产品的颜色、性能、配置及附加装备等方面。为了获得多赢局面，我们除了向客户推荐汽车金融业务外，还可以向客户推荐哪些方面的业务？

客户刘刚购买了2017款新迈腾豪华版，销售顾问小王了解到客户平时跑高速，但偶尔也会在颠簸土路面用车，而刘先生还是一位爱车的客户。所以，销售顾问小王向刘先生推荐了底盘装甲，给刘先生讲解了加装底盘装甲的好处和能给刘先生带来的利益，刘先生欣然接受。

上述资料中销售顾问根据客户用车状况及客户的性格，推荐了店内的相关业务，让客户非常满意，同时也增加了经销商及销售人员的利益。那么，日常销售中我们还可以推荐哪些业务，让我们的经销商、销售人员及客户都能获得利益呢？

1. 汽车精品销售
2. 汽车美容装饰

目前随着消费者需求的不断增加，汽车4S店的业务范围越来越广泛，伴随新车销售，精品销售、装饰装潢等业务也成了汽车4S店的主营业务。

（一）精品销售

汽车精品销售在汽车销售过程中占据重要的位置，而随着车市的激烈竞争，汽车精品销售越发成为企业盈利的一个纽带，也成为维系客户情感的纽带。

1. 精品的选择

4S店该选择什么样的汽车精品？这对4S店来说至关重要，选择好的精品4S店才会获得成功营销的第一步保障。一个产品"好"和"不好"区别在哪里？凭什么定义一个产品就是好产品？

好的产品选择要注意三个要点：

第一，注意产品的安全性。4S店的产品跟其他汽车后市场店面的产品不一样。例如，和汽车美容店最大的不同就是4S店的产品是和车一起卖的，就是汽车一旦装上4S店的产品，可能一辈子都要受这个产品的限制，不能随便乱动，如果去改动，甚至可能会给汽车造成无法挽回的损害,所以说安全性是至关重要的。同时,安全性还包括法律法规等各种各样的安全。例如,如果卖给客户一副含甲醛的座套,那么麻烦就会接踵而来;如果4S店卖的电子产品一装上车就起火,客户一定会回来讨说法。这就是安全性。

第二,注意产品的差异性。也就是说要注意4S店所销售的产品有没有独特卖点、与车主的车是否匹配、好不好看、跟其他店的产品有什么不同等。只有当4S店的产品拥有了"差异性",才有可能在竞争对手中脱颖而出。汽车精品,卖的往往就是差异性。

第三,注意产品的可比性。其实若用"可比性"来形容似乎不太恰当,反过来用不可比性就好理解了。产品越可比则越不好,越不可比才越好,最好就是独我一家,其他4S店没有这样的产品。自然不可比就成了重点中的重点。因此,选产品就是要选安全性好、差异大以及不可比的产品。

2. 精品选择的原则

4S店精品经营的产值来自何处?一般主要来自于汽车AV产品、防爆膜、安防、底盘装甲等精品,这几类精品是创造精品利润最重要的产品。所以,选择汽车精品的时候,一定要考虑以下两个原则:

第一个原则是:要少,不要多。精品项目做得好的4S企业都是精品种类卖得少的,而不是精品种类做得多的。

第二个原则是:所销售的产品一定要带上施工服务。

产品一旦带上施工,客户就难以弄清楚它原本的价值究竟是多少。如同理发师理发一样,单纯理发值不了多少钱,但如果理发的师傅是个名剪,"一发易理,名师难求",价值就完全不一样了。没有施工、没有售后服务的产品是不值钱的,就是因为有了施工、有了售后服务客户才愿意进店。

3. 精品的销售方式及消费形式

汽车精品的销售与一般产品的销售不一样,它有自己独特的三种销售方式,这值得4S店的经营者去仔细揣摩,然后应用到自己的精品销售上,创造出精品销售带来的佳绩。

第一种方式就是随车赠送大礼包。

第二种销售方式叫独立销售。就是车销售出去以后再单独销售精品。在4S店内设一个精品经理,设几个推销人员,专门推广销售精品,这也是一种非常可取的销售方式。

第三种方式就是把精品安装在新车上和整车一起销售,也可称之为前装,是前装销售的一种。当然这个前装是指4S店的前装,不是主机厂的前装。因此,此前装跟彼前装不一样,只不过按原理来说也相差无几。精品随整车一起销售这种方式在国外并不是什么新鲜现象。

汽车精品的消费形式也分为两种。

汽车精品为什么有些能送而有些又不能送?这就涉及汽车精品的两种不同消费形式:一种叫一次性消费,一种叫重复性消费。例如,一次性消费产品有防爆膜、汽车音响、安防系统、底盘装甲等;车蜡、鸡毛掸子等则属于重复性消费产品。那4S店究竟要不要送精品?如果送,该送哪种类型的精品?这些4S店都要想好,否则就会将自己的利润拱手送人,变成"竹篮打水——一场空"。有位游客爬到黄山山顶时,肚子饿了,就在山顶餐馆点了个快餐,但发现这里快餐价格非常高,于是就问店主:"你们这里的东西那么贵,你还想人家回头再来吗?"店主反问道:"你日后还会回头吗?"大家心知肚明。4S店也会遇到类似的情况，只不过黄山店主"黑客"经营，而4S店却不如此。同样的道理，汽车防爆膜已经贴了，不可能再撕了重新贴；底盘装甲已经安装好了，不可能回过头来再铲掉。诸如此类产品就不能送，送了就不会再买了，一次性消费的东西都不应送。

尽管大家都知道汽车精品的重要性，但为什么它的销售还是会出现问题？以下有一段有关客户和销售员的对话：

销售顾问："你装一套DVD导航系统吧，如果你经常出门怕迷路的话应该装一套。"

客户："质量好不好，价格怎么样……"

销售顾问："价格便宜，我们正搞活动，只需××元。"

客户："太贵了，以后再说吧！"

其实客户说这话的意思就是想和其他4S店的精品比较看看，看能不能找到比这更便宜的。为了方便，4S店做了很多精品套餐，这种做法很好，笔者也发现很多4S店很喜欢这样做，让客户选择时感觉十分方便，只需选A、B、C就可以了。同时销售顾问会介绍很多产品，如果客户觉得贵，就表示还有一个更便宜的，要不要选择，有时客户就会选择离开。为什么成交会失败？这值得4S店的经营者去细细琢磨。钱在客户的口袋，最难的就是让其主动把钱掏出来，把客户的钱变成自己的钱。

4. 精品的销售技巧

（1）用客户听得懂的语言去介绍产品

许多销售顾问在向客户介绍产品时，喜欢用自己的专业术语去介绍，动不动就EBB、ABB，客户根本弄不懂这EBB代表何物，说不定销售顾问自己都没弄明白，客户怎能弄得清楚？所以一定要直观地告诉客户这是什么产品，要尽量用简单的语言阐述复杂的东西。例如，销售顾问这样告诉客户：这是高科技产品，做镀膜就等于在车的表面镀上一层像钻石一样硬的东西。这样客户就容易懂了。再告诉客户因为它是纳米材料做的，所以可以直接浸透到汽车的表面形成一层坚不可摧的膜，销售顾问再直接拿笔在镀了膜的车上面划一下做演示，客户一下子就明白了。最后，可告诉客户这款产品是美国进口的，有进口证明。所以越复杂的产品越不用去进行专业的讲解。

（2）运用FABE法则去介绍产品

FABE（Feature、Advantage、Benefit & Evidence）法则就是指运用产品的特征、优点、利益和证据来向客户介绍产品。笔者所举的上个例子就是使用了FABE法则向客户介绍该产品，所以能让客户迅速了解产品。一一分解便是："它是高科技产品"——特征，"它能够将你的汽车表面覆盖上一层高分子的膜，像钻石一样硬"——优点，"这样就不用担心车被划了"——利益，"我们的产品是美国进口的，有进口证明"——证据，这就叫FABE法则。销售顾问在运用这个法则的时候一定要多多演练，将它一分为三，即特征、优点、利益，最后拿出证据：很多人都装这个产品，很多人都订这款车，不信你看，这是客户的名字和联系方式……很多产品都是在这种方式下成功交易的。

（3）关注客户的价值体验

1）要把产品价值说出来。产品都是由两个部分组成的，即产品的本身和产品的价值。如果花一元钱买了价值一元钱的材料回来，就叫作物有所值。同时也有一句话叫作物超所值，那是靠什么得来的？通常是靠销售顾问的语言提炼等很多因素累积在价值上得来的。

案例:

一套西装穿在平常人身上,一般大家认为它价值1000元;如果说这西装是进口的,那大家觉得它就可能值2000元了;如果说是在法国旅游时买的,大家又可能认为它值5000元了;如果说它是在香榭丽舍大道有名的一个时装秀上买的,那大家会想:这套西装的价值可能在8000～10 000元之间;再说这套西装是限量版的,那大家会惊叹地说:哇,这套西装最少也值2万元了。

为什么不同的说法会让同一套西装的价值从1000元升到2万元?就是因为在不断地增加它的价值,价值提升价格就上来了。价值就是客户从产品上所体验到的利益。这些都是商家赋予产品的增加值。

2)使用正确的方法增加产品的价值。用语言去增加产品的价值时,一定要使用正确的方法,要用合理、恰当的理由去说明价值,最好同时制造一些证据去辅助你的说法,否则就是口说无凭,别人不会信服的。

案例:

在某4S店,底盘装甲这样标价:汉高底盘防锈漆90元一罐,施工时间2小时,需要数量4～6罐。这样的标价,客户是看不出它的价值的。90元钱一罐不算太贵,4～6罐需要施工2小时,一个工时150元,两个小时300元,也就是施工费用300元,那么给一辆汽车喷底盘防锈漆共值900多元钱,它的这项底盘装甲服务的价值也就是这么多了,也就是说最多只能卖900多元钱,很难再增加它的价值了。主要原因是这家4S店的标价方式坏了大事。同样的产品在另一家4S店却能卖到3000元。该店老板把施工看作值钱的环节,在施工环节上把简单事情复杂化,因为任何简单的施工都不值钱。该店告诉客户:底盘装甲标准施工要用8罐漆,否则起不了作用,底盘装甲施工是一个很复杂的过程,并不只是单纯喷上漆就行了,它要先做底漆,再经过五六道工序才能完工。产品值多少钱并不重要,产品有可比之处,也无须告诉客户,而4S店赚钱的地方就在施工处,底盘装甲不用去标价,只要告诉客户怎么去施工就好了。

3)为增值的产品取恰当的名字。价值体验一定要让客户往高价值去体验。防锈漆不值什么钱,底盘装甲防锈漆就不一样了。装甲能够吸音,漆不可以;路上有许多小石头,打到底盘上会把底盘打坏,装了底盘装甲就不会了。而在大家的思维里面,小石子能把漆打掉,所以"防锈漆"这个名字取得不对。虽然大家都知道它就是防锈漆,但也要换个名字叫作装甲,这样给客户的感觉就不一样了,所以为增值的产品取个好名字很重要。

4)向客户介绍产品价值所在。比如做封釉项目,打完一次釉后把它推到烤房里面烤上15min,再打一次,又烤15min,如此重复烤三四次,才能起到保护的作用。能做到别人没做到的,提供一种别人做不到的产品或服务。

(4)掌握与客户有效沟通的四法则

销售顾问在学会怎样介绍产品后,还要学会如何与客户沟通,我们称之为沟通四法则,即通过观察、提问、倾听和确认来实现有效沟通。

观察就是看客户的外表,比如看他穿的是什么牌子的衣服,通过穿着来判断这个人的品位。如果经济条件比较好,介绍精品的时候就不要告诉他这种产品便宜,而要告诉他这种产品贵但品质好。

提问就是通过问的方式和客户进行交流。在客户购买新车的过程中,销售顾问要抓住时机,适时提问。例如,销售顾问可以这样提问:"先生,这车是您开还是您太太开或是您和太太同时开?"如果对方回答"太太也开",则可以接着问:"您太太是什么时候拿到驾照的?"答案若是"刚刚拿到的",就建议客户装个倒车雷达,告诉对方可以方便倒车。通过这样一个倾听方式的提问,在这种多问、多了解式闲聊的过程中,了解客户的一些用车状况,给予客户最能接受的建议。如果客户表示经常去越野、经常去自驾游,就建议装DVD导航系统;如果客户表示自己的女朋友怕晒,就建议装个防爆膜。销售顾问根据了解的情况再向客户有针对性地介绍产品,往往容易成交。这些都是建立在提问的基础上所获得的成功。

倾听与前面的提问是紧紧连在一起的,倾听不仅体现出一种对客户的尊重,更是理解和剖析客户需求的直接方式,其目的前面已经提到,就是为了有针对性地介绍精品,以提高成交率。此外,对客户主动提出的一些诉求或疑问,销售顾问要懂得听弦外之音,也就是客户的真正诉求点是什么,比如销售顾问在介绍产品的时候客户说:"我在×店见过这款产品。"客户的意思是他对这款产品有所了解,知道价格,那么销售顾问的话语就要慎重了,不要继续再介绍产品,而是确认自己的猜测:"那您已经了解这款产品的使用功能了,是吗?""他那边卖多少钱?"这也就是最后一个沟通原则——确认。

(5) 善于利用工具来介绍产品

有些事情,离开了工具是很难完成的。有了工具,再难的事情也有可能完成,如同前人所说的"给我一根杠杆,我便可以撬动整个地球"一样。当然这里所说的工具,并不是指修车扳手之类的工具,而是指销售的工具。例如,产品宣传资料、说明书、POP、数据统计资料、市场调查报告、专家内行证词、权威机构评价、生产许可证、获奖证书、经营部门的专营证书、鉴定书和报纸剪贴等。像汽车精品,通常就有安装表格、卡片、产品的目录介绍、效果图、推销的标准化术语等,这些都是销售顾问能看得到而客户看不到的。对于客户所提出的问题,销售顾问可以回答道:"我查一下、看一看""我过一会儿回答你,行不行?"这些是标准化术语。一个准备好销售工具的销售顾问,能对客户提出的各种问题给予满意的回答,客户也会因此而信任销售人员并放心购买产品。

(6) 充分挖掘客户的消费需求

客户对精品存在消费需求无非是两个时间段,新车落地时和新车使用后。新车落地时是装饰及环境类精品销售的最佳时间,除了将精品装进新车与新车打包销售外,4S店也要考虑到,客户在拿到新车时也会自主挑选一些精品,希望自己的"宝贝"更加完美。这时防爆膜、大包围、坐垫、座套、头枕、脚垫、香水等装饰及环境类精品最能获得客户的青睐。如果4S店能针对客户这个需求,多搞一些促销活动,或者将客户最需要的几款产品打包优惠销售,相信很多新车主都会买单。此外,4S店还要关注一些客户回店消费的产品,也就是新车使用后需要的精品,不要仅考虑新车的销售,其实客户回头消费也是精品营销中的一大块。4S店汽车销售做了那么多年,卖出去的车不计其数,通过一些促销活动,能使得一些持续性消费的汽车精品经营得有声有色,特别是汽车护理、美容、漆面翻新、真皮翻新等项目,经营得十分好。

(7) 加强培训,达到全员销售

汽车精品销售业绩的攀升,一部分原因是产品的性能得到消费者的认可,更大一部分原因是4S店员工专业化的服务深得人心。对于精品销售业务来说,加强对销售顾问的培训至关重要。4S 店要制订培训计划和实施方案，定期进行精品专题培训，由精品主管组织，设定课题，制作材料，并在进行培训后考核。

（二）汽车美容装饰

1. 汽车 4S 店经营汽车美容装饰业务的优势

（1）客户对汽车 4S 店的信任

所有的汽车 4S 店都有系统的客户投诉、意见、索赔的管理体系，这给车主留下了很好的印象。如果汽车 4S 店经营美容装饰业务，那么这里将是大多数车主为自己的爱车做美容装饰的第一选择。

（2）技术施工专业方面

由于汽车 4S 店只针对一个品牌的系列车型进行美容装饰施工，因而对车的性能、技术参数等许多方面的了解都比较专业，具有"专而精"的施工优势。所以在实施一些需要技术支持和售后服务的产品和项目上，汽车 4S 店有较大的优势。

（3）人性化服务方面

汽车 4S 店有客户休息室，客户在休息区可以看杂志、报纸、书籍或者上网、看电视等，并且在休息区有专门的服务人员为车主提供服务，而 95% 的汽车美容装饰店都不提供这方面的服务。

（4）方便客户方面

客户在定好车型、签订合同、交完定金之后，可以与汽车 4S 店约定需要增加哪些作业项目和产品。这样，客户在提车之时，汽车 4S 店就可以将已经装饰完毕的汽车交付给客户。这样一来，客户就不必专门再为车辆做装饰花费时间和精力，给客户提供了极大的便利。

2. 汽车 4S 店如何经营汽车美容装饰业务

1）根据汽车 4S 店的实际情况选择适合自身的运作模式。就目前现状而言，大致有三种模式：一是汽车 4S 店设立独立的装饰部门，独立运作；二是汽车 4S 店设立装饰车间，但将业务外包，对利润进行合理分配；三是汽车 4S 店不设立美容装饰车间，如果有装饰施工项目，外请施工人员现场施工，支付施工费用。以上三种模式各有特点，每家汽车 4S 店可以根据各自的实际情况，以及决策层对于美容装饰的重视程度，选择一种适合自己的运作模式。随着汽车后市场的繁荣与发展，汽车 4S 店经营美容装饰业务将是一个发展趋势。

2）汽车 4S 店可设立专门的精品展示间和专业的施工车间。各汽车 4S 店，可以在售后服务区开设专门的精品展示间，用于产品的陈列，以便客户选择。同时，设立专门的施工车间，特别是汽车隔热膜的施工，需要在无尘车间进行施工。另外，底盘装甲施工也需要相对封闭的工位进行作业。

3）根据汽车品牌的定位和特点选择适当匹配品牌的产品和项目。选择美容装饰产品时，至少要有一种知名品牌的产品，同时附加一个主推的品牌产品。知名品牌的产品客户需求量较大，但由于市场价格透明度高，利润较低。因此，对于任何一个产品和项目都可以选择适当匹配的品牌重点推荐给客户，以获取相对较高的利润。

4）汽车 4S 店经营汽车美容装饰业务需采用适当的管理模式和激励方法。先期规划好精品陈列区和施工车间，同时选择好产品和项目。接下来就是汽车 4S 店如何进行内部管理和运作的问题了。第一，美容装饰部可作为一个独立的部门存在，不属于销售，也不属于售后，可设立美容装饰主管，直接对总经理负责。第二，对于新车销售顾问可根据实际情况设立美容装饰的销售目标,并以平均单车美容装饰的贡献进行奖励。第三,如果客户购车时需要赠送美容装饰,最好别直接赠送给客户产品和项目,而是送客户代金券,由客户自行选择喜欢的产品。

任务专项实训

实训项目

汽车4S店洽谈综合实训。

实训目的

通过本实训项目,学生应能够充分了解洽谈环节和客户应该谈哪些业务,帮助客户制定符合客户需求的购买标准,促进交易。

实训内容

假定客户的购买需求销售顾问都已了解,销售顾问带领客户进行了静态和动态展示,客户对所购买车型非常感兴趣,接下来进入洽谈环节。请你以销售顾问的身份,和客户就保险、贷款、精品及美容装饰方面做最后的洽谈确认。

实训步骤

◎ 将学生进行分组,4~5人一组。

◎ 根据事先拟定的实训内容,场景及车型品牌自选,编写洽谈话术,进行模拟演练准备。

◎ 每组选出一位销售顾问、一位客户,模拟演练8min;其他组员作为观察员点评5min,教师点评5min。

实训评价

◎ 完成一份模拟演练话术,上交模拟演练视频。

营销小策略

让客户无法拒绝

销售中有很多时候客户会说出拒绝的语言,而我们还想将产品推荐给客户,那应该怎么办呢?下面给大家推荐几种让客户无法拒绝的话术:

1)如果客户说:"我没时间!"那么推销员就应该说:"我理解。没有人会觉得时间够用的。不过只要3min,你就会相信,这是个对你绝对重要的议题……"

2)如果客户说:"我现在没空!"推销员就应该说:"先生,美国富豪洛克菲勒说过,每个月花一天时间在钱上好好盘算,要比整整30天都工作来得重要!我们只要花25分钟的时间!麻烦您定个日子,选个您方便的时间!我下周一、周二都在贵公司附近,所以可以在星期一上午或者星期二下午来拜访您一下!"

3)如果客户说:"我没兴趣。"那么推销员就应该说:"是,我完全理解,对一个谈不上相信或者手上没有什么资料的事情,您当然不可能立刻产生兴趣,有疑虑有问题是十分合理、自然的,让我为您介绍一下吧,星期几合适呢?……"

4)如果客户说:"我没兴趣参加!"那么推销员就应该说:"我非常理解,先生,让您对不晓得有什么好处的东西感兴趣实在是强人所难。正因为如此,我才想向您亲自报告或说明。星期一或者星期二您能过来吗?"

参 考 文 献

[1] 崔宁，宋宛泽. 汽车服务企业管理 [M]. 北京：机械工业出版社，2017.
[2] 罗予，杨丽. 汽车售后服务接待 [M]. 北京：机械工业出版社，2017.